Der Brokdorf-Beschluss des Bundesverfassungsgerichts 1985

Anselm Doering-Manteuffel
Bernd Greiner
Oliver Lepsius

Der Brokdorf-Beschluss des Bundesverfassungsgerichts 1985

Eine Veröffentlichung aus dem Arbeitskreis
für Rechtswissenschaft und Zeitgeschichte
an der Akademie der Wissenschaften
und der Literatur, Mainz

Mohr Siebeck

Anselm Doering-Manteuffel, geboren 1949, Professor für Neuere Geschichte und Direktor des Seminars für Zeitgeschichte der Universität Tübingen.

Bernd Greiner, geboren 1952, Professor für Zeitgeschichte an der Universität Hamburg und Mitarbeiter des Hamburger Instituts für Sozialforschung.

Oliver Lepsius, geboren 1964, Professor für Öffentliches Recht, Allgemeine und Vergleichende Staatslehre an der Universität Bayreuth.

Gedruckt mit Unterstützung der Akademie der Wissenschaften und der Literatur, Mainz

ISBN 978-3-16-153745-5

Die Deutsche Nationalbibliothek verzeichnet diese Publikation in der Deutschen Nationalbibliographie; detaillierte bibliographische Daten sind im Internet über *http://dnb.dnb.de* abrufbar.

© 2015   Mohr Siebeck Tübingen. www.mohr.de

Das Buch wurde von Martin Fischer in Tübingen aus der Garamond gesetzt und von Hubert & Co. in Göttingen auf alterungsbeständiges Werkdruckpapier gedruckt und gebunden.

Vorwort

Mit diesem Buch tritt der »Arbeitskreis für Rechtswissen-schaft und Zeitgeschichte an der Akademie der Wissen-schaften und der Literatur Mainz« an die Öffentlichkeit. 2012 gegründet, begann die fachliche Arbeit mit der Jahres-tagung 2013, deren Ertrag hier dokumentiert wird. Die Veröffentlichungen des Arbeitskreises werden die Ergeb-nisse von Jahrestagungen und Plenarvorträgen sowie eigen-ständige Abhandlungen umfassen. Das Ziel besteht darin, den Ertrag und Nutzen interdisziplinärer Arbeit zwischen der Rechtswissenschaft, Zeithistorie und den Sozialwissen-schaften sichtbar zu machen. Die Jahrestagungen widmen sich zeitgeschichtlich markanten Problemen. Sie dienen zu-gleich dem Zweck, unterschiedliche Begrifflichkeiten und verschiedenartigen Sprachgebrauch zu erklären und dem interdisziplinären Verständnis zugänglich zu machen.

Der Arbeitskreis sieht seine Aufgabe darin, die Integra-tion der Fachkulturen zu fördern, damit beide Diszipli-nen ihre Erkenntnisperspektiven erweitern und gemeinsam nutzen können. Wir reagieren damit auf die Dynamiken der beiden letzten Jahrzehnte, in denen sich transnational das Verhältnis von Staat und Wirtschaft, von Regierung und Parlament sowie zwischen Gesellschaft, Recht und Politik deutlich verändert hat. Das Ende des Ost-West-Konflikts, die digitale Revolution und die Dominanz des globalen Finanzmarkts verschoben die Orientierungsmuster und Handlungsmaßstäbe für Staat und Gesellschaft. Sie zeigen seither einen fluiden, dem raschen Wandel gegenüber offenen Charakter. Die Rückwirkungen auf das Wissenschaftssystem betreffen nicht nur die Natur-, Technik- und Wirtschaftswissenschaften, sondern im geistes- und sozialwissenschaftlichen Spektrum auch die juristischen und historischen Disziplinen.

Der Arbeitskreis stellt sich die Aufgabe, den Zusammenhang von rechtlichem, politischem und gesellschaftlichem Geschehen in den verschiedenen Phasen des 20. Jahrhunderts sichtbar zu machen. Durch die Integration der Erkenntnisperspektiven wird die Gesprächsfähigkeit zwischen den Disziplinen gefördert, um das Bewusstsein für die Geschichtlichkeit des Rechts und für die Bedeutung des historischen Geschehens in der Rechtsentwicklung zu schärfen. Wir erwarten davon Anstöße für neue Forschung und möchten mit den »Veröffentlichungen« solche Anstöße in den beteiligten Disziplinen zur Geltung bringen.

Die Sprecher des Arbeitskreises:

Anselm Doering-Manteuffel
Christoph Gusy
Joachim Rückert

Inhaltsverzeichnis

Abkürzungsverzeichnis

a. a. O.	am angegebenen Ort
a. F.	alte Fassung
BGBl	Bundesgesetzblatt
BGH	Bundesgerichtshof
BGHSt	Entscheidungen des Bundesgerichtshofs in Strafsachen
BGHZ	Entscheidungen des Bundesgerichtshofs in Zivilsachen
BVerfG	Bundesverfassungsgericht
BVerfGE	Entscheidungen des Bundesverfassungsgerichts
BVerfGG	Bundesverfassungsgerichtsgesetz
BVerwGE	Entscheidungen des Bundesverwaltungsgerichts
BVerfGK	Kammerentscheidungen des BVerfG
DDP	Deutsche Demokratische Partei
DNVP	Deutschnationale Volkspartei
GVP	Gesamtdeutsche Volkspartei
i. S. v.	im Sinne von
KPD	Kommunistische Partei Deutschlands
LG	Landgericht
m. w. N.	mit weiteren Nachweisen
n. F.	neue Fassung
OLG	Oberlandesgericht
OVG	Oberverwaltungsgericht
RAF	Rote Armee Fraktion
Rspr.	Rechtsprechung
SGB	Sozialgesetzbuch
SPD	Sozialdemokratische Partei Deutschlands
SRP	Sozialistische Reichspartei

| VersG | Versammlungsgesetz |
| VwGO | Verwaltungsgerichtsordnung |

Zeitschriften und Zeitungen

AöR	Archiv des Öffentlichen Rechts
APuZ	Aus Politik und Zeitgeschichte
Blätter	Blätter für deutsche und internationale Politik
DÖV	Die Öffentliche Verwaltung
DVBl.	Deutsches Verwaltungsblatt
EuGRZ	Europäische Grundrechte-Zeitschrift
FAZ	Frankfurter Allgemeine Zeitung
FH	Frankfurter Hefte
FP	Foreign Policy
INS	Intelligence and National Security
JOER	Jahrbuch des Öffentlichen Rechts der Gegenwart
JSS	Journal of Strategic Studies
JURA	Juristische Ausbildung
JZ	Juristenzeitung
KJ	Kritische Justiz
NJW	Neue Juristische Wochenschrift
NVwZ	Neue Zeitschrift für Verwaltungsrecht
NZZ	Neue Züricher Zeitung
SächsVBl.	Sächsische Verwaltungsblätter
STAAT	Der Staat. Zeitschrift für Staatslehre und Verfassungsgeschichte, deutsches und europäisches öffentliches Recht
StW	Staatswissenschaft und Staatspraxis
VVDStRL	Veröffentlichungen der Vereinigung der Deutschen Staatsrechtslehrer
ZG	Zeitschrift für Gesetzgebung
ZRP	Zeitschrift für Rechtspolitik

Einleitung

Der Beschluss des Bundesverfassungsgerichts vom 14. Mai 1985 über das Verbot oder die Zulässigkeit von Demonstrationen gegen die Einrichtung des Kernkraftwerks Brokdorf stellt eine zeitgeschichtliche Quelle ersten Ranges dar. Der Text bündelt Belastungen aus der deutschen Geschichte seit der Zwischenkriegszeit und aktuelle Bedingungen der hartnäckigen Auseinandersetzung in der Bundesrepublik am Anfang der 1980er Jahre über die Grenzen der Versammlungs- und Demonstrationsfreiheit. Die Bestimmungsmerkmale der freiheitlichen Demokratie und des demokratischen Rechtsstaats wurden neu verhandelt, um dem tiefgreifenden Wandel der soziokulturellen Rahmenbedingungen für staatsbürgerliche Meinungsäußerung und den Anspruch auf Mitbestimmung Rechnung zu tragen. Seit den 1960er Jahren waren nicht nur neue Formen des Bürgerprotests entstanden, hatte sich nicht nur die Wohlstandsgesellschaft entfaltet, sondern es gab in zunehmendem Maß auch neue soziale und umweltpolitische Herausforderungen. Sie zogen bisweilen Massenkundgebungen nach sich, die von den staatlichen Instanzen Polizei, Verwaltung und Gerichtswesen nicht angemessen bewältigt werden konnten. Das galt umso mehr, wenn es sich um Protestveranstaltungen handelte, die von Gewalttätigkeiten einzelner, meist kleinerer Gruppen begleitet wurden. Im Zuge der Studentenbewegung seit Mitte der 1960er Jahre und nach dem Aufbruch der Neuen Sozialen Bewegungen im darauffolgenden Jahrzehnt war es längst an der Zeit, das Versammlungsrecht zu reformieren. Die Legislative hatte sich dieser Aufgabe bisher nicht gestellt, so dass seit den Studentenunruhen, verstärkt seit den politisch und ökologisch motivierten Massenkundgebungen der 1970er Jahre die neuen Formen des Protests und die alten Verhaltensmuster der Ordnungskräfte unvermittelt aufeinanderprallten. Die Gewalttätigkeit nahm nicht zuletzt deshalb zu, weil das Vorgehen der Polizei an einem Standard von »Ordnung« orientiert blieb, der im obrigkeitlichen Selbstverständnis des frühen 20. Jahrhunderts wurzelte und nicht selten auch Verhaltens- und Einstellungsmuster aus der Zeit des Nationalsozialismus noch mit sich schleppte.

Die Proteste gegen den Bau von Kernkraftwerken hatten 1975 im badischen Whyl begonnen und ließen erkennen, in wie hohem Maß die Auffassungen und Forderungen der Demonstranten auf der einen und die der Sicherheitskräfte auf der anderen Seite auseinanderdrifteten. Als im Rahmen dieser Kundgebungen die Gewaltbereitschaft auf beiden Seiten zunahm, war manifest geworden, dass »der Staat« nicht länger in der Lage war, die Entwicklung zum Nutzen des Gemeinwesens zu steuern. Da die Brokdorfer Massendemonstration zahlreicher Bürgerinitiativen versammlungsrechtlich umstritten war und kurzfristig sogar verboten wurde, legten Vertreter einzelner Bürgerinitiativen dagegen 1981 in Karlsruhe Beschwerde ein. Was bereits zehn oder 15 Jahre zuvor auf parlamentarischem Wege hätte gesetzlich geregelt werden müssen, wurde jetzt zum Fall für das Bundesverfassungsgericht. Das Gericht ließ sich Zeit und entschied den Fall erst vier Jahre später, 1985. Mit dem Brokdorf-Beschluss passte es die Verfassung in einem wichtigen Bereich an die gesellschaftliche Veränderung der zurückliegenden zwei Jahrzehnte an und schuf die Grundlage dafür, dass die Trägergruppen von Protestbewegungen sich in die Verfassungsordnung integrieren konnten und diejenigen, die das nicht wollten – wie die Gruppen des »Schwarzen Blocks« –, sich unzweideutig außerhalb der Rechtsordnung positionierten.

Der Anti-Atom-Protest am Bauzaun des Kernkraftwerks und der Brokdorf-Beschluss des Bundesverfassungsgerichts bilden einen Gegenstand, dessen zeitgeschichtliche und rechtswissenschaftliche Dimension bisher nicht im Zusammenhang betrachtet wurden und dennoch kaum voneinander zu trennen sind. Dieses Buch hat das Ziel, die dichten Verschränkungen eines scheinbar bloß rechtlichen und eines scheinbar allein soziopolitischen Problems sichtbar zu machen. Gesellschaftlicher Wandel in der Nachkriegszeit, die Entstehung der Neuen Sozialen Bewegungen vor dem Hintergrund der Entstehung neuer Herausforderungen an die Gesellschaft sowie das Erfordernis, die daraus resultierenden Protestbewegungen im Gemeinwesen zu integrieren, waren direkt aufeinander bezogen. Uns geht es darum, diese unterschiedlichen Dimensionen aufzuzeigen und die Bedingungen ihrer Vernetzung zu erklären.

Wir formulieren hier eine neue Fragestellung, die es erforderlich macht, Zeitgeschichte und Recht ins Gespräch zu bringen. Unsere Fallstudie lässt erkennen, dass das Studium einer Gerichtsentscheidung ein interdisziplinär sinnvolles Unterfangen ist. Wir arbeiten mit einer gemeinsamen Quelle und versuchen diese aus verschiedenen Fachperspektiven zu erklären. Wir beschränken uns auf einen klar begrenzten zeithistorischen »Fall«, der zugleich repräsentativ ist für einen größeren Zusammenhang. »Brokdorf« ist längst zu einer Chiffre für neue Formen des Bürgerprotests und für die Dynamik der Neuen Sozialen Bewegungen geworden. »Brokdorf« markiert ebenso einen zeithistorischen Erinnerungsort, der die Geschichte des sozialen Wandels in

der Nachkriegsgesellschaft, die Geschichte des politischen
Wandels im Kalten Krieg und die Vorstellungswelt der
Zeitgenossen – ihre Erfahrungen, Erwartungen und Visionen einer anderen, »besseren« Zukunft – wie im Brennglas
bündelt. Die Gerichtsentscheidung diskutiert den Sachverhalt und bewertet ihn. Zugleich machten die Richter mit
großem Nachdruck den Urteilstext zu einem zeitgebunde-
nen Dokument.

Der Brokdorf-Beschluss des Bundesverfassungsgerichts
ist daher ein Gegenstand, der normativ das Versammlungsrecht in der Bundesrepublik aus verkrusteter Tradition befreit und an die Gegenwart der 1980er Jahre heranführt.
Als zeithistorische Quelle vermittelt er einen tiefenscharfen
Einblick in die soziokulturellen Herausforderungen, die sich
dem Staat nach einer längeren Phase demokratischer Emanzipation in der deutschen Gesellschaft stellten. Denn diese
Gesellschaft wies bis dahin kaum Erfahrungen im Umgang
mit der Staatsbürgerrolle auf. Die 1960er und 1970er Jahre
bildeten eine Kernzeit im Prozess der Aneignung von Demokratie als gesellschaftlicher Lebensform und nicht bloß
politischer Ordnung. Die Analyse der Quelle zeigt uns, in
wie hohem Maß einige der Verfassungsrichter sich selbst als
Beteiligte und Betroffene in diesem Wandel erkannten und
dies in die normativen Setzungen einfließen ließen.

Recht, Gesellschaft und das Ordnungsgefüge eines Gemeinwesens sind letztlich nicht voneinander zu trennen.
Für uns bilden sie eine wissenschaftliche Herausforderung,
die es erfordert, das jeweils fachspezifische Kontextwissen zu
erweitern, abzugleichen und zu integrieren. Bei der Arbeit
an diesem Text haben wir gelernt, wie gewinnbringend die
Interdisziplinarität ist und welche kleineren und größeren
Schwierigkeiten sie in sich schließt. Die Sprache der Disziplinen ist unterschiedlich. Begriffe sind nicht deckungsgleich.

Analytische Kategorien in den Sozialwissenschaften und der Zeithistorie werden oftmals offen mit ethischen Vorannahmen oder moralischen Urteilen verknüpft, während in der Rechtswissenschaft solche Verknüpfungen nicht auf den ersten Blick zu erkennen sind und sorgsam dekonstruiert werden müssen.

Für die Bearbeitung der Textvorlagen und alle Unterstützung bei der redaktionellen Arbeit danken wir Lars Legath, Lukas Hezel und Valerie Schaab.

Entscheidungsaufbau und Entscheidungstechnik: eine Lesehilfe

Oliver Lepsius

I. Zur Zitierweise

Entscheidungen des Bundesverfassungsgerichts werden in einer amtlichen Sammlung, herausgegeben von den Mitgliedern des Bundesverfassungsgerichts, veröffentlicht. Die Zitierform des Brokdorf-Beschlusses, also etwa BVerfGE 69, 315 (355), verweist auf den 69. Band der amtlichen Entscheidungssammlung und den dort auf Seite 315 beginnenden Abdruck der Entscheidung. Die Seitenzahl in Klammern bezeichnet die genaue Fundstelle. In der Sammlung BVerfGE werden nur Senatsentscheidungen abgedruckt. Verfassungsbeschwerden, bei denen die maßgeblichen verfassungsrechtlichen Fragen bereits durch eine Senatsentscheidung entschieden worden sind, bedürfen keiner erneuten Senatsentscheidung, sondern können auch durch eine Kammer des Senats (drei von acht Richtern des Senats) erledigt werden (§ 93c BVerfGG). Da manche Kammerentscheidungen gleichwohl eine wichtige Anwendungsfrage klären und von allgemeinem Interesse sind, veröffentlicht das Bundesverfassungsgericht inzwischen auch eine amtliche Sammlung ausgewählter Kammerentscheidungen (BVerfGK), wenn sie über den Einzelfall bedeutsame verfassungsrechtliche Aussagen enthalten. Seit 1998 sind alle Entscheidungen des BVerfG unter dem Entscheidungsdatum auch auf der Internetseite des Gerichts abrufbar.

Das Bundesverfassungsgericht entscheidet durch Urteil, wenn im Verfahren eine mündliche Verhandlung durchgeführt wurde. Ohne mündliche Verhandlung entscheidet das Gericht durch Beschluss (§ 25 Abs. 2 BVerfGG). Im Brokdorf-Verfahren hatte das Gericht keine mündliche Verhandlung anberaumt, weshalb die Entscheidung als Beschluss erging. Es ist deshalb vom »Brokdorf-Beschluss« und nicht vom »Brokdorf-Urteil« zu sprechen.

Anders als in allen westlichen Rechtsordnungen wird in der deutschen Rechtsprechungstradition beim Zitieren von Gerichtsentscheidungen weder das Datum der Entscheidung angegeben noch durch die Nennung des Verfahrensgegenstandes oder der Parteien eine nähere Kontextualisierung der Entscheidung vorgenommen. Diese Praxis hat das Bundesverfassungsgericht nicht begründet, sie geht bereits auf die Zitierweise des Reichsgerichts zurück. Im rechtsdogmatischen Diskurs werden deutsche Gerichtsentscheidungen daher nur durch eine Folge scheinbar kryptischer Zahlenkombinationen zitiert, aus denen nur Experten in etwa auf das Jahr schließen können oder gar den sich hinter der Ziffernkombination verbergenden Fall erkennen. Wichtigere Fälle tragen inoffizielle Namen, so wie etwa BVerfGE 69, 315 die »Brokdorf-Entscheidung« oder der »Brokdorf-Beschluss« heißt. Die zeit- und kontextlose deutsche Zitierweise ist eigentümlich, weil sie unterstellt, dass für die Verarbeitung der Entscheidung in der Rechtsdogmatik weder der Entscheidungszeitpunkt noch der Entscheidungsgegenstand oder die Parteien eine relevante Information darstellen. Es geht scheinbar nur um die abstrakten, rein normativen Rechtsaussagen. Die Normauslegung des Gerichts präsentiert sich somit als sachverhaltsindifferente objektive Aussage mit vermeintlich zeitloser Richtigkeit.

Zeithistoriker werden diese zeit- und kontextlose Zitierweise nicht gutheißen können. Sie erschwert naturgemäß auch den Zugang von Nicht-Juristen zu Gerichtsentscheidungen. Aber auch aus juristischer Sicht ist die Zitierweise problematisch. Diese Strategie der Entkontextualisierung einer Entscheidung durch ihre Zitierweise irritiert schon deswegen, weil die Auslegung der Verfassungsnorm in dieser oder jener Weise naturgemäß gerade durch die Lage des jeweils zu entscheidenden Falles bestimmt wird. Die Norm wird nicht abstrakt, sondern immer im Hinblick auf eine bestimmte Rechtsfolge in einem bestimmten Fall interpretiert. Im Brokdorf-Beschluss wird die Sachverhaltsabhängigkeit der Normauslegung besonders deutlich. Ohne gerade diesen Fall, der gerade zu diesem Zeitpunkt in der Geschichte der Bundesrepublik zu entscheiden war, wäre das Grundrecht auf Versammlungsfreiheit wohl nicht so ausgelegt worden, wie es durch das Gericht nun gerade ausgelegt worden ist. Für die Weiterverarbeitung der Entscheidungsgründe im dogmatischen Diskurs und für die Übertragbarkeit der Entscheidungsgründe auf andere Fälle und neue Rechtsfragen muss der Entscheidungskontext der ursprünglichen Verfassungsauslegung daher herangezogen werden. In der Praxis aber kommen sowohl die Literatur als auch das Gericht selbst ohne eine Berücksichtigung des Entscheidungskontextes weiter. Darin unterscheidet sich die deutsche Rechtsprechungstradition vom angelsächsischen Vorgehen und zunehmend auch von der Entscheidungskultur der europäischen Gerichte. In der juristischen Literatur wird daher vermehrt die Forderung erhoben, die Sachverhaltsabhängigkeit von Entscheidungsbegründungen bei ihrer dogmatischen Weiterverarbeitung und Übertragung auf andere Rechts-

streite dadurch in Erinnerung zu rufen, dass Gerichtsentscheidungen nicht nur durch die Fundstelle, sondern auch
unter Beigabe des Jahres und gegebenenfalls der Namen der
Beteiligten oder des Streitgegenstandes zitiert werden. Das
Zitat würde in der Literatur dann lauten: BVerfGE 69, 315
(355) – Brokdorf [1985]. Diese Zitierweise findet Anklang,
hat sich aber noch nicht durchgesetzt; das BVerfG selbst hält
am kryptischen Nummernstil fest.

II. Zum Aufbau einer Entscheidung des BVerfG

Die Entscheidung beginnt (im Fettdruck) mit den Leitsät-
zen. Sie fassen die wesentlichen Ergebnisse zusammen und
geben im Stile einer Inhaltsangabe dem Leser eine Grob-
orientierung. Die Leitsätze sind nicht als normative Aussagen selbständig zitierfähig. Es folgt dann das Rubrum
der Entscheidung, hier: Beschluss des Ersten Senats vom
14. Mai 1985 mit Aktenzeichen, Angabe des Verfahrensgegenstandes, der Parteien und ihrer Prozessvertreter. Das
Aktenzeichen enthält immer die Angabe »Bv« (für Bundesverfassungsgericht, um die Aktenzeichen der Gerichte aus-
einanderhalten zu können) sowie vorangestellt die Ziffer 1
oder 2, je nachdem welcher Senat entschieden hat. Der dritte
Buchstabe kennzeichnet die Verfahrensart (der Buchstabe
»R« steht für Verfassungsbeschwerden, der Buchstabe »Q«
für einstweilige Anordnungen nach § 32 BVerfGG). Danach folgt die laufende Eingangsziffer des Jahres. So erklärt
sich das Aktenzeichen im Brokdorf-Beschluss 1 BvR 233,
341/81: Es handelt sich um die Verfassungsbeschwerden
Nr. 233 und 341 aus dem Jahr 1981, die durch den Ersten
Senat des Bundesverfassungsgerichts entschieden werden.

An das Rubrum schließt der Tenor an (»Entscheidungs-
formel«). Dies ist das eigentliche Entscheidungsergebnis;

hier werden die Rechtsfolgen formuliert (hier: die Entscheidungen des OVG Schleswig werden aufgehoben, die Sache
an das Gericht zurückverwiesen, im Übrigen werden die
Verfassungsbeschwerden zurückgewiesen, die Beschwerdeführer haben einen Anspruch auf Erstattung ihrer notwendigen Kosten durch das Land Schleswig-Holstein).

Jetzt erst folgen die Entscheidungsgründe und diese sind
in drei Komplexe unterteilt: Streitgegenstand und Prozessgeschichte – Zulässigkeit – Begründetheit.

Zuerst wird der Streitgegenstand erläutert und die Prozessgeschichte nachgezeichnet: Worum geht es, was ist pas-
siert, wie wurde die Frage in den Vorinstanzen bereits behandelt? Dieser Komplex wird mit dem Buchstaben »A.«
abgesetzt. Unter A. ergehen keine eigenständigen Aussagen
des entscheidenden Senats. Der Senat fasst nur das Voran-
gegangene zusammen. Die Entscheidungsgründe zu »A.«
sind eigentlich keine »Gründe«, denn hier wird nichts begründet, sondern nur berichtet, was zuvor geschehen und
entschieden worden ist. Juristen, die an den normativen
Aussagen interessiert sind, werden diesen Teil der Entscheidungsgründe überschlagen. Zeithistoriker und Juristen, die
an der Kontextualisierung der Verfassungsauslegung interessiert sind, werden diesen Part hingegen aufmerksam lesen.
Der Leser stößt auf einen Reichtum an genauen Informationen über den Sachverhalt und die zugrundeliegenden
Umstände sowie an mitgeteilten rechtlichen Bewertungen.
Im Brokdorf-Beschluss findet man unter A. eine gerichtlich
festgestellte, gewissermaßen autoritative Beschreibung der
gesellschaftlichen Probleme um Massendemonstrationen
samt einer Aufbereitung der bisherigen rechtlichen Lösungs-
strategien. Es handelt sich für sich genommen um wert-
volle zeithistorische Dokumente. Wir haben deshalb – im
Unterschied zur Praxis unter Juristen, die darauf verzichten

würden – auch längere Textpassagen aus dem Teil A. aufgenommen.

Unter dem Gliederungsbuchstaben »B.« behandelt der
Senat dann die Zulässigkeit des Rechtsbehelfs (hier: der Verfassungsbeschwerden). In manchen Entscheidungen spielt
in der Zulässigkeit die Musik. So hing etwa im berühmten
Maastricht-Urteil (BVerfGE 89, 155 [1993]) die Entscheidung in der Sache davon ab, ob mit einer Verfassungsbeschwerde gerügt werden kann, dass im Zustimmungs-
gesetz zum Maastrichter Vertrag die Grenzen des Art. 23
n. F. GG für eine Übertragung von Hoheitsbefugnissen an
die Europäische Union überschritten worden sind. Denn
mit der Verfassungsbeschwerde kann der Bürger nur die Verletzung von Grundrechten und grundrechtsgleichen Rechten nach Art. 93 Abs. 1 Nr. 4a GG geltend machen, nicht
aber Delegationsgrenzen aus Art. 23 GG. Das Bundesverfassungsgericht erfand im Maastricht-Urteil ein grund-
rechtsgleiches Recht auf demokratische Entscheidungs-
verantwortung durch nationale Verfassungsorgane, das
wiederum mit der Verfassungsbeschwerde geltend gemacht
werden konnte. Dadurch enthält die Zulässigkeitsprüfung
im Maastricht-Urteil wichtige prinzipielle Aussagen. Im
Brokdorf-Fall lagen hier aber keine mitteilenswerte Rechtsfragen, weshalb wir von einem Abdruck abgesehen haben.

Jetzt erst folgt unter »C.« die materielle Begründung der
Entscheidung. Juristen beginnen mit der Lektüre meist
hier. Beim weiteren Aufbau der materiellen Entscheidungsbegründung folgt das Gericht nicht immer, aber inzwischen
doch mit steter Regelmäßigkeit, einer Aufteilung in einen
Maßstäbeteil (»C. I.«) und einen Subsumtionsteil (»C. II.«).
Es teilt die Begründung also in zwei Blöcke auf. Im ersten
Block trifft es allgemein gehaltene Aussagen zur Auslegung
der Verfassung. Diese Aussagen unterscheiden sich in Stil

und Duktus häufig nicht von einem Lehrbuch. Mit allgemein gehaltenen Worten legt das Gericht erst einmal abstrakt den Maßstab dar, den es dem Fall zugrunde legen will. Auf die Pflege und Darlegung dieses Maßstabs verwendet das Bundesverfassungsgericht viel Mühe: Die Aussagen werden im Senat genau abgestimmt und sorgsam formuliert, denn hier werden die Weichen gestellt für die Entscheidung des Falles sowie für das Verständnis der Verfassung und ihrer Auslegung über den Fall hinaus. Die Aussagen des Maßstäbeteils zeichnen sich dadurch aus, dass sie keinen Fallbezug aufweisen, sondern ihre Stimmigkeit aus generell-abstraktem Bezug zu den Verfassungsnormen beziehen.

Unter »C. II.« davon abgesetzt folgt die Anwendung des Maßstabs auf den zu entscheidenden Sachverhalt. Erst in diesem Begründungabschnitt, dem Subsumtionsteil, fließt der spezifische Fallbezug in die Begründung ein. Nun folgen die für den konkreten Fall entscheidungserheblichen Überlegungen, auf die der zuvor abstrakte Maßstab bezogen wird. Auf den ersten Blick dient die Trennung in Maßstäbe- und Subsumtionsteil einer klaren Strukturierung der Begründung. Mit dieser Entscheidungstechnik gelingt es dem Gericht aber auch, die verfassungsrechtlichen Maßstäbe von den jeweiligen Sachverhaltskomponenten zu trennen und abstrakt diskursfähig zu machen. Das Gericht kann seine Verfassungsauslegung sachverhaltsindifferent und kontextlos zum Gegenstand eines rein normativen Verfassungsdiskurses machen und auf diese Weise auch die zeitübergreifende, neutrale, stimmige eigene Verfassungsinterpretation aufrecht erhalten. Weil beide Teile getrennt werden, wirken subsumierende Aussagen auf die Maßstabsbildung selten ein. Bei der Fortschreibung der Maßstäbe braucht das Bundesverfassungsgericht daher auf die Tatsachenaspekte und die Kontexte früherer Entscheidungen keine Rücksicht zu nehmen. Auf diese Weise löst sich die Verfassungsinterpretation des Gerichts ganz zwanglos von den Rechtsstreiten, die das Gericht aber erst ermächtigten, die Verfassung zu interpretieren. Man bemerkt diesen Effekt, wenn man sich die Zitiertechnik ansieht: In seinen eigenen Entscheidungen zitiert das Bundesverfassungsgericht fast ausschließlich Aussagen aus früheren Maßstäbeteilen, weil diese schon mit dem Ziel der sachverhaltsübergreifenden Verallgemeinerung geschrieben worden sind. Auch der dogmatische Diskurs in der Rechtswissenschaft konzentriert sich auf den Teil »C. I.« der Entscheidungsbegründungen, denn es interessiert die abstrakte Aussage über eine Rechtsfrage, nicht die konkrete Aussage über einen Streitfall. Die Aufspaltung in einen Maßstäbe- und einen Subsumtionsteil erklärt manche Zugangsschwierigkeiten, die Nicht-Juristen mit dem Lesen von Entscheidungen des Bundesverfassungsgerichts haben: Wer nicht am juristisch-dogmatischen Diskurs partizipiert, wird der Aufteilung keinen Wert abgewinnen und beklagen, dass die Lösung des Falles selbst durch die Darstellung der Entscheidungsbegründung nicht wirklich erhellt wird. Wenn Urteilsbegründungen gelegentlich als sperrig empfunden werden, mag dies auch am Auseinanderzerren der normativen und der kasuistischen Komponenten des Falles liegen.

Je nachdem, wie viele Maßstäbe zur Lösung des Rechtsstreits herangezogen werden müssen und wie viele Subsumtionsprobleme entstehen, kann die Gliederung noch weitere Ebenen umfassen (C. III. oder D. I.). Im Grundsatz aber wird die Begründungstechnik dadurch für weitere Maßstäbe wiederholt oder problembezogen verfeinert. Unter einem abschließenden Gliederungsbuchstaben erfolgen je nach Bedarf Ausführungen über Übergangsregelungen und andere Anordnungen sowie schließlich zur Kostentragung.

III. Zur Entscheidungstechnik im Brokdorf-Beschluss

Die Entscheidungsbegründung des Brokdorf-Beschlusses folgt dem Musteraufbau weitgehend, weist aber auch interessante Abweichungen auf. Da der Beschluss die erste Senatsentscheidung zur Versammlungsfreiheit des Art. 8 GG darstellt, kann das Gericht noch nicht auf einen etablierten Maßstab zurückgreifen, sondern muss diesen erst herleiten. Der Maßstäbeteil »C.I.« ist daher stärker als inzwischen üblich mit allgemeinen verfassungsrechtlichen, hier insbesondere demokratiefunktionalen Erwägungen aufgefüllt. Auf den konkreten Sachverhalt und auf die Bedeutung des Demonstrationsrechts für Anliegen, die im Bundestag nicht hinreichend vertreten und nicht mehrheitsfähig sind, wird aber erst unter »C.II.« eingegangen und die dort gewonnenen feineren Maßstäbe dann auf die verfassungskonforme Auslegung des Versammlungsgesetzes bezogen (C.III.). Der Teil »C.IV.« befasst sich schließlich mit einem ganz anderen Aspekt, der zu dem Vorgehenden keinen materiellen Zusammenhang aufweist, nämlich der Zuständigkeit des Oberverwaltungsgerichts, gegen dessen Entscheidung Urteilsverfassungsbeschwerde eingelegt wurde. Über diese Zuständigkeitsfrage wird der Fall letztlich entschieden, so dass die Teile C.I. bis C.III. überflüssig erscheinen mögen. Zwar sind sie nicht zur Entscheidung des Falles notwendig, aber für die Maßstabsbildung unverzichtbar. Die Entscheidungsbegründung des Brokdorf-Beschlusses folgt jedenfalls grundsätzlich der Trennung in Maßstäbe- und Subsumtionsteil, auch wenn der Sachverhaltsbezug und die Kontextualisierung der Maßstabsbildung in dieser Entscheidung noch wesentlich deutlicher hervortreten als dies im Durchschnitt der Karlsruher Entscheidungsbegründungen erkennbar ist. Es geht dem Gericht in erster Linie um die Maßstabs-

bildung. Dafür ist der zeithistorische Problemkontext unverzichtbar. Die Lust an der Maßstabsbildung erklärt auch,
warum gerade die Begründungsabschnitte C. I. – C. III. im
Mittelpunkt stehen und nicht der Abschnitt C. IV., mit dem
der konkrete Fall eigentlich gelöst wird. Wir sehen: Das Gericht will nicht unbedingt Fälle lösen, sondern es greift die
Fälle auf, um Maßstäbe zu errichten.

Auszug der Entscheidung BVerfGE 69, 315

BVerfGE 69, 315

|315|

1. Das Recht des Bürgers, durch Ausübung der Versammlungsfreiheit aktiv am politischen Meinungsbildungs- und Willensbildungsprozeß teilzunehmen, gehört zu den unentbehrlichen Funktionselementen eines demokratischen Gemeinwesens. Diese grundlegende Bedeutung des Freiheitsrechts ist vom Gesetzgeber beim Erlaß grundrechtsbeschränkender Vorschriften sowie bei deren Auslegung und Anwendung durch Behörden und Gerichte zu beachten.

2. Die Regelung des Versammlungsgesetzes über die Pflicht zur Anmeldung von Veranstaltungen unter freiem Himmel und über die Voraussetzungen für deren Auflösung oder Verbot (§§ 14, 15) genügt den verfassungsrechtlichen Anforderungen, wenn bei ihrer Auslegung und Anwendung berücksichtigt wird, daß

a) die Anmeldepflicht bei Spontandemonstrationen nicht eingreift und ihre Verletzung nicht schematisch zur Auflösung oder zum Verbot berechtigt,

b) Auflösung und Verbot nur zum Schutz gleichwertiger Rechtsgüter unter strikter Wahrung des Grundsatzes der Verhältnismäßigkeit und nur bei einer unmittelbaren, aus erkennbaren Umständen herleitbaren Gefährdung dieser Rechtsgüter erfolgen dürfen.

|316|

3. Die staatlichen Behörden sind gehalten, nach dem Vorbild friedlich verlaufender Großdemonstrationen versammlungsfreundlich zu verfahren und nicht ohne zureichenden
Grund hinter bewährten Erfahrungen zurückzubleiben. Je
mehr die Veranstalter ihrerseits zu einseitigen vertrauensbildenden Maßnahmen oder zu einer demonstrationsfreundlichen Kooperation bereit sind, desto höher rückt die
Schwelle für behördliches Eingreifen wegen Gefährdung der
öffentlichen Sicherheit.

4. Steht nicht zu befürchten, daß eine Demonstration im
ganzen einen unfriedlichen Verlauf nimmt oder daß der Veranstalter und sein Anhang einen solchen Verlauf anstreben
oder zumindest billigen, bleibt für die friedlichen Teilnehmer der von der Verfassung jedem Staatsbürger garantierte
Schutz der Versammlungsfreiheit auch dann erhalten, wenn
mit Ausschreitungen durch einzelne oder eine Minderheit
zu rechnen ist. In einem solchen Fall setzt ein vorbeugendes
Verbot der gesamten Veranstaltung strenge Anforderungen
an die Gefahrenprognose sowie die vorherige Ausschöpfung
aller sinnvoll anwendbaren Mittel voraus, welche den friedlichen Demonstranten eine Grundrechtsverwirklichung ermöglichen.

5. Die Verwaltungsgerichte haben schon im Verfahren des
vorläufigen Rechtsschutzes durch eine intensivere Prüfung
dem Umstand Rechnung zu tragen, daß der Sofortvollzug
eines Demonstrationsverbotes in der Regel zur endgültigen
Verhinderung der Grundrechtsverwirklichung führt.

6. Zu den Grenzen richterlicher Rechtsfortbildung.

Beschluß des Ersten Senats vom 14. Mai 1985
–1 BvR 233, 341/81–

in den Verfahren über die Verfassungsbeschwerden I. 1. des Herrn
P... 2. der Frau P... – Bevollmächtigter: Rechtsanwalt Jochen
Roggenbock, Kirchenstraße 11, Itzehoe – gegen a) den Beschluß
des Oberverwaltungsgerichts für die Länder Niedersachsen und
Schleswig-Holstein vom 28. Februar 1981 – 12 OVG B 26/81 –,
b) die Allgemeinverfügung des Landrats des Kreises Steinburg
vom 23. Februar 1981 – 1 BvR 233/81 –; II. 1. des Rechtsanwalts
S ..., 2. des Herrn W ... – Bevollmächtigter zu 2.: Rechtsanwalt
Dr. Dr. Klaus Sojka, Garstedter Weg 173, Hamburg 61 – gegen a)
den Beschluß des Oberverwaltungsgerichts für die Länder Niedersachsen und Schleswig-Holstein vom 28. Februar 1981 – 12 OVG
B 28/81 –, b) den Beschluß

|317|

des Schleswig-Holsteinischen Verwaltungsgerichts in Schleswig
vom 27. Februar 1981 – 3 D 15/81 –, c) die Allgemeinverfügung
des Landrats des Kreises Steinburg vom 23. Februar 1981 – 1 BvR
341/81 –.

ENTSCHEIDUNGSFORMEL:

I. Die Beschlüsse des Oberverwaltungsgerichts für die Länder Niedersachen und Schleswig-Holstein vom 28. Februar
1981 – 12 OVG B 26/81 und 12 OVG B 28/81 – verletzen
die Beschwerdeführer in ihren Grundrechten aus Artikel 8
in Verbindung mit dem Rechtsstaatsprinzip des Grundgesetzes, soweit den Beschwerden gegen die erstinstanzlichen Entscheidungen stattgegeben worden ist. Insoweit
werden sie aufgehoben. Die Sachen werden an das Oberverwaltungsgericht zurückverwiesen.

II. Die weitergehenden Verfassungsbeschwerden der Beschwerdeführer zu II. werden zurückgewiesen.

III. Das Land Schleswig-Holstein hat den Beschwerdeführern die notwendigen Auslagen zu erstatten.

GRÜNDE:

A.

Die Verfassungsbeschwerden betreffen das Verbot von Demonstrationen, die gegen die Errichtung des Kernkraftwerks Brokdorf geplant waren. Ihr wesentlicher Gegenstand
ist der vom Oberverwaltungsgericht bestätigte Sofortvollzug eines generellen Demonstrationsverbotes, das der zuständige Landrat in Form einer Allgemeinverfügung vor-
beugend erlassen hatte.

I.

1. Als verfassungsrechtliche Grundlage für die Gewährleistung der Demonstrationsfreiheit kommt neben der Meinungsfreiheit insbesondere das Grundrecht der Versammlungsfreiheit in Betracht:

Art. 8

(1) Alle Deutschen haben das Recht, sich ohne Anmeldung oder
    Erlaubnis friedlich und ohne Waffen zu versammeln.

|318|

(2) Für Versammlungen unter freiem Himmel kann dieses Recht
    durch Gesetz oder aufgrund eines Gesetzes beschränkt werden.

Eine nähere gesetzliche Regelung enthält das Gesetz über
Versammlungen und Aufzüge (Versammlungsgesetz) vom
24. Juli 1953 in der Neufassung vom 15. November 1978
(BGBl. I S. 1789). Es bekräftigt in § 1 das Recht eines
jeden, öffentliche Versammlungen und Aufzüge zu ver-

anstalten und an solchen Veranstaltungen teilzunehmen. Im III. Abschnitt enthält es folgende Vorschriften für »Öffentliche Versammlungen unter freiem Himmel und Aufzüge«:

§ 14

(1) Wer die Absicht hat, eine öffentliche Versammlung unter freiem Himmel oder einen Aufzug zu veranstalten, hat dies spätestens 48 Stunden vor der Bekanntgabe der zuständigen Behörde unter Angabe des Gegenstandes der Versammlung oder des Aufzuges anzumelden.

(2) In der Anmeldung ist anzugeben, welche Person für die Leitung der Versammlung oder des Aufzuges verantwortlich sein soll.

§ 15

(1) Die zuständige Behörde kann die Versammlung oder den Aufzug verbieten oder von bestimmten Auflagen abhängig machen, wenn nach den zur Zeit des Erlasses der Verfügung erkennbaren Umständen die öffentliche Sicherheit oder Ordnung bei Durchführung der Versammlung oder des Aufzuges unmittelbar gefährdet ist.

(2) Sie kann eine Versammlung oder einen Aufzug auflösen, wenn sie nicht angemeldet sind, wenn von den Angaben der Anmeldung abgewichen oder den Auflagen zuwider gehandelt wird oder wenn die Voraussetzungen zu einem Verbot nach Absatz 1 gegeben sind.

(3) Eine verbotene Veranstaltung ist aufzulösen.

§ 18 schreibt für Versammlungen unter freiem Himmel die entsprechende Anwendung einiger Vorschriften über Veranstaltungen in geschlossenen Räumen vor (Notwendigkeit und Aufgaben eines Versammlungsleiters, Zuziehung von Ordnern, Ausschluß von Störern, Entfernungspflicht der Teilnehmer nach Auf |319| lösung); § 19 trifft besondere Vorschriften für Aufzüge. Der IV. Abschnitt enthält Strafvorschriften und Bußgeldvorschriften, unter anderem für

Veranstalter oder Leiter verbotener oder nicht angemeldeter
Veranstaltungen (§ 26) sowie für die Teilnahme an ver-
botenen Versammlungen (§ 29 Abs. 1 Nr. 1).

2. Das Oberverwaltungsgericht und der Bundesverband
Bürgerinitiativen Umweltschutz haben im vorliegenden Verfahren mit unterschiedlicher Begründung den Standpunkt
vertreten, daß die gesetzliche Regelung für Großdemonstrationen der in Brokdorf geplanten Art. nicht ausreiche. Zur
Klärung der Frage, welches Vorgehen der Behörden und der
Veranstalter zum friedlichen Verlauf von Großdemonstrationen beitragen kann, hat der Bundesminister des Innern
Erfahrungsberichte der zuständigen Landesinnenminister
vorgelegt. Die Brokdorf-Demonstration führte zu Gesprächen zwischen Vertretern der Polizei, Mitgliedern von Um-
weltschutzverbänden und Repräsentanten gesellschaftlicher
Kräfte über eine gewaltfreie Austragung von Umweltkon-
flikten, deren Ergebnis als Orientierungshilfe veröffentlicht
wurde (Stuttgarter Gespräche, Bonn 1984). Darin heißt es:

Es sei für die Polizei eine erstrangige Aufgabe, die ungehinderte Ausübung der für die gesellschaftliche Konflikt-
regulierung wichtigen Grundrechte der Meinungsfreiheit
und Versammlungsfreiheit zu gewährleisten. Ökologiebe-
wegung und Friedensbewegung müßten schon nach ihrem
Selbstverständnis darauf hinwirken, daß politische Konflikte nicht gewaltsam verliefen. Besonders wichtig sei die
grundsätzliche Gesprächsbereitschaft aller Beteiligten und
der sich daraus ergebende laufende Kontakt. Dieser fördere
das gegenseitige Verständnis, erleichtere allen Beteiligten die
Lagebeurteilung und die Durchführung ihrer Aufgaben und
führe dazu, daß man entkrampfter auf Konfliktsituationen
zugehe. Die Polizei könne Rechtsbrüche nicht hinnehmen,
bemühe sich jedoch, durch lageangepaßte, flexible und ver-
hältnismäßige Reaktionen Eskalationen zu vermeiden, bei

der Wahrnehmung des staatlichen Gewaltmonopols Zurückhaltung zu üben und sich auf neue gewaltfreie Aktionsformen durch entsprechend defen |320| sives Auftreten und Einschreiten einzustellen. Alle Beteiligten sollten bestrebt sein, Maßnahmen folgender Art. zu vermeiden:

das Nichtankündigen von Versammlungen und Aktionen,

die Bewaffnung von Demonstranten,

das gegenseitige Verhöhnen oder Beleidigen,

Aktionen und Maßnahmen, die Personen unverhältnismäßig behindern, bedrohen oder gefährden,

aggressiv wirkendes Auftreten von Demonstranten und Polizeikräften,

unnötig, überzogen oder unverständlich wirkende polizeiliche Einsatzmaßnahmen,

unnötige Machtdemonstrationen von Seiten der Polizei und der Verbände oder der Veranstalter, aber auch der Politiker.

II.

1. Planung und Errichtung des Kernkraftwerks in Brokdorf waren Gegenstand verwaltungsgerichtlicher Verfahren und seit 1976 von Demonstrationen begleitet, die teilweise unfriedlich verliefen. Nachdem Ende 1980 nach einem vierjährigen Baustopp bekanntgeworden war, daß mit einer Fortsetzung der Bauarbeiten zu rechnen sei, begannen Anfang 1981 Vorbereitungen für eine Großdemonstration. Bei einer vorbereitenden Zusammenkunft von 30 Bürgerinitiativen in Kollmar wurde beschlossen, zu einer internationalen Großdemonstration aufzurufen. Auf einem Treffen in Hannover am 14. Februar 1981 einigten sich etwa 400 Vertreter von 60 Bürgerinitiativen und anderen Vereinigungen auf Samstag, den 28. Februar 1981, als Demonstrations-

termin. Dazu wurde im gesamten Bundesgebiet durch Flugblätter, Plakate und Zeitungsaufrufe eingeladen. Die Presse
befaßte sich von Anfang an mit der vorgesehenen Demonstration und ging von einem gewalttätigen Verlauf aus.

Nach Darstellung des Bundesverbandes Bürgerinitiativen
Umweltschutz konnte die endgültige Konzeption für die
Demonstration erst am 21. Februar 1981 verabschiedet werden. Danach sollten sich die nach und nach eintreffenden
Teilnehmer auf einer |321| Auftaktkundgebung in dem etwa
9 km vom Bauplatz entfernten Städtchen Wilster sammeln;
gegen 11.00 Uhr sollte ein Demonstrationszug in Richtung
Brokdorf beginnen, wo gegen 13.00 Uhr eine Abschluß-
kundgebung in der Nähe des Bauplatzes auf einer Wiese
stattfinden sollte, die ein Bauer zur Verfügung gestellt habe.
Diese Veranstaltungen hätten am folgenden Montag, dem
23. Februar 1981, angemeldet werden sollen.

2. Der Landrat des Kreises Steinburg hatte seinerseits
im Januar 1981 mit vorbereitenden Planungen begonnen.
Mitte Februar erwog er, als erste Maßnahme eine »Abmahnung« für den Fall vorzunehmen, daß eine Demonstration nicht alsbald angemeldet werde. Ohne eine solche
Abmahnung erließ er am Montag, dem 23. Februar 1981,
eine Allgemeinverfügung, durch die er die beabsichtigte
Demonstration sowie jede andere gegen das Kernkraftwerk
gerichtete Demonstration in der Zeit vom 27. Februar bis
1. März 1981 am Baugelände und in einem etwa 210 km^2
umfassenden Gebiet der Wilstermarsch verbot.

In der Begründung heißt es, entgegen der gesetzlichen Regelung sei eine Anmeldung bisher nicht erfolgt. Aber auch
eine angemeldete Veranstaltung müsse untersagt werden. Es
sei davon auszugehen, daß den Aufrufen zur Demonstration
möglicherweise bis zu 50.000 Teilnehmer folgen würden,
unter denen sich in erheblicher Anzahl Personen befänden,

die eine gewaltsame Besetzung und Zerstörung des Bauplatzes sowie Gewalttaten gegen Personen und Sachen beabsichtigten. Außerdem sei mit einer an Sicherheit grenzenden Wahrscheinlichkeit zu befürchten, daß es bei der Durchführung der Veranstaltung zu schwerwiegenden Straftaten und Ordnungswidrigkeiten kommen werde. Diese Befürchtung basiere zum einen auf Zeitungsberichten und insbesondere auf den näher zitierten Angaben in Flugblättern mehrerer Gruppierungen, die eindeutig erkennen ließen, daß diese eine unfriedliche, auf Gewaltanwendung ausgerichtete Veranstaltung zu einem erheblichen Teil selbst wollten, zumindest aber Gewaltanwendung guthießen. Zum anderen hätten die bisherigen Erfahrungen – namentlich Demonstrationen in Brokdorf am 21. |322| Dezember 1980 und am 2. Februar 1981 in Hamburg – gezeigt, daß sich potentielle Störer und Gewalttäter bewußt die bloße Präsenz friedlicher Demonstranten zunutze machten, indem sie diese als ihren Schutzschild mißbrauchten. Es sei nahezu mit Gewißheit davon auszugehen, daß sich die gewalttätigen Teilnehmer der genannten Demonstrationen auch an der Veranstaltung in Brokdorf in gewalttätiger Form beteiligen würden.

Ferner ordnete der Landrat gemäß § 80 Abs. 2 Nr. 4 VwGO die sofortige Vollziehung seiner Allgemeinverfügung an. Das öffentliche Interesse am Sofortvollzug begründete er damit, daß – wie bereits in der Verbotsbegründung zum Ausdruck gekommen sei – Nachteile für das Wohl der Allgemeinheit, Gesundheitsschäden und Sachschäden sowie die Verletzung von Rechtsnormen zu befürchten seien; der Schutz dieser Rechtsgüter sei höher zu bewerten als das mögliche Interesse an einer Durchführung der Veranstaltung.

3. Ebenso wie einige weitere Personen hatten nach Erlaß des Verbotes auch die Beschwerdeführer zu II. als Vorstandsmitglieder des »Weltbunds zum Schutze des Lebens –

Landesverband Hamburg e. V.« mit Schriftsatz vom 24. Februar 1981 (Dienstag) eine Demonstration für den 28. Februar 1981 im Bereich des Bauplatzes des Kernkraftwerks angemeldet. Mit Schreiben vom 25. Februar 1981 wies der Landrat auf seine Allgemeinverfügung und das darin enthaltene Verbot hin. Dagegen sowie gegen die Allgemeinverfügung legten die Beschwerdeführer alsbald Widerspruch ein. Auch die Beschwerdeführer zu I. erhoben gegen die Allgemeinverfügung mit Schreiben vom 26. Februar 1981 (Donnerstag) Widerspruch und zeigten mit zwei weiteren Schreiben gleichen Datums an, daß sie am 28. Februar 1981 in Wilster auf dem dortigen Marktplatz – die Beschwerdeführerin zu I. 2. außerdem in Brokdorf – mit ihrem eigenen Anhang gegen den Weiterbau des Kernkraftwerks demonstrieren würden.

Über die Widersprüche hat der Landrat zunächst nicht entschieden. Auf Antrag der Beschwerdeführer ordnete das Schleswig-Holsteinische Verwaltungsgericht durch Beschlüsse vom 27. |323| Februar 1981 die teilweise Wiederherstellung der aufschiebenden Wirkung der Widersprüche an. Es hielt den Sofortvollzug des Verbotes aufrecht für einen Bereich, der durch diejenigen Punkte begrenzt wurde, an denen die Polizei in einer Entfernung zwischen etwa 4,5 km bis 9 km vom Bauplatz Straßensperren vorbereitet hatte; ferner war ein Sicherheitsabstand von maximal 100 m vor den Straßensperren einzuhalten. In der Beschlußbegründung äußert das Verwaltungsgericht erhebliche Bedenken gegen die Rechtmäßigkeit der Allgemeinverfügung; es sei insbesondere zweifelhaft, ob sie dem Grundsatz der Verhältnismäßigkeit genüge. Aus den vorliegenden Unterlagen lasse sich lediglich mit hinreichender Sicherheit entnehmen, daß Gewaltanwendung gegen die Baustelleneinrichtungen, insbesondere gegen den Bauzaun um das künftige Kraftwerksgelände zu erwarten seien. Da indessen die Rechtmäßigkeit des Verbotes im summarischen Verfahren nicht abschließend geklärt werden könne, sei eine Abwägung der widerstreitenden Interessen unter Beachtung des hohen Stellenwerts des Grundrechts der Versammlungsfreiheit einerseits und des öffentlichen Interesses an der Aufrechterhaltung von Sicherheit und Ordnung andererseits erforderlich. Das Grundrecht schütze grundsätzlich auch die Befugnis, sich dort zu versammeln, wo die Veranstalter es für wünschenswert hielten; dabei sei es naheliegend, daß eine Demonstration von Kernkraftgegnern am Bauplatz des Kraftwerks oder zumindest in größtmöglicher Nähe angestrebt werde. Zur Vermeidung einer unmittelbaren Gefährdung der öffentlichen Sicherheit und Ordnung erscheine es aufgrund der vorliegenden Erkenntnisse gerechtfertigt, um das Kernkraftwerk einen gewissen Bereich festzulegen, in dem nicht demonstriert werden dürfe. Ein Versammlungsverbot für die gesamte Region sei aber zu weitgehend, da sich aus den vorliegenden Unterlagen für Ausschreitungen an anderen Orten keine Anzeichen ergäben. Die bloße Möglichkeit und der Hinweis auf frühere Ausschreitungen anläßlich einer Demonstration in Hamburg reichten nicht aus; mit einer solchen Begründung ließe sich jede Demonstration untersagen.

|324|

4. Obwohl es in der Rechtsmittelbelehrung der verwaltungsgerichtlichen Entscheidungen hieß, diese seien – auch für die Beigeladenen – unanfechtbar, soweit dem Antrag stattgegeben worden sei, erhoben die beigeladenen Gemeinden und Amtspersonen, der Landrat und der Vertreter des öffentlichen Interesses am Nachmittag des 27. Februar 1981 (Freitag) Beschwerde beim Oberverwaltungsgericht.

In einer am Abend dieses Tages anberaumten mündlichen Verhandlung legten die Beschwerdeführer zu II. ebenfalls Beschwerde ein. Mit den in der Nacht zum 28. Februar 1981 ergangenen Beschlüssen (DÖV 1981, S. 461) änderte das Oberverwaltungsgericht die erstinstanzlichen Entscheidungen und wies auf die Beschwerde der Beigeladenen die Anträge auf Wiederherstellung der aufschiebenden Wirkung in vollem Umfang zurück. Die Beschwerden des Landrats und des Vertreters des öffentlichen Interesses beurteilte es gemäß § 80 Abs. 6 Satz 2 VwGO a. F. als unzulässig, die Beschwerde der Beschwerdeführer zu II. als unbegründet.

In seiner Begründung legt das Oberverwaltungsgericht dar, es halte nach dem zur Stunde übersehbaren Sachverhalt das strittige Verbot für gerechtfertigt. Jedenfalls müsse die gebotene Interessenabwägung zur Bestätigung der Rechtmäßigkeit des Sofortvollzuges in vollem Umfang führen. Bei dieser Beurteilung gehe das Gericht davon aus, daß die meisten Demonstrationsteilnehmer in friedlicher Weise ihrer Überzeugung Ausdruck geben wollten, sie hätten allergrößte Sorge wegen der Energieerzeugung durch Atomkraft. Die große und gewiß überwiegende Zahl der gutwilligen Demonstranten biete aber keine Gewähr dafür, daß sie die kleineren, der Zahl nach aber doch umfangreichen Gruppen der zu Gewalttaten entschlossenen Demonstranten von ihrem Vorhaben abhalten würden. Anzeichen dafür, daß die Demonstration von einer großen Anzahl von Teilnehmern nicht friedlich und unter Gewaltanwendung durchgeführt werden solle, ergäben sich aus Flugblättern und sonstigen öffentlichen Verlautbarungen sowie aus den von den Behörden und den Bewohnern der Region gemachten Erfahrungen bei früheren Demonstra- |325| tionen. Den Schilderungen verantwortlicher Vertreter der Gemeinwesen sei zu entnehmen, daß Bürger der Region ihre Häuser mit

Schutzeinrichtungen gegen befürchtete Beschädigungen versehen, sogar ihre Wohnungen verlassen und sich hilfesuchend an die Behörden gewandt hätten. Somit sei ein Maß an Gefährdung der öffentlichen Sicherheit und Ordnung erreicht gewesen, das die verantwortliche Behörde verpflichtet habe, diesen Gefahren mit geeigneten Mitteln entgegenzutreten. Angesichts des außergewöhnlichen Umfangs der Demonstration und der örtlichen Besonderheiten hätten Sicherheitsmaßnahmen während der Demonstration allenfalls erfolgversprechend sein können, wenn die zuständige Behörde rechtzeitig Absprachen mit einer verantwortlichen Veranstaltungsleitung hätte treffen können. Dabei sei auch zu erörtern gewesen, ob die Großdemonstration statt auf den Feldern und Wegen sowie in den kleinen Ortschaften des vorgesehenen Demonstrationsgebietes nicht an einem geeigneteren Ort hätte durchgeführt werden sollen; dafür hätten Großstadien und andere für Massenveranstaltungen geeignete Räume in der gesamten Bundesrepublik vorgeschlagen und ohne Beeinträchtigung des beabsichtigten nachhaltigen Ausdrucks der Demonstrationsabsicht gewählt werden können. Der Behörde seien aber weder eine verantwortliche Leitung noch eine Konzeption bekannt gewesen; fünf Tage vor der Demonstration, die eine bisher kaum bekannte Größe habe erreichen sollen, sei diese trotz der Vorschrift des § 14 VersG noch nicht angemeldet gewesen. Eine unmittelbare Gefährdung der öffentlichen Sicherheit habe nicht nur für den vom Verwaltungsgericht umrissenen Raum bestanden, sondern auch für das in der Allgemeinverfügung bezeichnete weitere Gebiet.

Nach alledem könne in dem Demonstrationsverbot und der Anordnung seines Sofortvollzuges ein Ermessensfehler nicht erkannt werden. Die verfassungsrechtlich geschützte Versammlungsfreiheit werde nach Art. 8 Abs. 2 GG für

Versammlungen unter freiem Himmel ausdrücklich durch
das Versammlungsgesetz eingeschränkt. Wer dessen Regeln
mißachte, müsse mit be- |326| hördlichen Maßnahmen bis
hin zum vorbeugenden Verbot rechnen. Überhaupt sei frag-
lich, ob eine nicht angemeldete Versammlung den Schutz
des Grundgesetzes genießen könne, dessen Garantie durch
die versammlungsrechtlich vorgesehene Anmeldepflicht eingeschränkt sei. Abschließend sei die Frage aufzuwerfen, ob
eine Demonstration des beabsichtigten Umfangs von den
Regeln des Versammlungsgesetzes in seiner gegenwärtig
geltenden Fassung überhaupt erfaßt werden könne. Die
Meinungsäußerungs- und Versammlungsfreiheit lege den
Veranstaltern von Großdemonstrationen – wie das Gericht
in anderem Zusammenhang andeutet – gewichtige Pflich-
ten auf, die im Versammlungsgesetz nur unvollkommen geregelt seien und die für die vom Gesetzgeber seinerzeit nicht
gesehenen Gemeinschaftsprobleme fortentwickelt werden
müßten.

5. Die Beschwerdeführer zu I. hatten noch in der Nacht
zum 28. Februar 1981 Verfassungsbeschwerde eingelegt.
Ihr gleichzeitiger Antrag auf Erlaß einer einstweiligen Anordnung blieb erfolglos (BVerfGE 56, 244). Gleichwohl hat
die Großdemonstration unter Teilnahme von weit mehr als
50.000 Personen stattgefunden. Dabei ist es zu Ausschreitungen gekommen. Über die Frage, ob die Demonstration
gleichwohl insgesamt als friedlich zu beurteilen sei, herrscht
keine Einigkeit. Die Polizei hatte sich entschlossen, die Teilnehmer nach Durchsuchung auch die Sperren auf der vom
Verwaltungsgericht vorgesehenen Linie passieren zu lassen.

Über die Widersprüche der Beschwerdeführer hat der
Landrat erst nach Einlegung der Verfassungsbeschwerden
im Sommer 1981 entschieden und sie zurückgewiesen. Dagegen haben die Beschwerdeführer zu II. Klage erhoben,

über die noch nicht entschieden ist. Nach Meinung der
Beschwerdeführer zu I. hatte sich der Anlaß zur Klageer-
hebung durch Zeitablauf erledigt; hingegen bestehe das
Rechtsschutzbedürfnis für ihre gegen den Sofortvollzug des
Verbotes gerichtete und schon vor dem Demonstrations-
termin erhobene Verfassungsbeschwerde weiter fort.

[...]

IV.

|329|

Zu den Verfassungsbeschwerden haben der Bundesminister
des Innern namens der Bundesregierung, der Ministerpräsident des Landes Schleswig-Holstein für die Landesregie-
rung, der Landrat des Kreises Steinburg als Beteiligter des
Ausgangsverfahrens, die Gewerkschaft der Polizei und der
Bundesverband Bürgerinitiativen Umweltschutz Stellung
genommen.

1. Nach Ansicht des Bundesministers des Innern genügen
die normativen Regelungen des Versammlungsgesetzes, die
den angegriffenen Entscheidungen zugrunde liegen, den
Anforderungen der Art. 8 und 5 GG auch dann, wenn dabei
berücksichtigt wird, daß die Versammlungsfreiheit für die
freiheitliche demokratische Grundordnung konstituierend
sei. Die in § 14 VersG vorgeschriebene, nur unerheblich
belastende Anmeldepflicht solle einerseits einen möglichst
störungsfreien Verlauf der Veranstaltung gewährleisten,
andererseits die Interessen anderer und der Gemeinschaft
schützen. Sie enthalte zugleich ein behördliches Angebot zur
Kooperation im Interesse einer gedeihlichen Verwirklichung
des Versammlungszweckes. Ein frühzeitiger Dialog zwischen
Veranstalter und Behörde, eine im gegenseitigen Benehmen

vorgenommene Prüfung der wechselseitigen Belastbarkeit sowie eine Zusammenarbeit unter Berücksichtigung der jeweiligen Interessen trügen gerade bei Großdemonstrationen zur Vermeidung späterer Konfliktsituationen bei. § 15 VersG stelle die logische Konsequenz der Anmeldepflicht dar; er sehe abgestufte Eingriffsmöglichkeiten vor. Entgegen dem Gesetzeswortlaut könne eine Versammlung bei unterbliebener Anmeldung nicht nur aufgelöst, sondern auch verboten werden. Die generalklauselartige Weite dieser Vorschrift werde zwar im Schrifttum vereinzelt be- |330| anstandet. Werde aber die grundsätzliche Vermutung für die Zulässigkeit jeder friedlichen Versammlung berücksichtigt, dann werde der Wesensgehalt des Art. 8 GG durch die generelle Regelung des § 15 VersG nicht berührt. Auch bleibe es nicht dem Ermessen der Exekutive überlassen, die Grenze der Freiheit im einzelnen zu bestimmen; denn die Begriffe öffentliche Sicherheit und Ordnung hätten im Polizeirecht längst einen gefestigten, dem Rechtsstaatsprinzip genügenden Inhalt erfahren. [...]

|332|

2. Der Ministerpräsident des Landes Schleswig-Holstein hält die Verfassungsbeschwerden für unzulässig und für unbegründet. Das beanstandete Verbot beruhe auf einer verfassungsrechtlich unbedenklichen gesetzlichen Grundlage. Eine summarische Prüfung der Sachlage und Rechtslage ergebe ferner, daß auch die tatbestandlichen Voraussetzungen für ein Verbot vorgelegen hätten. Die Bedingungen, die bei anderen Großdemonstrationen einen friedlichen Verlauf garantiert hätten – frühzeitige Anmeldung und Bereitschaft zur Zusammenarbeit, Wille zur friedlichen Durchführung der Demonstration, straffe und wirksame Organisation –, hätten in Brokdorf gefehlt. Das im Bau befindliche Kern-

kraftwerk sei seit geraumer Zeit Gegenstand öffentlicher
Auseinandersetzungen gewesen. Am 30. Oktober 1976 sei
es erstmals mit etwa 5.000 Kernkraftgegnern und sodann
am 16. November 1976 zu einer Demonstration mit 20.000
Teilnehmern gekommen. Beide Demonstrationen seien
nicht angemeldet gewesen; auf beiden sei es zu erheblichen
Gewalttätigkeiten gekommen. So seien bei der zweiten
81 Polizeibeamte verletzt worden, und es sei ein Schaden
von einer halben Million DM entstanden. Am 21. Dezember 1980 seien auf einer angemeldeten Demonstration
des Bundesverbandes Bürgerinitiativen Umweltschutz von
4.000 Teilnehmern wiederum erhebliche Gewalttätigkeiten
begangen worden, bei denen 15 Polizisten verletzt worden seien. Angesichts dieser Erfahrungen, der vorliegenden
Flugblätter und Aufrufe habe am 28. Februar 1981 mit etwa
einem Zehntel gewaltgeneigter Teilnehmer und daher mit
einer unmittelbaren Gefährdung der öffentlichen Sicherheit
und Ordnung gerechnet werden müssen. Bei der Größe
des Geländes und der Zahl der zu erwartenden Demonstranten sei es selbst bei Aufbieten aller verfügbaren Polizeikräfte – Bund und Länder hätten insgesamt etwa 10.000
Polizeibeamte bereitgestellt – unmöglich erschienen, einen
gewaltfreien Verlauf dieser Demonstration sicherzustellen.
|333| Daß diese Prognose der Behörde zutreffend gewesen
sei, lasse sich durch die während der Demonstration began-
genen Gewalttätigkeiten untermauern. Schon am frühen
Morgen des Demonstrationstages seien 1.000 überwiegend
mit Helmen ausgerüstete Demonstranten an einer Sperre
südlich Itzehoe gegen die Polizei so vorgegangen, daß diese
sich habe zurückziehen müssen. Am Nachmittag sei es am
Kernkraftwerk zu Gewalttaten gekommen, an denen 2.000
bis 3.000 Demonstranten teilgenommen hätten. Insgesamt
seien sieben Beamte schwer, etwa 40 mittelschwer und etwa

80 leicht verletzt worden. Daß es nicht zu einer höheren Anzahl an Verletzten und nicht zu größeren Sachschäden gekommen sei, beruhe allein auf dem Konzept der Polizei und ihrer flexiblen Vorgehensweise. Das grundsätzlich gerechtfertigte Eingreifen der Behörde habe auch nicht gegen das Übermaßverbot verstoßen. Eine Erteilung von Auflagen sei schon deshalb nicht möglich gewesen, weil ein verantwortlicher Veranstalter gefehlt habe. Die räumliche Ausdehnung des Verbotes sei erforderlich gewesen, weil im Falle einer Sperrung des Bauplatzes an anderen Orten, die in Aufrufen als Sammelpunkte genannt worden seien, Gewalttätigkeiten zu befürchten gewesen seien; zudem seien die kleinen Ortschaften sowie das Straßennetz und Wegenetz als völlig ungeeignet für eine Großdemonstration erschienen.

Bei der erforderlichen Abwägung habe das öffentliche Interesse an der Durchsetzung des Verbotes eindeutig schwerer gewogen als das Privatinteresse an der Durchführung der Demonstration, weil diese nicht nur wegen der fehlenden Anmeldung, sondern vor allem wegen ihres gewalttätigen Verlaufs offenkundig rechtswidrig gewesen sei und nicht dem grundrechtlichen Schutz unterstanden habe. [...]

|334|

3. Auch nach Meinung des Landrats des Kreises Steinburg ist das Demonstrationsverbot und die Anordnung seiner sofortigen Vollziehung nicht zu beanstanden. Die Behörde sei bei Erlaß des Verbotes davon ausgegangen, daß der größte Teil der Demonstrationsteilnehmer in friedlicher Weise ihrer Sorge vor den Gefahren der Kernenergienutzung hätten Ausdruck verleihen wollen. Für die Lagebeurteilung seien aber die Erfahrungen mit früheren Demonstrationen wesentlich gewesen, ferner die zwischenzeitliche Radikalisierung bei beteiligten Bürgerinitiativen, die ver-

mutliche Beteiligung von 5 bis 10% Gewalttätern, das
voraussichtliche Verkehrschaos, die wachsende Unruhe in
der Bevölkerung und insbesondere auch die fehlende Anmeldung. [...]

|335|

4. Die Gewerkschaft der Polizei (GdP) hält die erstinstanzlichen Entscheidungen für angemessen. Die Beschwerdeent-
scheidungen würden hingegen den Grundrechten nicht
gerecht.

Die gesetzliche Regelung genüge auch dann den verfassungsrechtlichen Anforderungen, wenn der besondere
demokratische Rang des Rechts zur Demonstration berücksichtigt werde. Den bisherigen Stellungnahmen zu § 15
VersG sei im wesentlichen zuzustimmen. Allerdings enthalte dessen Absatz 1 nur eine Ermächtigung zum Verbot einer konkreten Versammlung; demgemäß fehle für
eine Allgemeinverfügung, die sich an mehrere Veranstalter
richte und mehrere Veranstaltungen gleichzeitig verbiete,
die gesetzliche Grundlage. Zweck der in § 14 Abs. 1 VersG
geregelten Anmeldepflicht sei es primär, Versammlungen
und Aufzüge zu ermöglichen und zu schützen entsprechend
der Schutzpflicht, die dem Staat aus Art. 5 und Art. 8 GG
erwachse. Auch die ungestörte Ausübung dieser verfassungs-
mäßigen Rechte gehöre zum Schutzbereich der öffentlichen
Sicherheit und damit zum Kern der polizeilichen Aufgaben.
Da eine Anmeldung es der zuständigen Behörde ermögli-
che, die Interessen von Veranstaltern und Teilnehmern zu
schützen und gleichzeitig Vorsorge zu treffen, daß Gemein-
schaftsinteressen und Einzelinteressen nicht in unnötiger
Weise verletzt oder gefährdet würden, entspreche die Vorschrift des § 14 Abs. 1 VersG der Wertentscheidung der
Verfassung.

Das geltende Demonstrationsrecht müsse in friedens-
stiftender Weise angewendet werden. Bei konfliktträchtigen
Veranstaltungen sei vom Grundsatz »Prävention vor Repression« auszugehen. Ferner seien neue Strategien zu entwickeln, um Gewaltanwendung bereits im Zeitpunkt ihres
Entstehens verhindern zu können. Erfahrungen bei anderen
Großdemonstrationen hätten gezeigt, daß durch Gespräche
zwischen Polizei und Demonstra- |336| tionsveranstaltern
Einsichten vermittelt und Absprachen getroffen werden
könnten, die es gutwilligen Veranstaltern ermöglichten, auf
der Grundlage polizeilicher Beratung selbst und wirkungsvoll den potentiellen Störern zu begegnen. Auch sei es
wünschenswert, daß sich Gutwillige ohne allzu große Be-
sorgnis um mögliche persönliche Konsequenzen bereit erklären könnten, die Verantwortung allein oder zu mehreren
bei Großveranstaltungen zu übernehmen; werde dies durch
drohende Sanktionen verhindert, so seien diffuse Vorbereitungen die Folge. Ebenso führe ein allgemeines präventives
Demonstrationsverbot, das sich nicht am Grundsatz der Verhältnismäßigkeit orientiere, zu unnötigen Konfrontationen
und zerstöre Ansätze vertrauensvoller Zusammenarbeit. [...]

|339|

B.

Die Verfassungsbeschwerden sind zulässig. [...]

|342|

C.

Die Verfassungsbeschwerden sind begründet, soweit sie sich
dagegen richten, daß das Oberverwaltungsgericht auf die
Beschwerde der Beigeladenen den Sofortvollzug des De-

monstrationsverbotes über den vom Verwaltungsgericht gebilligten Umfang hinaus bestätigt hat. Die mittelbar beanstandeten Vorschriften des Versammlungsgesetzes halten, soweit sie für die angegriffenen Entscheidungen erheblich sind, einer verfassungsgerichtlichen Überprüfung im Ergebnis stand.

I.

Verfassungsrechtlicher Prüfungsmaßstab ist das Grundrecht der Versammlungsfreiheit (Art. 8 GG).

    1. Die in den Ausgangsverfahren angegriffenen Maßnahmen sowie die zugrunde liegenden gesetzlichen Vorschriften beschränkten die Beschwerdeführer in der Freiheit, die geplanten Demonstrationen durchzuführen. Diese Freiheit ist in Art. 8 GG |343| gewährleistet, der Versammlungen und Aufzüge – im Unterschied zu bloßen Ansammlungen oder Volksbelustigungen – als Ausdruck gemeinschaftlicher, auf Kommunikation angelegter Entfaltung schützt. Dieser Schutz ist nicht auf Veranstaltungen beschränkt, auf denen argumentiert und gestritten wird, sondern umfaßt vielfältige Formen gemeinsamen Verhaltens bis hin zu nicht verbalen Ausdrucksformen. Es gehören auch solche mit Demonstrationscharakter dazu, bei denen die Versammlungsfreiheit zum Zwecke plakativer oder aufsehenerregender Meinungskundgabe in Anspruch genommen wird. Da in den Ausgangsverfahren Anhaltspunkte dafür fehlen, daß die Äußerung bestimmter Meinungsinhalte – etwa in Aufrufen, Ansprachen, Liedern oder auf Transparenten – behindert werden sollte, bedarf es keiner Prüfung, in welcher Weise bei Maßnahmen gegen Demonstrationen ergänzend zu Art. 8 GG auch das Grundrecht der Meinungsfreiheit als Prüfungsmaßstab herangezogen werden könnte.

2. Als Abwehrrecht, das auch und vor allem andersdenkenden Minderheiten zugute kommt, gewährleistet Art. 8 GG den Grundrechtsträgern das Selbstbestimmungsrecht über Ort, Zeitpunkt, Art. und Inhalt der Veranstaltung und untersagt zugleich staatlichen Zwang, an einer öffentlichen Versammlung teilzunehmen oder ihr fernzubleiben. Schon in diesem Sinne gebührt dem Grundrecht in einem freiheitlichen Staatswesen ein besonderer Rang; das Recht, sich ungehindert und ohne besondere Erlaubnis mit anderen zu versammeln, galt seit jeher als Zeichen der Freiheit, Unabhängigkeit und Mündigkeit des selbstbewußten Bürgers. In ihrer Geltung für politische Veranstaltungen verkörpert die Freiheitsgarantie aber zugleich eine Grundentscheidung, die in ihrer Bedeutung über den Schutz gegen staatliche Eingriffe in die ungehinderte Persönlichkeitsentfaltung hinausreicht. Im anglo-amerikanischen Rechtskreis war die im naturrechtlichen Gedankengut verwurzelte Versammlungsfreiheit schon früh als Ausdruck der Volkssouveränität und demgemäß als demokratisches Bürgerrecht zur aktiven Teilnahme am politischen Prozeß verstanden worden (vgl. Quilisch, Die demokratische Versammlung, 1970, S. 36 ff.; Schwäble, Das Grundrecht der Versammlungsfreiheit, 1975, S. 17 ff.). Diese Bedeutung des Freiheitsrechts wird ebenfalls in den Stellungnahmen des Bundesministers des Innern, der Gewerkschaft der Polizei und des Bundesverbandes Bürgerinitiativen Umweltschutz hervorgehoben; im Schrifttum wird sie inzwischen durchgängig anerkannt.

(Vgl. im einzelnen Blumenwitz, Versammlungsfreiheit und polizeiliche Gefahrenabwehr bei Demonstrationen, in: Festschrift für Samper, 1982, S. 131 [132]; Blanke/Sterzel, Inhalt und Schranken der Demonstrationsfreiheit des Grundgesetzes, Vorgänge 1983, S. 67 [72 ff.]; Denninger, Zwölf Thesen zur Demonstrationsfreiheit, DRiZ 1969, S. 70 ff.; Dietel/Gintzel, Demonstrations- und

Versammlungsfreiheit, 8. Aufl., 1985, Einl. S. 1, Rdnrn. 18 ff. zu
§ 1 und Rdnrn. 7 f. zu § 14 VersG; Frankenberg, Demonstrations-
freiheit – eine verfassungsrechtliche Skizze, Kritische Justiz 1981,
S. 370 [371 ff.]; Frowein, Versammlungsfreiheit und Versammlungsrecht, NJW 1969, S. 1081 ff.; Geulen, Versammlungsfreiheit
und Großdemonstrationen, Kritische Justiz 1983, S. 189 [192];
Herzog, in: Maunz / Dürig, Kommentar zum Grundgesetz 1981,
Rdnrn. 1 ff. zu Art. 8; Hesse, Grundzüge des Verfassungsrechts der
Bundesrepublik Deutschland, 14. Aufl., 1984, S. 157; Hoffmann-
Riem, Alternativkommentar zum Grundgesetz für die Bundesrepublik Deutschland, 1984, Rdnrn. 27 ff. zu Art. 8; v. Münch, Grund-
gesetzkommentar, 2. Aufl., 1981, Rdnrn. 1 f. zu Art. 8; Ossenbühl,
Versammlungsfreiheit und Spontandemonstration, Der Staat 1971
[10], S. 53 [59 ff.]; Ott, Kommentar zum Versammlungsgesetz,
4. Aufl. 1983, S. 27 ff.; Quilisch, a. a. O., S. 108 ff.; P. Schneider,
Demokratie in Bewegung, Probleme der Versammlungsfreiheit,
in: Festschrift für Mühlmann, 1969, S. 249 [257 f.]; Schwäble,
a. a. O., S. 18, 65 ff.)

a) In der verfassungsgerichtlichen Rechtsprechung, die sich
bislang mit der Versammlungsfreiheit noch nicht befaßt
hat, wird die Meinungsfreiheit seit langem zu den unentbehrlichen und grundlegenden Funktionselementen eines
demokratischen Gemeinwesens gezählt. Sie gilt als unmit-
telbarster Ausdruck der menschlichen Persönlichkeit und als
eines der vornehmsten Menschenrechte überhaupt, welches
für eine freiheitliche demokratische Staatsordnung kon-
stituierend ist; denn sie erst ermöglicht |345| die ständige
geistige Auseinandersetzung und den Kampf der Meinungen als Lebenselement dieser Staatsform (vgl. BVerfGE 7,
198 [208]; 12, 113 [125]; 20, 56 [97]; 42, 163 [169]).
Wird die Versammlungsfreiheit als Freiheit zur kollektiven
Meinungskundgabe verstanden, kann für sie nichts grundsätzlich anderes gelten. Dem steht nicht entgegen, daß
speziell bei Demonstrationen das argumentative Moment
zurücktritt, welches die Ausübung der Meinungsfreiheit

in der Regel kennzeichnet. Indem der Demonstrant seine
Meinung in physischer Präsenz, in voller Öffentlichkeit und
ohne Zwischenschaltung von Medien kundgibt, entfaltet
auch er seine Persönlichkeit in unmittelbarer Weise. In
ihrer idealtypischen Ausformung sind Demonstrationen
die gemeinsame körperliche Sichtbarmachung von Überzeugungen, wobei die Teilnehmer einerseits in der Gemeinschaft mit anderen eine Vergewisserung dieser Überzeugungen erfahren und andererseits nach außen – schon
durch die bloße Anwesenheit, die Art. des Auftretens und
des Umganges miteinander oder die Wahl des Ortes – im
eigentlichen Sinne des Wortes Stellung nehmen und ihren
Standpunkt bezeugen. Die Gefahr, daß solche Meinungs-
kundgaben demagogisch mißbraucht und in fragwürdiger
Weise emotionalisiert werden können, kann im Bereich
der Versammlungsfreiheit ebenso wenig maßgebend für die
grundsätzliche Einschätzung sein wie auf dem Gebiet der
Meinungsfreiheit und Pressefreiheit.

b) Die grundsätzliche Bedeutung der Versammlungsfreiheit wird insbesondere erkennbar, wenn die Eigenart des
Willensbildungsprozesses im demokratischen Gemeinwesen
berücksichtigt wird. Über die freiheitliche demokratische
Ordnung heißt es im KPD-Urteil, sie gehe davon aus,
daß die bestehenden, historisch gewordenen staatlichen
und gesellschaftlichen Verhältnisse verbesserungsfähig und
-bedürftig seien; damit werde eine nie endende Aufgabe
gestellt, die durch stets erneute Willensentscheidung gelöst
werden müsse (BVerfGE 5, 85 [197]). Der Weg zur Bildung
dieser Willensentscheidungen wird als ein Prozeß von »trial
and error« beschrieben, der durch ständige geistige Aus-
ein- |346| andersetzung, gegenseitige Kontrolle und Kritik
die beste Gewähr für eine (relativ) richtige politische Linie
als Resultante und Ausgleich zwischen den im Staat wirk-

samen politischen Kräften gebe (a. a. O. [135]; vgl. auch BVerfGE 12, 113 [125]). An diese Erwägungen knüpft das spätere Urteil zur Parteienfinanzierung an und betont, in einer Demokratie müsse die Willensbildung vom Volk zu den Staatsorganen und nicht umgekehrt verlaufen; das Recht des Bürgers auf Teilhabe an der politischen Willensbildung äußere sich nicht nur in der Stimmabgabe bei Wahlen, sondern auch in der Einflußnahme auf den ständigen Prozeß der politischen Meinungsbildung, die sich in einem demokratischen Staatswesen frei, offen, unreglementiert und grundsätzlich »staatsfrei« vollziehen müsse (BVerfGE 20, 56 [98 f.]).

An diesem Prozeß sind die Bürger in unterschiedlichem Maße beteiligt. Große Verbände, finanzstarke Geldgeber oder Massenmedien können beträchtliche Einflüsse ausüben, während sich der Staatsbürger eher als ohnmächtig erlebt. In einer Gesellschaft, in welcher der direkte Zugang zu den Medien und die Chance, sich durch sie zu äußern, auf wenige beschränkt ist, verbleibt dem Einzelnen neben seiner organisierten Mitwirkung in Parteien und Verbänden im allgemeinen nur eine kollektive Einflußnahme durch Inanspruchnahme der Versammlungsfreiheit für Demonstrationen. Die ungehinderte Ausübung des Freiheitsrechts wirkt nicht nur dem Bewußtsein politischer Ohnmacht und gefährlichen Tendenzen zur Staatsverdrossenheit entgegen. Sie liegt letztlich auch deshalb im wohlverstandenen Gemeinwohlinteresse, weil sich im Kräfteparallelogramm der politischen Willensbildung im allgemeinen erst dann eine relativ richtige Resultante herausbilden kann, wenn alle Vektoren einigermaßen kräftig entwickelt sind.

Nach alledem werden Versammlungen in der Literatur zutreffend als wesentliches Element demokratischer Offenheit bezeichnet: »Sie bieten … die Möglichkeit zur öf-

fentlichen Einflußnahme auf den politischen Prozeß, zur
Entwicklung pluralistischer Initiativen und Alternativen
oder auch zu Kritik und Pro- |347| test ...; sie enthalten ein
Stück ursprünglich-ungebändigter unmittelbarer Demokratie, das geeignet ist, den politischen Betrieb vor Erstarrung
in geschäftiger Routine zu bewahren« (Hesse, a.a.0., S. 157;
übereinstimmend Blumenwitz, a. a. O. [132 f.]). Namentlich in Demokratien mit parlamentarischem Repräsentativsystem und geringen plebiszitären Mitwirkungsrechten
hat die Versammlungsfreiheit die Bedeutung eines grundlegenden und unentbehrlichen Funktionselementes. Hier
gilt – selbst bei Entscheidungen mit schwerwiegenden, nach
einem Machtwechsel nicht einfach umkehrbaren Folgen für
jedermann – grundsätzlich das Mehrheitsprinzip. Andererseits ist hier der Einfluß selbst der Wählermehrheit zwischen
den Wahlen recht begrenzt; die Staatsgewalt wird durch
besondere Organe ausgeübt und durch einen überlegenen
bürokratischen Apparat verwaltet. Schon generell gewinnen
die von diesen Organen auf der Grundlage des Mehrheits-
prinzips getroffenen Entscheidungen an Legitimation, je
effektiver Minderheitenschutz gewährleistet ist; die Akzeptanz dieser Entscheidungen wird davon beeinflußt, ob zuvor
die Minderheit auf die Meinungsbildung und Willensbildung hinreichend Einfluß nehmen konnte (vgl. BVerfGE
5, 85 [198 f.]). Demonstrativer Protest kann insbesondere
notwendig werden, wenn die Repräsentativorgane mögliche Mißstände und Fehlentwicklungen nicht oder nicht
rechtzeitig erkennen oder aus Rücksichtnahme auf andere
Interessen hinnehmen (vgl. auch BVerfGE 28, 191 [202]).
In der Literatur wird die stabilisierende Funktion der Versammlungsfreiheit für das repräsentative System zutreffend
dahin beschrieben, sie gestatte Unzufriedenen, Unmut und
Kritik öffentlich vorzubringen und abzuarbeiten, und fun-

giere als notwendige Bedingung eines politischen Frühwarn-systems, das Störpotentiale anzeige, Integrationsdefizite sichtbar und damit auch Kurskorrekturen der offiziellen Politik möglich mache (Blanke/Sterzel, a. a. O. [69]).

II.

Die für die Ausgangsverfahren maßgeblichen Vorschriften des |348| Versammlungsgesetzes genügen den verfassungs-rechtlichen Anforderungen, wenn sie unter Berücksichti-gung der grundsätzlichen Bedeutung der Versammlungs-freiheit ausgelegt und angewendet werden.

1. Trotz ihres hohen Ranges ist die Versammlungsfrei-heit nicht vorbehaltlos gewährleistet. Art. 8 GG garantiert lediglich das Recht, sich »friedlich und ohne Waffen zu ver-sammeln« (vgl. dazu unten III 3.a)[1], und stellt zudem dieses Recht für Veranstaltungen unter freiem Himmel unter Ge-setzesvorbehalt. Damit trägt die Verfassung dem Umstand Rechnung, daß für die Ausübung der Versammlungsfreiheit unter freiem Himmel wegen der Berührung mit der Außen-welt ein besonderer, namentlich organisations- und ver-fahrensrechtlicher Regelungsbedarf besteht, um einerseits die realen Voraussetzungen für die Ausübung zu schaffen, andererseits kollidierende Interessen anderer hinreichend zu wahren.

Während die Weimarer Verfassung in Art. 123 ausdrück-lich bestimmte, daß Versammlungen unter freiem Himmel »durch Reichsgesetz anmeldepflichtig gemacht und bei un-mittelbarer Gefahr für die öffentliche Sicherheit verboten werden« konnten, begnügt sich das Grundgesetz mit einem einfachen, scheinbar gegenständlich unbeschränkten Ge-setzesvorbehalt. Dies bedeutet aber nicht, daß die Gel-tungskraft dieser Grundrechtsverbürgung auf den Bereich beschränkt bleibt, den der Gesetzgeber ihr unter Respektierung ihres Wesensgehaltes beläßt. Wie auch der Bundesminister des Innern zutreffend ausgeführt hat, gilt vielmehr das gleiche wie bei der Meinungsfreiheit, die nach dem Verfassungswortlaut zwar ihre Schranken in den Grenzen der allgemeinen Gesetze findet, deren Reichweite aber nicht beliebig durch einfache Gesetze relativiert werden darf (dazu grundlegend BVerfGE 7, 198 [207 f.]; vgl. ferner BVerfGE 7, 377 [404]). Bei allen begrenzenden Regelungen hat der Gesetzgeber die erörterte, in Art. 8 GG verkörperte verfassungsrechtliche Grundentscheidung zu beachten; er darf die Ausübung der Versammlungsfreiheit nur |349| zum Schutz gleichgewichtiger anderer Rechtsgüter unter strikter Wahrung des Grundsatzes der Verhältnismäßigkeit begrenzen.

Wenn Behörden und Gerichte die vom Gesetzgeber normierten grundrechtsbeschränkenden Gesetze auslegen und anwenden, gilt ebenfalls das gleiche wie bei der Auslegung von Vorschriften über die Beschränkung der Meinungsfreiheit (vgl. dazu BVerfGE 7, 198 [208]; 60, 234 [240]; zum Versammlungsrecht BVerwGE 26, 135 [137]). Eine Notwendigkeit zu freiheitsbeschränkenden Eingriffen kann sich im Bereich der Versammlungsfreiheit daraus ergeben, daß der Demonstrant bei deren Ausübung Rechtspositionen Dritter beeinträchtigt. Auch bei solchen Eingriffen haben die staatlichen Organe die grundrechtsbeschränkenden Gesetze stets im Lichte der grundlegenden Bedeutung dieses Grundrechts im freiheitlichen demokratischen Staat auszulegen und sich bei ihren Maßnahmen auf das zu beschränken, was zum Schutz gleichwertiger Rechtsgüter notwendig ist. Mit diesen Anforderungen wären erst recht behördliche Maßnahmen unvereinbar, die über die Anwendung grundrechtsbeschränkender Gesetze hinausgehen und etwa den Zugang zu einer Demonstration durch Behinderung von

Anfahrten und schleppende vorbeugende Kontrollen un-
zumutbar erschweren oder ihren staatsfreien unreglemen-
tierten Charakter durch exzessive Observationen und Regis-
trierungen (vgl. dazu BVerfGE 65, 1 [43]) verändern.

2. Von den Vorschriften des Versammlungsgesetzes, die
der Gesetzgeber kraft des Gesetzesvorbehalts in Art. 8 Abs. 2
GG erlassen hat, sind für die Ausgangsverfahren lediglich
die in § 14 Abs. 1 geregelte Anmeldepflicht und der in § 15
enthaltene Auflösungstatbestand und Verbotstatbestand
entscheidungserheblich. [...]

|350|

a) [...] Nach ganz herrschender Ansicht entfällt die Pflicht
zur rechtzeitigen Anmeldung bei Spontandemonstrationen,
die sich aus aktuellem Anlaß augenblicklich bilden (vgl. etwa
BVerwGE 26, 135 [138]; BayObLG, NJW 1970, S. 479;
Dietel/Gintzel, a. a. O., Rdnr. 23 zu § 1 und Rdnr. 18 ff. zu
§ 14 VersG; Herzog, a. a. O., Rdnr. 48, 82 und 95 zu Art. 8
GG; v. Münch, a. a. O., Rdnr. 10 zu Art. 8 GG; Hoffmann-
Riem, a. a. O., Rdnr. 47 zu Art. 8 GG; Frowein, a. a. O.
[1085 f.]; Ossenbühl, a. a. O. [65 ff.]; P. Schneider, a. a. O.
[264 f.]). Sie unterstehen der Gewährleistung des Art. 8 GG;
versammlungsrechtliche Vorschriften sind auf sie nicht an-
wendbar, soweit der mit der Spontanveranstaltung verfolgte
Zweck bei Einhaltung dieser Vorschriften nicht erreicht
werden könnte. Ihre Anerkennung trotz Nichtbeachtung
solcher Vorschriften läßt sich damit rechtfertigen, daß Art. 8
GG in seinem Absatz 1 grundsätzlich die Freiheit garantiert,
sich »ohne Anmeldung oder Erlaubnis« zu versammeln, daß
diese Freiheit zwar nach Absatz 2 für Versammlungen unter
|351| freiem Himmel auf gesetzlicher Grundlage beschränk-
bar ist, daß solche Beschränkungen aber die Gewährleistung
des Absatz 1 nicht gänzlich für bestimmte Typen von Ver-

anstaltungen außer Geltung setzen dürfen, daß vielmehr diese Gewährleistung unter den genannten Voraussetzungen von der Anmeldepflicht befreit.

Diese Beurteilung von Spontandemonstrationen beruht darauf, daß die versammlungsrechtlichen Ordnungsvorschriften im Lichte des Grundrechts der Versammlungsfreiheit angewendet werden und gegebenenfalls hinter ihm zurücktreten müssen. Das Grundrecht und nicht das Versammlungsgesetz verbürgt die Zulässigkeit von Versammlungen und Aufzügen; das Versammlungsgesetz sieht lediglich Beschränkungen vor, soweit solche erforderlich sind. [...]

|352|

b) Einer verfassungsgerichtlichen Nachprüfung hält bei verfassungskonformer Auslegung ebenfalls die Vorschrift des § 15 VersG stand, wonach die zuständige Behörde die Versammlung von bestimmten Auflagen abhängig machen oder verbieten oder auflösen darf, »wenn nach den zur Zeit des Erlasses der Verfügung erkennbaren Umständen die öffentliche Sicherheit oder Ordnung bei Durchführung der Versammlung oder des Aufzuges unmittelbar gefährdet ist«. [...]

|353|

Verbot oder Auflösung setzen zum einen als ultima ratio voraus, daß das mildere Mittel der Auflagenerteilung ausgeschöpft ist (so auch BVerwGE 64, 55). Das beruht auf dem Grundsatz der Verhältnismäßigkeit. [...]

Die behördliche Eingriffsbefugnis wird zum anderen dadurch begrenzt, daß Verbote und Auflösungen nur bei einer »unmittelbaren Gefährdung« der öffentlichen Sicherheit oder Ordnung statthaft sind. Durch das Erfordernis der Un-

mittelbarkeit werden die Eingriffsvoraussetzungen stärker
als im allgemeinen Polizeirecht eingeengt. Erforderlich ist
im konkreten Fall jeweils eine Gefahrenprognose. Diese
enthält zwar stets ein Wahrscheinlichkeitsurteil; dessen
Grundlagen können und müssen aber ausgewiesen werden.
Demgemäß bestimmt das Gesetz, daß es auf »er- |354|
kennbaren Umständen« beruhen muß, also auf Tatsachen,
Sachverhalten und sonstigen Einzelheiten; bloßer Verdacht
oder Vermutungen können nicht ausreichen. […]

III.

Es ist verfassungsrechtlich nicht zu beanstanden, daß die
zuvor erörterten versammlungsrechtlichen Vorschriften
auch für Großdemonstrationen gelten. Jedoch sind bei
ihrer Anwendung diejenigen Erfahrungen zu nutzen, die inzwischen in dem Bestreben gesammelt und erprobt worden
sind, die friedliche Durchführung auch solcher Demonstrationen zu ermöglichen.

|355|

1. Nach den in den Ausgangsverfahren eingeholten Er-
fahrungsberichten und nach dem Ergebnis der Stuttgarter Gespräche (vgl. oben A.I.2.)[2] können zur friedlichen
Durchführung von Veranstaltungen nach Art. des Gorleben-Trecks 1979, der Bonner Friedensdemonstration 1981
oder der Süddeutschen Menschenkette 1983 mehrere Umstände beitragen. Dazu gehört neben der rechtzeitigen Klarstellung der Rechtslage, daß beiderseits Provokationen und
Aggressionsanreize unterbleiben, daß die Veranstalter auf
die Teilnehmer mit dem Ziel friedlichen Verhaltens und
der Isolierung von Gewalttätern einwirken, daß sich die
Staatsmacht – gegebenenfalls unter Bildung polizeifreier

Räume – besonnen zurückhält und übermäßige Reaktionen
vermeidet und daß insbesondere eine rechtzeitige Kontaktaufnahme erfolgt, bei der beide Seiten sich kennenlernen, Informationen austauschen und möglicherweise
zu einer vertrauensvollen Kooperation finden, welche die
Bewältigung auch unvorhergesehener Konfliktsituationen
erleichtert.

Es kann dahinstehen, ob eine Verpflichtung zur Berücksichtigung dieser Erfahrungen bereits aus der Schutzpflicht
herleitbar wäre, welche den staatlichen Behörden nach
Meinung der Gewerkschaft der Polizei aus der verfassungsrechtlichen Grundentscheidung des Art. 8 GG in ähnlicher
Weise wie bei anderen hochrangigen Grundrechtsgewähr-
leistungen erwächst und die darauf zielt, die Durchführung
von Versammlungen und Aufzügen zu ermöglichen sowie
die Grundrechtsausübung vor Störungen und Ausschreitungen Dritter zu schützen. Jedenfalls ist die neuere verfas-
sungsgerichtliche Rechtsprechung heranzuziehen, wonach
die Grundrechte nicht nur die Ausgestaltung des materiellen
Rechts beeinflussen, sondern zugleich Maßstäbe für eine
den Grundrechtsschutz effektuierende Organisations- und
Verfahrensgestaltung sowie für eine grundrechtsfreundli-
che Anwendung vorhandener Verfahrensvorschriften setzen
(vgl. die Nachweise BVerfGE 53, 30 [65 f. und 72 f.]; aus der
Folgezeit ferner BVerfGE 56, 216 [236] und 65, 76 [94];
63, 131 [143]; 65, 1 [44, 49]). Es bestehen keine Bedenken,
diese Rechtsprechung auch |356| auf die Versammlungs-
freiheit anzuwenden, zumal dieses Grundrecht auch einen
wesentlichen verfahrens- und organisationsrechtlichen Gehalt hat; als Freiheitsrecht enthält es keine Aussagen zur
inhaltlichen Gestaltung von Versammlungen und Aufzügen,
sondern überläßt diese der freien Selbstbestimmung der Veranstalter und begnügt sich mit organisatorischen Vorgaben

für die Durchführung. Die Forderung an die staatlichen Behörden, nach dem Vorbild friedlich verlaufener Großdemonstrationen versammlungsfreundlich zu verfahren und nicht ohne zureichenden Grund hinter bewährten Erfahrungen zurückzubleiben, entspricht dem Bestreben nach verfahrensrechtlicher Effektuierung von Freiheitsrechten. Eine Verpflichtung, diese Erfahrungen nicht nur in Erwägung zu ziehen, sondern auch tatsächlich zu erproben, läßt sich verfassungsrechtlich zusätzlich damit rechtfertigen, daß dies das mildere Mittel gegenüber Eingriffen in Gestalt von Verboten oder Auflösungen ist. Je ernsthafter sich die staatlichen Behörden auf diese Weise für die friedliche Durchführung von Großdemonstrationen einsetzen, desto eher werden andererseits nach dem Scheitern ihrer Bemühungen spätere Verbote oder Auflösungen einer verwaltungsgerichtlichen Nachprüfung standhalten.

Schon gegenüber den staatlichen Behörden dürfen die genannten verfahrensrechtlichen Anforderungen nicht so weit gespannt werden, daß sie den Charakter der polizeilichen Aufgabe als Gefahrenabwehr grundsätzlich verändern oder etwa die Anwendung flexibler Einsatzstrategien unmöglich machen. Ebenso und erst recht dürfen gegenüber den Veranstaltern und Teilnehmern von Großdemonstrationen keine Anforderungen gestellt werden, welche den Charakter von Demonstrationen als prinzipiell staatsfreie unreglementierte Beiträge zur politischen Meinungs- und Willensbildung sowie die Selbstbestimmung der Veranstalter über Art und Inhalt der Demonstrationen aushöhlen würden. Dies geschieht nicht, soweit von Veranstaltern und Teilnehmern lediglich verlangt wird, unfriedliches Verhalten zu unterlassen und die Beeinträchtigung von Drittinteressen zu minimalisieren. Eine solche Pflicht folgt schon unmittelbar aus der Grundrechts- |357| gewährleistung und deren

Abstimmung auf die Grundrechte anderer. Weitergehende verfahrensrechtliche Obliegenheiten ließen sich möglicherweise mit der Gemeinschaftsbezogenheit der Grundrechtsausübung und mit der Verursachermitverantwortung für die Auswirkungen von Großdemonstrationen rechtfertigen. Solche Obliegenheiten im Rahmen und in den Grenzen des Gesetzesvorbehalts unter Auswertung der erwähnten Erfahrungen auf der Ebene des einfachen Rechts zu präzisieren, muß dem Gesetzgeber überlassen bleiben. Auch ohne eine gesetzgeberische Präzisierung tun freilich Veranstalter und Teilnehmer gut daran, die aus bewährten Erfahrungen herleitbaren Empfehlungen für Großdemonstrationen möglichst von sich aus zu berücksichtigen. Verwaltungspraxis und Rechtsprechung sind jedenfalls verfassungsrechtlich gehalten, eine entsprechende Bereitschaft zu begünstigen: Je mehr die Veranstalter anläßlich der Anmeldung einer Großdemonstration zu einseitigen vertrauensbildenden Maßnahmen oder sogar zu einer demonstrationsfreundlichen Kooperation bereit sind, desto höher rückt die Schwelle für behördliches Eingreifen wegen Gefährdung der öffentlichen Sicherheit und Ordnung.

2. Entgegen der Meinung des Bundesverbandes Bürgerinitiativen Umweltschutz ist es von Verfassungs wegen nicht geboten, Großdemonstrationen ähnlich wie Spontandemonstrationen von der Anmeldepflicht des § 14 VersG auszunehmen.

Es ist zwar richtig, daß sich das Versammlungsgesetz aus dem Jahre 1953 an den herkömmlichen, straff organisierten und geleiteten Veranstaltungen orientiert (vgl. auch Sten. Berichte über die 83. Sitzung des Deutschen Bundestages vom 12. September 1950, S. 3123 ff.). Demgegenüber bahnt sich seit einigen Jahren ein Wandel sowohl in der Trägerschaft als auch in der Durchführung von Demonstra-

tionen an. Eine Vielzahl von Einzelgruppen und Initiativen
ohne bestimmten organisatorischen Zusammenhalt und
mit teilweise abweichenden Zielvorstellungen engagieren
sich aus einheitlichem Anlaß – vornehmlich für Themen aus
den Bereichen Umweltschutz und Friedenssicherung – und
ini- |358| tiieren, diskutieren und organisieren gemeinsame
Demonstrationsveranstaltungen. Da alle Beteiligten bei
Vorbereitung und Durchführung grundsätzlich als gleichberechtigt gelten, passen die ursprünglich unproblematischen
Vorstellungen vom Veranstalter und Leiter nicht mehr so
recht. Im übrigen dürfte die Bereitschaft Einzelner, als
Veranstalter und Leiter verantwortlich in Erscheinung zu
treten, auch deshalb abgenommen haben, weil das Risiko,
strafrechtlich und haftungsrechtlich herangezogen zu werden, mangels klarer Vorschriften und kalkulierbarer Rechtsprechung zumindest zeitweise unabsehbar war.

Es ist indessen in erster Linie Sache des Gesetzgebers,
aus solchen Veränderungen Konsequenzen zu ziehen und
die Regelung des Versammlungsgesetzes fortzuentwickeln.
Solange das nicht geschieht, läßt sich nicht ausschließen,
daß die versammlungsrechtliche Regelung als lückenhaft
beurteilt werden muß und daß der Schutz des Art. 8 GG
über solche Versammlungen hinausreicht, für welche der
Gesetzgeber des Jahres 1953 Regelungen getroffen hat. Die
angedeuteten Veränderungen führen aber nicht zu einem
verfassungsrechtlich gebotenen Fortfall der Anmeldepflicht
bei Großdemonstrationen, sondern lediglich zu einer veränderten Funktion der Anmeldung:

Durch die Publizität und öffentliche Diskussion, die
einer von zahlreichen Gruppen getragenen Demonstration
vorauszugehen pflegen, wird die zuständige Behörde im allgemeinen bereits über Zeitpunkt und Ort und auch über
konzeptionelle Einzelheiten informiert sein. Gleichwohl be-

hält auch bei solchen Großveranstaltungen die Anmeldung
schon deshalb einen vernünftigen Sinn, weil der Erlaß von
Auflagen, der auch bei Großdemonstrationen vorrangig in
Betracht zu ziehen ist, Adressaten voraussetzt. Davon abgesehen ermöglicht die mit der Anmeldung verbundene Kontaktaufnahme über das gegenseitige Kennenlernen hinaus
einen Dialog und eine Kooperation, zu denen die Behörde
aus den erörterten Gründen bereit sein muß und die sich
auch für die Demonstrationsträger im eigenen Interesse
empfehlen. Dabei werden schon im Vorfeld kollidierende
Interessen, etwaige |359| Konfliktsituationen und wechsel-
seitige Belastbarkeiten deutlich. Ferner erhöht sich die Prog-
nosesicherheit und die Reaktionsschwelle der zuständigen
Behörden. Die sorgfältige Vorbereitung einer Großdemonstration durch Veranstalter und Ordnungskräfte sowie eine
entsprechende Kooperation verringern zugleich die Gefahr, daß Demonstrationen unfriedlich verlaufen. Bei dieser
Sachlage kann und muß es bei der grundsätzlichen Geltung
der Anmeldepflicht verbleiben. Wegen der Vielschichtigkeit
der Trägerorganisation bei Großveranstaltungen erscheint
allerdings eine verfassungskonforme Interpretation des
§ 14 i. V. m. § 15 Abs. 2 VersG dann angezeigt, wenn sich
einzelne Gruppen oder Personen außerstande sehen, eine
Gesamtanmeldung oder -leitung vorzunehmen. Schon ein
nur beschränkt erteiltes Mandat und eine nur begrenzt vor-
handene Bereitschaft, sich dialogfähig zu zeigen und Verant-
wortlichkeit zu übernehmen, darf bei der Prüfung etwaiger
Sanktionen wegen unterbliebener Anmeldung nicht außer
acht bleiben. Das Fehlen eines gesamtverantwortlichen An-
melders hat lediglich zur Folge, daß die Eingriffsschwelle
der zuständigen Behörde bei Störungen – ähnlich wie bei
einer Spontandemonstration – absinken kann, sofern die
Behörde ihrerseits alles getan hat, um in Erfüllung ihrer

Verfahrenspflichten – etwa durch ein Angebot zur fairen
Kooperation – die Durchführung einer friedlich konzipier-
ten Demonstration zu ermöglichen.

3. Namentlich bei Großdemonstrationen stellt sich häufiger die auch im Ausgangsverfahren bedeutsame Frage,
ob und unter welchen Voraussetzungen Ausschreitungen
Einzelner oder einer Minderheit ein Verbot der Demonstration oder ihre Auflösung wegen unmittelbarer Gefährdung der öffentlichen Sicherheit und Ordnung gemäß § 15
VersG rechtfertigen.

a) Die Verfassung gewährleistet lediglich das Recht, sich
»friedlich und ohne Waffen zu versammeln«. Mit dem
Erfordernis der Friedlichkeit, das schon in der Paulskir-
chen-Verfassung und ebenso in der Weimarer Verfassung
enthalten war, wird etwas klargestellt, was bereits aus der
Rechtsnatur der Versamm- |360| lungsfreiheit folgt, soweit
sie als Mittel zur geistigen Auseinandersetzung und zur Einflußnahme auf die politische Willensbildung verstanden
wird (vgl. auch BGH, NJW 1972, S. 1571 [1573]). Der
Ausgangsfall, bei dem es zu Gewalttätigkeiten gekommen
ist, gibt keinen Anlaß zur genaueren Grenzziehung zwischen
hinnehmbaren Einwirkungen und unfriedlichem Verhalten.
Ein Teilnehmer verhält sich jedenfalls dann unfriedlich,
wenn er Gewalttätigkeiten gegen Personen oder Sachen
begeht. Auf deren Vermeidung muß eine Rechtsordnung,
die nach Überwindung des mittelalterlichen Faustrechts
die Ausübung von Gewalt nicht zuletzt im Interesse schwä-
cherer Minderheiten beim Staat monopolisiert hat, strikt
bestehen. Das ist Vorbedingung für die Gewährleistung
der Versammlungsfreiheit als Mittel zur aktiven Teilnahme
am politischen Prozeß und – wie die Erfahrungen mit den
Straßenkämpfen während der Weimarer Republik gezeigt
haben – für eine freiheitliche Demokratie auch deshalb

unverzichtbar, weil die Abwehr von Gewalttätigkeiten frei-
heitsbegrenzende Maßnahmen auslöst. Von den Demonstranten kann ein friedliches Verhalten um so mehr erwartet
werden, als sie dadurch nur gewinnen können, während sie
bei gewalttätigen Konfrontationen am Ende stets der Staatsgewalt unterliegen werden und zugleich die von ihnen verfolgten Ziele verdunkeln.

b) Die Anordnung eines Versammlungsverbotes wirft
verfassungsrechtlich auch bei Großdemonstrationen keine
besonderen Probleme auf, wenn die Prognose mit hoher
Wahrscheinlichkeit ergibt, daß der Veranstalter und sein
Anhang Gewalttätigkeiten beabsichtigen oder ein solches
Verhalten anderer zumindest billigen werden. Eine der-
artige Demonstration wird als unfriedlich von der Gewährleistung des Art. 8 GG überhaupt nicht erfaßt; ihre Auflösung und ihr Verbot können daher dieses Grundrecht
nicht verletzen. Ähnlich klar erscheint die Rechtslage, wenn
sich umgekehrt der Veranstalter und sein Anhang friedlich
verhalten und Störungen lediglich von Außenstehenden
(Gegendemonstrationen, Störergruppen) ausgehen. Für
diesen Fall wird in der Literatur zutreffend gefordert, daß
sich behördliche Maßnahmen |361| primär gegen die Störer
richten müssen und daß nur unter den besonderen Voraussetzungen des polizeilichen Notstandes gegen die Versammlung als ganze eingeschritten werden dürfe (Hoffmann-
Riem, a. a. O., Rdnrn. 23 und 53 zu Art. 8 GG; Dietel /
Gintzel, a. a. O., Rdnr. 14 zu § 15 VersG; vgl. v. Münch,
a. a. O., Rdnr. 39 zu Art. 8 GG; Drosdzol, Grundprobleme
des Demonstrationsrechts, JuS 1983, S. 409 [414]; Frowein, a. a. O. [1084]).

Steht kollektive Unfriedlichkeit nicht zu befürchten, ist
also nicht damit zu rechnen, daß eine Demonstration im
Ganzen einen gewalttätigen oder aufrührerischen Verlauf

nimmt (vgl. § 13 Abs. 1 Nr. 2 VersG) oder daß der Veranstalter oder sein Anhang einen solchen Verlauf anstreben
(vgl. § 5 Nr. 3 VersG) oder zumindest billigen, dann muß
für die friedlichen Teilnehmer der von der Verfassung
jedem Staatsbürger garantierte Schutz der Versammlungsfreiheit auch dann erhalten bleiben, wenn einzelne andere
Demonstranten oder eine Minderheit Ausschreitungen be-
gehen (vgl. v. Münch, a. a. O., Rdnr. 18 zu Art. 8 GG; Herzog, a. a. O., Rdnrn. 59 f., 89 f. zu Art. 8 GG; Hoffmann-
Riem, a. a. O., Rdnr. 23 zu Art. 8 GG; Blanke / Sterzel,
a. a. O. [76]; Schwäble, a. a. O., S. 229 und 234; Schmidt-
Bleibtreu / Klein, GG, 6. Aufl, 1983, Rdnr. 4 zu Art. 8).
Würde unfriedliches Verhalten Einzelner für die gesamte
Veranstaltung und nicht nur für die Täter zum Fortfall des
Grundrechtsschutzes führen, hätten diese es in der Hand,
Demonstrationen »umzufunktionieren« und entgegen dem
Willen der anderen Teilnehmer rechtswidrig werden zu las-
sen (so schon OVG Saarlouis, DÖV 1973, S. 863 [864 f.]);
praktisch könnte dann jede Großdemonstration verboten
werden, da sich nahezu immer »Erkenntnisse« über unfriedliche Absichten eines Teiles der Teilnehmer beibringen
lassen.

Der sonach fortwirkende Schutz des Art. 8 GG muß sich
auf die Anwendung grundrechtsbeschränkender Rechtsnormen auswirken (für straf- und haftungsrechtliche Maßnahmen bei teilweise unfriedlich verlaufenen Demonstrationen vgl. BGHSt 32, 165 [169]; BGHZ 89, 383 [395];
vgl. ferner die Entscheidung der Europäischen Kommission
für Menschenrechte, EuGRZ 1981, |362| S 216 [217]).
Die unter Gesetzesvorbehalt stehende Grundrechtsgewähr-
leistung schließt es nicht aus, auf der Grundlage des § 15
VersG auch gegen die gesamte Demonstration behördliche
Maßnahmen zum Schutz der öffentlichen Sicherheit bis

hin zu einem Verbot anzuordnen. Jedoch ist bevorzugt eine nachträgliche Auflösung zu erwägen, die den friedlichen Teilnehmern die Chance einer Grundrechtsausübung nicht von vornherein abschneidet und dem Veranstalter den Vorrang bei der Isolierung unfriedlicher Teilnehmer beläßt. Ein vorbeugendes Verbot der gesamten Veranstaltung wegen befürchteter Ausschreitungen einer gewaltorientierten Minderheit ist hingegen – das gebietet die Pflicht zur optimalen Wahrung der Versammlungsfreiheit mit den daraus folgenden verfahrensrechtlichen Anforderungen – nur unter strengen Voraussetzungen und unter verfassungskonformer Anwendung des § 15 VersG statthaft. Dazu gehört eine hohe Wahrscheinlichkeit in der Gefahrenprognose (vgl. OVG Saarlouis, DÖV 1973, S. 863 [864]; BayVGH, DÖV 1979, S. 569 [570]; ähnlich Schwäble, a. a. O., S. 229 und Drosdzol, a. a. O. [415]) sowie die vorherige Ausschöpfung aller sinnvoll anwendbaren Mittel, die eine Grundrechtsverwirklichung der friedlichen Demonstranten (z. B. durch die räumliche Beschränkung eines Verbotes) ermöglichen. Insbesondere setzt das Verbot der gesamten Demonstration als ultima ratio voraus, daß das mildere Mittel, durch Kooperation mit den friedlichen Demonstranten eine Gefährdung zu verhindern, gescheitert ist oder daß eine solche Kooperation aus Gründen, welche die Demonstranten zu vertreten haben, unmöglich war. Wird aufgrund der näheren Umstände ein allgemeines vorbeugendes Demonstrationsverbot erwogen, so erscheint es bei Großdemonstrationen mit weit überwiegend friedlich gesonnenen Teilnehmern in aller Regel geboten, daß eine solche außergewöhnliche und einschneidende Maßnahme zuvor unter Fristsetzung angekündigt wird, wobei innerhalb der Frist Gelegenheit zur Erörterung der befürchteten Gefahren und geeigneter Gegenmaßnahmen besteht.

|363|

IV.

Da nach alledem die für die Ausgangsverfahren maßgeblichen gesetzlichen Vorschriften bei verfassungskonformer Auslegung nicht zu beanstanden sind, verletzen die angegriffenen verwaltungsgerichtlichen Entscheidungen nicht schon deshalb Grundrechte der Beschwerdeführer, weil sie auf diesen Vorschriften beruhen. Die Anwendung der gesetzlichen Regelung hält hingegen einer verfassungsgerichtlichen Nachprüfung nicht in vollem Umfang stand. [...]

|364|

[1.] Der danach gebotenen intensiveren verwaltungsgerichtlichen Kontrolle haben die Gerichte im vorliegenden Fall genügt. Beim Verwaltungsgericht hat dies zur teilweisen Aufhebung der behördlichen Anordnung geführt. Das Oberverwaltungsgericht hat die Anordnung zwar in vollem Umfang bestätigt; es hat aber nicht in erster Linie auf eine Interessenabwägung abgestellt, sondern im wesentlichen – ähnlich wie im Hauptsacheverfahren – die Rechtmäßigkeit des strittigen Verbotes überprüft und seine Entscheidung maßgeblich damit begründet. [...]

|366|

3. Aus den zuvor erörterten Gründen ist auch die Entscheidung des Oberverwaltungsgerichts nicht zu beanstanden, soweit es die erstinstanzliche Entscheidung bestätigt und die Beschwerde der Beschwerdeführer zu II. zurückgewiesen hat. Die Entscheidungen des Oberverwaltungsgerichts verletzen hingegen alle Beschwerdeführer in ihren Grundrechten aus Art. 8 GG in Verbindung mit dem Rechtsstaatsprinzip, soweit das Oberverwaltungsgericht den Beschwerden

der Beigeladenen stattgegeben und den Sofortvollzug des Demonstrationsverbotes über den vom Verwaltungsgericht gebilligten Umfang hinaus für das Gebiet der gesamten Wilstermarsch bestätigt hat. [...]

|368|

[a)] Insgesamt spricht manches dafür, daß erhebliche Bedenken gegen die Rechtmäßigkeit des ungewöhnlich weitreichenden Verbotes bestanden, welches das Grundrecht der Versammlungsfreiheit auch für die große Mehrzahl der friedlichen Demonstranten für mehrere Tage in einem Gebiet von etwa 210 km^2 praktisch außer Geltung setzte. Andererseits könnte zu berücksichtigen sein, daß wesentliche Erkenntnisse zur friedlichen Durchführung von Großdemonstrationen erst später gewonnen worden sind und daß auch von den Initiatoren der Brokdorf-Demonstration mehr hätte erwartet werden können, um deren friedlichen Ablauf zu gewährleisten. Ob es bei dieser Sachlage und unter Berücksichtigung der Besonderheiten des Eilverfahrens verfassungsgerichtlich noch hinzunehmen ist, daß das Oberverwaltungsgericht im Zeitpunkt seiner Entscheidungen das Verbot bei summarischer Prüfung als rechtmäßig beurteilt hat, kann indessen offenbleiben. Denn den Verfassungsbeschwerden ist jedenfalls deshalb stattzugeben, weil das Oberverwaltungsgericht die erstinstanzlichen Entscheidungen nach der damals geltenden Rechtslage überhaupt nicht zum Nachteil der Beschwerdeführer ändern durfte:

|369|

b) Die Verwaltungsgerichtsordnung bestimmte in dem für die angegriffenen Beschlüsse maßgeblichen Zeitpunkt in § 80 Abs. 6 Satz 2, daß verwaltungsgerichtliche Entscheidungen unanfechtbar waren, soweit sie Anträgen auf

Wiederherstellung der aufschiebenden Wirkung eines Rechtsmittels stattgegeben hatten. Entgegen dieser klaren gesetzlichen Regelung hat das Oberverwaltungsgericht die Beschwerde der Beigeladenen gegen die erstinstanzlichen Entscheidungen als zulässig erachtet. Damit hat es unter Verstoß gegen das Rechtsstaatsprinzip die Grenzen zulässiger richterlicher Rechtsfortbildung überschritten. Zugleich wird dadurch das Grundrecht der Beschwerdeführer aus Art. 8 GG verletzt; denn die rechtsstaatswidrige Abänderung der erstinstanzlichen Entscheidungen hatte zur Folge, daß die Beschwerdeführer in der übrigen Wilstermarsch an der Ausübung der Versammlungsfreiheit gehindert wurden. Ihren zur gemeinsamen Entscheidung verbundenen Verfassungsbeschwerden, die sich übereinstimmend gegen diese Behinderung richten und auf die Verletzung des Art. 8 GG stützen, ist ohne Rücksicht darauf stattzugeben, wer von ihnen die Unanfechtbarkeit der erstinstanzlichen Entscheidungen geltend gemacht hat. [...]

|371|

bb) Die Auffassung des Oberverwaltungsgerichts war nicht nur mit der früheren Gesetzesfassung unvereinbar, sondern überschreitet auch die verfassungsrechtlichen Grenzen einer erlaubten richterlichen Rechtsfortbildung. Das Bundesverfassungsgericht hat Aufgabe und Befugnis der Gerichte zur Rechtsfortbildung stets anerkannt (BVerfGE 34, 269 [287 f.]). Es hat aber wiederholt betont, daß dieser Befugnis durch den rechtsstaatlichen |372| Grundsatz der richterlichen Rechtsbindung und Gesetzesbindung Grenzen gezogen sind (BVerfGE 49, 304 [318 f.]; 57, 220 [248]; 59, 330 [334]; 65, 182 [190 f., 194 f.]). Diese Grenze wird überschritten, wenn ein Gericht Rechtspositionen verkürzt, die der Gesetzgeber unter Konkretisierung allgemeiner ver-

fassungsrechtlicher Prinzipien gewährt hat (vgl. BVerfGE
49, 304 [319 f.]). [...]

Die Entscheidungen des Oberverwaltungsgerichts waren
daher aufzuheben, soweit es den Beschwerden der Beigeladenen stattgegeben hatte. Die Entscheidung über die Erstattung der Auslagen beruht auf § 34 Abs. 3 und 4 BVerfGG.

(gez.) Dr. Herzog   Dr. Simon   Dr. Hesse
      Dr. Katzenstein   Dr. Niemeyer   Dr. Heußner,
                       Der Richter Dr. Henschel
                       ist an der Unterschrift
                       verhindert.   Dr. Herzog

---

[1] S. 359 f.
[2] S. 319 f.

Angst als Emotion und Instrument

Beobachtungen zu einem nervösen Zeitalter

Bernd Greiner

Der historische Ort des Karlsruher Brokdorf-Beschlusses vom Mai 1985 ist ein nervöses Zeitalter, in dem die Dramatisierung von Ängsten vor »dem Atom« an der Tagesordnung war, während man gleichzeitig nach Mitteln zur Bändigung, wenn nicht gar Überwindung von Angst suchte. Dergleichen zu konstatieren, ist ebenso naheliegend wie einfach. Wie aber dechiffriert man eine Emotion, wie macht man Unsichtbares sichtbar? Wie kommen Historiker und Sozialwissenschaftler den Ängsten von Individuen, Gruppen oder gar Kollektiven auf die Spur? Was gibt darüber Aufschluss, ob die Dramatisierung von Ängsten tatsächlich mehr als eine Inszenierung ist und ob sie auf fruchtbaren Boden fällt? Und wie kann Angst von anderen handlungsleitenden Motiven unterschieden werden?

Dass dergleichen Fragen schier unüberwindliche Probleme aufwerfen, zählt zu den wenigen gesicherten Erkenntnissen einer langjährigen »Angstdebatte« unter Psychologen, Psychoanalytikern, Soziologen, Politologen, Anthropologen, Neurologen, Philosophen und Historikern. Angst vor Schmerz, Sterben und Tod, vor Gott, der Hölle und dem Teufel, vor natürlichen oder vom Menschen gemachten Katastrophen, Angst vor Krankheit, Verbrechen, Verarmung, vor einer ungewissen Zukunft, vor Neuem und Unbekannten – die Liste der einen Menschen zeit seines Lebens und

in allen historischen Epochen begleitenden Ängste scheint
unerschöpflich. Joanna Bourke spricht deshalb zu Recht
von der »weitläufigsten und intensivsten Emotion« überhaupt[1] – und von einem ambivalenten, in seiner Funktion
schwer zu deutenden Gefühl. Obendrein ist Angst ortlos.
Hinsichtlich ihrer Dauer und Intensität hängt sie weder von
der Zugehörigkeit zu Klassen, Schichten und Gruppen noch
vom Geschlecht ab. »Angst würfelt Individuen auf ganz unterschiedliche Weise zusammen«, so Bourkes Resümee. »Es
ist die demokratischste aller Emotionen und betrifft jeden,
der über das Risiko seines eigenen Todes nachdenkt.«[2]

   Dessen ungeachtet bietet die reichhaltige Literatur über
Angst in der Geschichte Referenzpunkte, die für unsere
Zwecke von Interesse sind. Erstens lässt sich mit guten
Gründen auf eine individuelle wie kollektive Neigung zum
»Angst haben« schließen. Die Rede ist von der Bereitschaft,
sich Ängsten auch dann hinzugeben, wenn sie kaum oder
keinerlei Bezug zur Realität haben. 1926 und 1938 lösten
Hörspiele in Großbritannien und den USA eine Massen-
panik aus, obwohl in beiden Fällen die Handlung ausdrücklich als fiktiv vorgestellt worden war. Wie es scheint,
überhörten Millionen diese Botschaft – als wollten sie daran
glauben, dass ein Mob von Arbeitslosen die britische Haupt-
stadt plündere. Oder als sähen sie sich endlich in der Gewissheit bestätigt, dass die USA kurz vor der Eroberung
durch eine fremde Macht stünden – ob es sich dabei tatsächlich um Marsmenschen oder aber um Deutsche und Japaner
handelte, spielte im Grunde keine Rolle.[3] Ähnlich, wenn
auch weniger dramatisch, verhält es sich mit den Reaktionen
auf Kriminalstatistiken: Die Angst, Opfer eines Verbrechens
zu werden, ist in der Regel dann besonders ausgeprägt,
wenn die Verbrechensrate sinkt. Im Kalten Krieg schließlich
sorgten sich Amerikaner am meisten vor einem russischen

Überfall, als »der Russe« noch gar nicht über die Mittel zu einem solchen Angriff verfügte. Wie auch immer: Gerade phantasierte Ängste werden von den Verängstigten gerne zum Anlass einer Selbstmobilisierung genommen. Besser bekannt ist dieser Teil der Geschichte unter Begriffen wie Denunziation, Nachbarschaftskontrolle, Bespitzelung oder Hexenjagd, allesamt Synonyme für Mitmachen und Freiwilligkeit oder die Attraktivität von Angst.[4]

Zweitens verlangt Angst verlässlich nach einem Gegenentwurf. Egal, ob man sich aus freien Stücken und scheinbar grundlos ängstigt oder Angstmachern auf den Leim geht, auf Dauer ist dieser Zustand weder Einzelnen noch Kollektiven zuträglich. Erstere drohen an ihrer Psyche Schaden zu nehmen, Letztere stoßen an die Grenzen politischer Integration und Kohäsion, wenn der Staat sein ureigenstes Anliegen – nämlich Sicherheit und Freiheit von Angst zu gewährleisten – nicht mehr zu bedienen weiß. Dass dergleichen einer öffentlichen Selbsttherapie bedarf, wird von den Karrieren religiöser oder weltlicher Propheten ebenso beglaubigt wie von der Rhetorik politischer Eliten. Der Kalte Krieg ruft indes auch das Gegenteil in Erinnerung, nämlich den Rückzug aus der Politik und die Zuflucht in eine selbst verordnete Apathie – in Joanna Bourkes Worten: »Je größer die Angst, desto nachdrücklicher die Verleugnung.«[5] Jene 60 Prozent, die Ende der 1940er Jahre bei Meinungsumfragen in den USA ihren sicheren Tod im Falle eines Atomkrieges erwarteten, empfanden subjektiv keine Angst. Sie wollten sich nur keine Gedanken über eine Waffe machen, der man im Ernstfall ohnehin hilflos ausgeliefert war.[6] »Nuclearism« nannte der Psychoanalytiker Robert Jay Lifton diesen Mix aus Gleichgültigkeit und Gewöhnung; ihn zu decodieren, dürfte mindestens so knifflig sein wie das Sichtbarmachen eines unsichtbaren Gefühls.

I. Das Kalkül mit dem Unkalkulierbaren

Angst und die Suche nach Mitteln zu ihrer Einhegung
okkupierten nach 1945 für Jahrzehnte die politische Vorstellungswelt. Denn ausgerechnet von jenen Mitteln, die für
die Gewährleistung größtmöglicher Sicherheit aufgeboten
wurden, ging die größtmögliche Gefahr aus – die Selbstvernichtung im Falle eines Versagens der Abschreckung. Mit
dem stummen Wirken des beiderseitigen Vernichtungs-
potentials war es indes nicht getan. Wirksame Abschreckung
setzte vielmehr voraus, dass die Angst vor der Bombe nicht
als Verängstigung in Erscheinung trat; allenfalls unter dieser
Voraussetzung konnte die militärisch nutzlose Waffe politischen Gewinn abwerfen. Wer glaubwürdig abschrecken
wollte, musste den Gegner einschüchtern, verunsichern und
ihm dauerhaft Rätsel aufgeben: Nie sollte er ein klares Bild
von den eigenen Kapazitäten und Absichten gewinnen, nie
gewiss sein, wie weit die Berechenbarkeit seines Gegenübers
reichte.

Im Kern lief Abschreckung also darauf hinaus, Verwir-
rung und Angst zu einem Mittel der politischen Kommunikation zu machen. So wollte John Foster Dulles sein viel
zitiertes Diktum über Staatskunst im Nuklearzeitalter verstanden wissen: sich wenn nötig dem Abgrund nähern, ohne
zum Äußersten entschlossen zu sein, aber die andere Seite
rätseln lassen, wo die Grenze zwischen Bluff und *Vabanque*
verläuft. Und in diesem Sinne pflegten Richard Nixon und
Henry Kissinger ihre berüchtigte »madman«-Theorie: Ein
Staat, der aus Angst vor atomarer Selbstvernichtung darauf
verzichtet, bei der Verfolgung seiner Interessen militärischen
Druck geltend zu machen, verdammt sich langfristig zur
politischen Ohnmacht; handlungsfähig bleibt er nur, wenn
Dritte sich seiner Zurückhaltung nicht sicher sein können

und wenn er bereit ist, den »madman« zu spielen – also Verrücktes zu tun und den Anschein zu erwecken, dass die Dinge außer Kontrolle geraten könnten. So klang der Vorsatz, aus einer Kultivierung des Irrsinns politischen Mehrwert zu schlagen. Durchweg ging es darum, die Gegenseite mit Unberechenbarem zu konfrontieren und deren Verwundbarkeit im Spiel zu halten.

Selbst in der Phase der viel zitierten »nuklearen Stabilität« oder der »gegenseitig garantierten Vernichtung« galt das Axiom, dass am sichersten lebt, wer sich darauf versteht, die Unsicherheit des Gegners auf das Effektivste auszubeuten. Das Kalkül mit dem Unkalkulierbaren, die Rationalisierung des Irrationalen, war so gesehen der steinerne Gast in den Ost-West-Beziehungen. Nicht sich selbst, sondern andere abzuschrecken, lautete das zum Dogma geronnene Credo der Zeit. Man könnte auch von einer vorsätzlichen Pflege des Misstrauens sprechen. Deshalb ist es müßig, im politischen Treibhausklima des Kalten Krieges zwischen Rationalität und Irrationalität, wirklichen und propagandistischen Absichten oder zwischen Angst haben und Angst machen unterscheiden zu wollen. Die vermeintlichen Gegensätze waren nämlich Zwillinge. Im steten Zusammenspiel definierten sie eine Politik, die aus realer Angst erwuchs und sich zwecks Bekämpfung der Angst eben des Mittels der Angst bediente – auf beiden Seiten. Ob und wann die vorsätzlich inszenierte Ungewissheit sich gegen ihre Urheber wenden, also just jene Aggressivität provozieren würde, die sie eigentlich hätte unterdrücken sollen, geriet folglich zum hintergründigen Reizthema der Epoche.

Seit Mitte der 1950er Jahre gesellte sich zur Angst vor der Bombe die Angst vor einer unbeherrschbaren Großtechnologie – den Anlagen aus jenem Komplex, der für die »friedliche Nutzung« von Atomenergie weltweit aufgebaut worden war. Anfänglich hatte man die Folgen serienmäßiger Atombombentests noch übersehen oder als Nebenprodukt einer politisch willkommenen Demonstration von Stärke verharmlost, wie die visuelle Stilisierung des Atompilzes zeigt – von Sahnehäubchen auf Eiskugeln bis zum ausladenden Besatz auf Badeanzügen. Alsbald jedoch wucherten in Ost und West Nuklearängste.[7] In den USA wurde Rachel Carsons Buch *Silent Spring* zum ersten Öko-Bestseller, weil die Publikation im Jahr 1962 mit einer aufgeregten Debatte über radioaktiven Fallout und die Ablagerung von Strontium-90 in Knochenmark und Zähnen zusammenfiel. Umweltapokalyptische Publikationen und Diskurse gehörten seither zum festen Inventar des mentalen Haushalts vor allem westlicher Gesellschaften.[8] Dass die US-Regierung sich im Jahr darauf mit der UdSSR auf ein Verbot überirdischer Nuklearversuche einigte, war also nicht allein dem Schock der Kubakrise geschuldet; man reagierte auch auf die Sorgen einer mittelständischen Wählerklientel um Umwelt und Gesundheit. Erhalt der natürlichen Lebensgrundlagen und Kampf für Frieden und Abrüstung amalgamierten fortan zum Kern eines außerparlamentarischen Protests, der seit Mitte der 1970er Jahre auch in der Welt des »Realsozialismus« Fuß fasste. Der Kalte Krieg trug somit, wie Philipp Gassert anmerkt, zur »sozialen Einwurzelung eines modernen Umweltbewusstseins« und zur »Entstehung einer modernen Umweltbewegung« erheblich bei.[9]

II. Angst als politische Produktivkraft

Protest- und Widerstandsbewegungen jedweder Couleur standen dabei vor neuartigen Herausforderungen. Denn die atomare Bedrohung war, in den Worten von Günther

Anders, »geschichtlich überschwellig« – zu groß, um wahrgenommen oder vorgestellt werden zu können, zu diffus,
um greifbar zu sein.[10] Von einer »entmachtenden Übermacht« spricht Anders und meint nicht zuletzt die verwir-
rende Ortlosigkeit der atomaren Bedrohung: sie ist univer-
sal, kann buchstäblich jeden treffen, überall und jederzeit.
Ortlos aber ist das Gegenteil von politisch, es verträgt sich
nicht mit dem jedweder Politik eigenen Anliegen – nämlich
Problemen einen Ort und eine Adresse zu geben, sie durch-
schaubar und damit lösbar zu machen und im Zweifel die
Welt trennscharf in Freund und Feind zu scheiden. Stattdessen stiftet die atomare Welt eine nicht auflösbare Ver-
wirrung: Gegen wen soll sich Kritik richten, wer ist als
verantwortlich zu identifizieren, wenn ausnahmslos alle po-
tentielle Opfer einer Waffen- und Großtechnologie sind, die
Schuldige wie Unschuldige unterschiedslos in den Abgrund
reißt und mithin bei der Verteilung des Risikos keinen
Unterschied kennt? Eben darin spiegelt sich ein verstörender
Wandel in der Wahrnehmung von Welt und Politik. Er
gründet in der Erwartung, dass jederzeit alles möglich ist,
dass es in der Phantasie nichts gibt, was die Wirklichkeit
nicht einholen oder gar überbieten könnte. Aus diesem
Dilemma, dem Ortlosen eine Adresse geben zu müssen oder
vor einer überwältigenden Gefahr zu kapitulieren, gab und
gibt es für Anti-Atom-Aktivisten keinen Ausweg.

In den 1950er und frühen 1960er Jahren verschrieb
sich die bundesdeutsche Kampagne »Kampf dem Atomtod« einer politischen Semantik des Paradoxen: In diffusen
Ängsten grundiert, redete sie einer selbstgewissen Furcht-
losigkeit das Wort und bemühte sich nach Kräften, Angst
unsichtbar zu machen. Selbst die bildlichen Repräsentationen des Krieges waren frei von Massentod und Leiden. Dem
wissenschaftlichen und publizistischen Selbstbild der Zeit

entsprechend, galt Angst als irrational oder gar pathologisch und ihre Thematisierung als Ausweis persönlicher Unreife.[11] Auf eine strikte Kontrolle von Gefühlen bedacht, pflegten die Aktivisten Attribute wie Rationalität, Selbstdisziplin und Zurückhaltung – und kopierten damit mehr oder minder bewusst die Attitüden jener Rüstungsplaner und Nuklearexperten, gegen die sie angetreten waren.

In den 1980er Jahren hingegen agierte man unter umgekehrten Vorzeichen, eingedenk des fast vergessenen Aufrufs von Günther Anders zur kollektiven Politisierung von Ängsten.[12] Statt so wenig wie nötig redeten die damaligen Aktivisten so viel wie möglich über Angst – als ginge es um eine politische Produktivkraft, von deren nachhaltiger Mobilisierung der Erfolg der Bewegung und letztlich das Schicksal des Planeten abhingen. Frank Biess spricht deshalb von einer neuen »politischen Wertigkeit von Angst«, Jörg Arnold von einer »Motivationsquelle für politisches Handeln«.[13] Da Subjektivität als Essenz des Politischen gesehen wurde, waren politische Subjekte normativ angehalten, Emotionen zu zeigen und zugleich von Dritten emotionale Bekenntnisse einzufordern. Derlei Selbstthematisierungen wurzelten, wie Susanne Schregel betont, in einer seit den 1960er Jahren virulenten Gegenkultur, die vor allem Eines einforderte: das Nachdenken über die eigene Gesellschaft aus den Zwängen und Postulaten des Kalten Krieges zu lösen.[14]

Den unmittelbaren Anlass für öffentliche Bekenntnisse zur Angst bot der Zweite Kalte Krieg, der spätestens seit dem Amtsantritt von Ronald Reagan die Gemüter bewegte. So war der US-amerikanische Außenminister Alexander Haig davon überzeugt, dass »es wichtigere Dinge [gebe], als im Frieden zu leben.«[15] Reagan äußerte sich mit folgenden Worten öffentlich über den Kommunismus: »Wir werden

uns nicht damit abgeben, ihn anzuprangern, wir werden uns
seiner entledigen. [...] Ich glaube, dass der Kommunismus
nur ein weiteres trauriges und bizarres Kapitel in der Geschichte der Menschheit ist, deren letzte Seiten auch gerade
jetzt geschrieben werden.«[16] US-Verteidigungsminister Caspar Weinberger brachte seine Position im Juni 1981 auf die
drastische Formel: »Und wenn die Abschreckung versagt,
müssen wir fähig sein zu gewinnen, um zu überleben.«[17] Die
sowjetische Seite ließ sich im Gegenzug, wie zu erwarten,
nicht lumpen. Der Generalsekretär der KPdSU Juri Andropow wähnte Washington in den Fußstapfen der deutschen
Blitzkrieger vom Überfall auf die UdSSR im Sommer 1941
und zitierte Hiroshima als Beweis amerikanischer Skrupel-
losigkeit. Die Idee eines »nuklearen Barbarossa« war in der
Welt. »Ich würde es«, so ein enger Berater Andropows, »eine
Anleitung zu einem totalen Krieg gegen die UdSSR und ihre
Verbündeten nennen.«[18]

Tatsächlich gab es gute Gründe für Moskau, sich pro-
voziert und in die Enge getrieben zu sehen. Mit militärischen Psychotricks – sogenannten »psychological opera-
tions« oder »Psyops« – wollten amerikanische Streitkräfte
demonstrieren, dass die Sowjetunion ihre Lufträume und
Küsten nur unzureichend schützen konnte und auf ma-
rode Frühwarnsysteme angewiesen war. US-Bomberstaffeln
flogen wiederholt Scheinangriffe und drehten erst im letzt-
möglichen Moment ab, ein amerikanischer Flottenverband
drang im September 1981 von der gegnerischen Aufklärung
unbemerkt nahe Murmansk in die Barentssee ein, anlässlich
der Marineübung »Fleetex 83« verletzten Kampfjets mehr-
mals den sowjetischen Luftraum über den Kurilen. Mit
der Kommandostabsübung »Able Archer« ging die NATO
zwischen dem 7. und 11. November 1983 noch einen
Schritt weiter. Im Unterschied zu Großmanövern der Ver-

gangenheit wurden alle Phasen des Übergangs von einem
konventionellen zu einem atomaren Krieg durchgespielt;
und abweichend von bisherigen Gepflogenheiten bediente
man sich neuer, für die Gegenseite nicht zu entziffernder
Freigabecodes für den Einsatz von Nuklearwaffen.[19]

III. Angstunternehmer in Washington

Auf amerikanischer Seite zog eine ebenso wortreiche wie
meinungsstarke Gruppe von »Angstunternehmern« – vertreten im »Committee on the Present Danger«, in diversen
Denkfabriken und an der Parteispitze der Republikaner – die
Fäden hinter dieser Einschüchterungspolitik. Aus ihrer Perspektive war die Modernisierung sowjetischer Nuklearwaffen eine elementare Bedrohung amerikanischer Sicherheit.
Dass diese Behauptung maßlos übertrieben war und dass
Moskau keine »Raketenlücke« geschaffen, sondern geschlossen hatte, indem man nun seinerseits und erstmals über ein
robustes Zweitschlagpotenzial verfügte, ist zweifellos richtig.
Und dennoch war die Panik in Washington nicht gespielt.
Was zählte, war der Verlust amerikanischer Übermacht oder
nuklearer »Eskalationsdominanz«, wie es im Jargon der Zeit
hieß – oder eben die Infragestellung einer mit Kriegsfüh-
rungsfähigkeit in eins gesetzten Glaubwürdigkeit. »Meine
Sorge ist nicht, dass die Sowjets die Vereinigten Staaten mit
Atomwaffen angreifen könnten, im Vertrauen, dass sie einen
Atomkrieg gewinnen würden«, so ein Wortführer aus dem
»Committee on the Present Danger«. »Meine Sorge ist, dass
ein amerikanischer Präsident das Gefühl haben könnte, dass
er in einer Krise nicht wagen kann zu handeln.«[20] Eben weil
man den Sowjets nicht vertrauen wollte, sollten sie jederzeit
damit rechnen müssen, dass die USA im Zweifel das Risiko
einer nuklearen Eskalation eingehen könnten.

Direktiven aus der Regierungszeit von Jimmy Carter und Ronald Reagan belegen, dass die politisch-militärische Führung der USA sich spätestens seit Mitte 1980 diesen Maximen verschrieben hatte. Die *Presidential Directive 59* (PD-59) vom Juli 1980, *National Security Decision Directive 51* (NSDD-51) vom Oktober 1981, *Fiscal Year 1984–88 Defense Guidance* vom März 1982, *National Security Decision Directive 32* (NSDD-32) vom Mai 1982 und *Single Integrated Operation Plan 6* (SIOP-6) vom Oktober 1982 – alle richtungsweisenden Direktiven des Weißen Hauses und des Pentagons aus den frühen 1980er Jahren gehen von der Option eines kontrollierbaren, flexibel zu steuernden und über einen längeren Zeitraum zu führenden Atomkrieges aus. Gefordert waren »Pläne mit dem Ziel [...], die Sowjetunion auf jedem Konfliktniveau – von Aufständen bis hin zum Atomkrieg – zu besiegen.«[21] Es ging auf keinen Fall darum, einen Atomkrieg vom Zaun zu brechen. Wohl aber wollte man auf sowjetischer Seite die Angst vor der Fähigkeit wie auch dem Willen der USA zu einem »Enthauptungsschlag« schüren – vor einem Angriff auf die politischen und militärischen Nervenzentren also, weil der Nomenklatura in Moskau das Wohlergehen des Landes angeblich nichts, das eigene Überleben aber alles bedeutete. Je erfolgreicher die Einschüchterung des Gegners, desto größer der eigene Handlungsspielraum – darauf lief die inflationär verbreitete Forderung nach minimierter Selbstabschreckung hinaus.

Als folgte man einem psychologischen Handbuch zur Manipulation von Ängsten, kamen diese Gedankenspiele seit dem Frühjahr 1982 beinahe im Wochenrhythmus an die Öffentlichkeit. Nicht »Whistleblower« zogen dabei die Fäden, sondern Mitarbeiter von Ministerien, politikberatende Intellektuelle und Herausgeber außenpolitischer Periodika, die weltweit als Seismographen des offiziellen

Washington wahrgenommen wurden. So gesehen konnte
man mit einer deutlichen Erhöhung der politischen Herz-
frequenz in Moskau rechnen, als *Foreign Policy*, eine dem
liberalen Establishment verbundene Zeitschrift, in ihrer
Sommerausgabe des Jahres 1980 einen Aufsatz publizierte,
der nicht nur mit einer skandalträchtigen Überschrift auf-
wartete, sondern diese auf buchstäblich jeder Seite gleich
mehrfach mit Ausrufezeichen versah: »Victory is Possible«.
Mit Hinblick auf ein mögliches Atomkriegsszenario hieß
es dort:

> Wenn die amerikanische Atommacht den außenpolitischen Zielen
> der USA zu Gute kommen soll, dann müssen die Vereinigten
> Staaten die Fähigkeit besitzen, einen Atomkrieg mit rationaler
> Abwägung zu führen. […] Es ist unwahrscheinlich, dass ein Atom-
> krieg ein in sich sinnloses und fatales Ereignis darstellt. Vielmehr
> wird er wahrscheinlich geführt werden, um die Sowjetunion zur
> Aufgabe eines gerade erzielten Vorteils zu zwingen.[22]

Davon abgesehen spielten amerikanische Geheimdienste
den Sowjets jahrelang strategische Interna aus dem Pentagon
zu, darunter Einschätzungen des militärischen Kräftever-
hältnisses, optimistische Notfallkalkulationen der NATO –
und wahrscheinlich auch den seit Anfang Oktober 1983
gültigen *Eventualplan für den Einsatz der gesamten US-
Atomstreitmacht* (SIOP 6) samt detailreicher Erörterun-
gen der Angriffsoptionen gegen die Kommunikations- und
Kommandozentren des Kreml. Geheimnisverrat im Dienste
des Vaterlandes: Überschüttet mit Informationen unter-
schiedlichster Provenienz sollte Moskau zweifeln, ob und
unter welchen Voraussetzungen die USA einen »Enthauptungsschlag« führen würden. Keine Zweifel indes wollten
Amerikas Zauberlehrlinge der Abschreckung darüber auf-
kommen lassen, dass im Falle eines Falles die Sowjetunion
chancenlos war.[23]

Tatsächlich wurde den Sowjets im Spätsommer und Herbst 1983 die Unzuverlässigkeit ihres militärischen Abwehr- und Frühwarnsystems drastischer denn je vor Augen geführt – durch eine Verkettung von Missverständnissen, Zufällen und Fehlfunktionen. Als am 1. September westlich von Sachalin ein Großraumflugzeug stundenlang im sowjetischen Luftraum unterwegs war, ging man von einem in dieser Region bereits mehrfach gesichteten US-Spionageflugzeug des Typs RC-135 aus und gab den Abschussbefehl. Getroffen wurde eine auf falscher Route fliegende Boeing der südkoreanischen Fluggesellschaft KAL, alle 269 Passagiere an Bord von KAL 007 stürzten in den Tod. In der Nacht zum 26. September wurde um 0 Uhr 15 in einer Militäranlage südlich von Moskau erneut Alarm ausgelöst: In kurzen Abständen meldete das weltraumgestützte System »Oko« den Anflug von insgesamt fünf US-Interkontinentalraketen auf die UdSSR, 17 Minuten vergingen, ehe das sowjetische Radar den Fehlalarm bestätigte. Vermutlich hatten Computersensoren ein Bündel Sonnenstrahlen, reflektiert von Wolken über einer amerikanischen Militärbasis, für den Feuerschweif von Raketen gehalten. Und schließlich wurde man Anfang November auch noch mit »Able Archer« konfrontiert – einer NATO-Übung, die nicht in allen Teilen entziffert und allein deshalb als Deckmantel für einen unmittelbar bevorstehenden Angriff gehalten werden konnte.[24] Das ist der Stoff, aus dem Konfrontationen, Krisen, mitunter auch Kriege gemacht sind.

IV. Vorkriegsstimmung in Moskau

Unabhängig von »Able Archer« und den Ereignissen des schwarzen Septembers hatte sich in Moskau bereits eine diffuse Vorkriegsstimmung zusammengebraut. Zwar glaubte im Politbüro, im KGB oder Generalstab kaum jemand, dass Washington kurz vor der Entscheidung zu einem Atomkrieg stünde. Umso mehr sorgten die militärischen Kräfteverhältnisse für Unruhe. Nicht genug damit, dass die USA in der Militärtechnologie einen schier uneinholbaren Sprung nach vorne gemacht und mit MX- und Pershing-II-Raketen, Marschflugkörpern sowie diversen konventionellen Waffensystemen ihr erstschlagfähiges Potential ausgebaut hatten. Das Dauergerede über »begrenzte Atomkriege« und »entwaffnende Schläge« galt zusätzlich als Beleg, dass die USA versucht sein könnten, in Zukunft ihre Karten zu überreizen oder in Krisen fahrlässig, mithin eskalationsfördernd zu agieren. In diesem Sinne sind die Anspielungen auf den Sommer 1941 und die Ängste der »Barbarossa-Generation« um Juri Andropow, Generalstabschef Nikolai Ogarkov und Außenminister Andrej Gromyko zu verstehen. Insgesamt tut man gut daran, die Erinnerungen hoher Offiziere nicht als nachgereichte Dramatisierungen, sondern als realitätsnahe Umschreibungen zu sehen: »Damals herrschte eine sehr angespannte Stimmung im Generalstab, wir machten Überstunden, weitaus mehr als üblich. Abgesehen von der Kuba-Krise im Jahr 1962 kann ich mich nicht an eine derart gereizte Periode erinnern.«[25]

So gesehen war es nur konsequent, dass der Kreml diverse Vorbereitungen für den Ernstfall intensivierte, allen voran die bereits unter Leonid Breschnew 1981 begonnene Operation »Raketno-Yadernoe Napadenie«, kurz »RYAN«. Unter diesem Codenamen sammelten der KGB, der Militärgeheimdienst GRU und verbündete osteuropäische Nachrichtendienste alle möglichen Informationen, die auf westliche Vorbereitungen eines Raketenangriffs hätten hindeuten können: Truppenbewegungen, Funkverkehr, Polizeiaktivitäten, Bewegungsmuster von Ministern und hohen

Militärs, Auffälligkeiten bei Bankgeschäften, Notfallszenarien von Krankenhäusern, Aufrufe zu Blutspenden. Buchstäblich alles schien von Interesse, selbst nächtlich erleuchtete Büros in Verteidigungsministerien, Priester mit engem Kontakt zu den Streitkräften ihres Landes oder Historiker, deren Publikation ehemaliger Geheimdokumente als Lizenz zum Akquirieren aktueller Regierungsinterna missverstanden wurde. Dass Operation »RYAN« bis zum Ende der Sowjetunion in Kraft blieb, mag zum Teil bürokratischer Trägheit und Routine geschuldet sein. In erster Linie aber zeugt diese Kontinuität von überzüchtetem Misstrauen und der fixen Idee, in jedem Fall und um jeden Preis vergelten zu müssen, selbst dann, wenn es nichts mehr zu retten gäbe.

»Wenn wir herausgefunden hätten«, so Generalleutnant Gelii V. Batenin im Rückblick, »dass die NATO tatsächlich einen Angriff vorbereitet, wären wir einer solchen Attacke mit unseren eigenen Nuklearschlägen zuvorgekommen.«[26] Offiziell hartnäckig bestritten, stand diese Maxime in den frühen 1980er Jahren im Zentrum der sowjetischen Verteidigungsdoktrin: »Launch on Warning«. Je weniger die Verantwortlichen in Moskau von der Effizienz ihres Raketenarsenals und der Widerstandsfähigkeit der militärischen Infrastruktur überzeugt waren, desto plausibler erschien die Option eines Präemptivkrieges. Zumindest ließ sich damit die Illusion der Schadensminimierung am Leben erhalten, ähnlich wie in den USA, wo zum Verwechseln ähnliche Einsatzpläne gehortet wurden. In einem Punkt indes übertrafen sowjetische Strategen ihre um bizarre Phantasien ebenfalls nie verlegenen Kollegen in Übersee. Unter dem Eindruck massiver amerikanischer Aufrüstung wurden an markanten Stellen in der UdSSR druck-, licht- und strahlungssensible Messsysteme platziert, die den Gegenschlag nach einer

»Enthauptung« der Staats- und Parteielite vollautomatisch
auslösen sollten. »Dead Hand« wurde der über offenen Grä-
bern zu aktivierende Vergeltungsmechanismus folgerichtig
genannt – eine exakte Kopie der »Doomsday Machine« aus
dem Film »Dr. Strangelove« und wie diese die ultimative
Konsequenz der Abschreckungslogik.[27]

V. Die anti-atomare Gegenkultur

Der Zweite Kalte Krieg fiel aus dem Rahmen, weil die
weltweit engagierte Friedensbewegung in Reaktion auf Ronald Reagan eine ähnlich wuchtige Angstkampagne wie die
Sowjetunion auflegte. Während sowjetische Medien zwecks
Beglaubigung amerikanischer Unberechenbarkeit einen rie-
sigen Aufwand bei der Übersetzung und Nacherzählung
amerikanischer Atomkriegspläne aus den späten 1940er
Jahren betrieben, übten sich westliche Friedensaktivisten
in der Rhetorik der Apokalypse. »Der Erstschlag ist näher
als wir denken!« – »Sage niemand, er habe es nicht wissen
können!« – »Die große Koalition der Raketenpolitiker hat
kein Mandat, wiederum schwere Weltkrisen und vielleicht
die ›Endlösung der Deutschenfrage‹ heraufzubeschwören« –
»Von der Anti-Hitler-Koalition zur Anti-Reagan-Koalition?
Wiederholt sich die Geschichte?« Diese vier aus den *Blättern
für deutsche und internationale Politik* willkürlich heraus-
gegriffene Zitate[28] bringen den linken und linksliberalen
Tenor in der Bundesrepublik gut zu Gehör: Sollte die Stationierung amerikanischer Erstschlagwaffen in Europa nicht
verhindert werden, so müsse jederzeit mit einem Atomkrieg
gerechnet werden. In diesem Sinne stellten die Herausgeber
des amerikanischen *Bulletin of the Atomic Scientists* die auf
dem Titelblatt ständig präsente Weltuntergangsuhr auf drei
Minuten vor Mitternacht.

So berechtigt ihr Anliegen allemal war, so sehr lief den Initiatoren und Trägern des außerparlamentarischen Protests ihre Arbeit der Zuspitzung mitunter aus dem Ruder – nämlich immer dann, wenn sie Ängste schürten, um die eigenen Reihen geschlossen zu halten oder um neue Anhänger zu mobilisieren. Einschlägige Belege gibt es zuhauf: Von internen Protokollen über Aufrufe zu Demonstrationen bis hin zu Handreichungen für totenkopf- und skelettaffines Schminken bei »sit-ins« und »die-ins« auf Straßenkreuzungen.[29] Zu beobachten ist, wie die öffentliche Kommunikation das subjektive oder kollektive Empfinden von Angst verändern und am Ende Ängste ganz neuer Art oder anderen Umfangs generieren kann. Sozialpsychologen sprechen von »sozialen Kaskaden« und »Gruppenpolarisierung«, von einer infektiösen Dynamik, die durch soziale Interaktion befördert wird – in den Worten des Soziologen Cass Sunstein: »Es ist gut belegt, dass Mitglieder von Gruppen, in denen ein Austausch über ein Problem stattfindet, verglichen mit ihren vorherigen Neigungen letztlich oft eine extremere Position einnehmen. Gruppen sind deshalb unter Umständen weitaus ängstlicher, als ihre Mitglieder es vor der Beratschlagung waren.«[30] Wie es scheint, trug die Bürgeropposition im Westen unwissentlich auch zur Verfestigung von Bedrohungsängsten im Osten bei: ein »mirror imaging« ganz eigener Art, völlig unabhängig von hier und da verteilten Fördermitteln aus dubiosen Kassen des Warschauer Paktes und politisch allemal relevanter als Letztere.

Spätestens an dieser Stelle wird deutlich, wovon die antiatomare Gegenkultur auch und nicht zuletzt handelte: von Erweckungserlebnissen, Erlösungsphantasien und der Kraft des Rituals. Konsequenterweise wurden Visionen effektiver Prävention und allumfassender Vorsorge seitens der Aktivisten über die Maßen aufgewertet – als vermeintliches

Gegengift zur hintergründigen Panik der Epoche. Diesem Verständnis zufolge müssen Gefahren bekämpft werden, bevor sie konkret geworden sind, muss selbst dann gehandelt werden, wenn es weder schlüssige Vermutungen noch hinreichende Beweise für eine Bedrohung gibt. In anderen Worten: Die Frage ist nicht, ob oder wie wahrscheinlich ein Szenario ist; dass es potentiell vorstellbar ist, gibt den Ausschlag. Folglich scheinen die Risiken des Nichthandelns allemal größer als die Risiken des Handelns. Cass Sunstein beschreibt dies so: »Nur oder vor allem dem schlimmstmöglichen Fall wird Beachtung geschenkt, selbst wenn dieser höchst unwahrscheinlich ist.«[31] Und: »Das Vorsorgeprinzip [scheint] nur deswegen Orientierung zu bieten, weil die Frage der Wahrscheinlichkeit vernachlässigt wird.«[32] Sich als Einzelner an der selbstreinigenden Bannung von Ängsten – sei es vor Raketen oder vor Atomkraftwerken – zu beteiligen, heißt, auf demonstrative Art und Weise der Verantwortung für das Gemeinwohl gerecht zu werden. Darum dreht sich die Sprache der politischen Mobilisierung wider die Angst, die immer auch eine Selbstmobilisierung verängstigter Subjekte ist – egal, ob sich der Widerstand gegen Atomraketen oder Atomkraftwerke richtet.

So gesehen liegt es auch nahe, den Anti-Atom-Protest als »Politik der ersten Person« zu charakterisieren. Nicht die gemeinsame Verpflichtung auf ein umfassendes politisches und ideologisches Programm hielt die Bewegung zusammen, sondern das Angebot, in einem losen Zusammenhang von Kleingruppen individuelle Befindlichkeiten und Emotionen artikulieren zu können. Dieses Milieu einer weltanschaulichen Multipolarität beförderte zugleich die Karrieren von sich selbst qualifizierenden »Gegenexperten«, die binnen Kurzem epistemische Gemeinschaften zur Risiko- und Technikfolgenabschätzung gründeten oder in

militärpolitischen Fragen viel beachtete Expertisen über
»Wege aus der Gefahr« einer zivilen wie militärischen Nutzung der Atomkraft vorlegten. Individualisierter Protest und
vergemeinschaftetes Alternativwissen bedingten sich also
gegenseitig und dynamisierten eine politische Bewegung,
die gemessen an den zentralisierten Aktionsformen ihrer
Vorgänger unterschiedlicher nicht hätte sein können.

Diesem historischen Umbruch wurde der Brokdorf-Beschluss des Bundesverfassungsgerichts in doppelter Weise
gerecht – indem er das antiquierte Demonstrationsrecht
reformierte und darauf verwies, dass die etablierte Politik
ihre eigene Erstarrung betreibt, wenn sie von außen kommende Wissensimpulse ignoriert.

Demonstrativer Protest kann insbesondere notwendig werden,
wenn die Repräsentativorgane mögliche Missstände und Fehlentwicklungen nicht oder nicht rechtzeitig erkennen oder aus
Rücksichtnahme auf andere Interessen hinnehmen. [...] Indem
der Demonstrant seine Meinung in physischer Präsenz, in voller
Öffentlichkeit und ohne Zwischenschaltung von Medien kundgibt,
entfaltet auch er seine Persönlichkeit in unmittelbarer Weise. [...]
Da alle Beteiligten bei Vorbereitung und Durchführung grundsätzlich als gleichberechtigt gelten, passen die ursprünglich unproblematischen Vorstellungen vom Veranstalter und Leiter nicht
mehr so recht.[33]

Damit war auch »Karlsruhe« im nervösen Zeitalter der
diffusen Angst vor dem Atom angekommen.

---

[1] Joanna Bourke, *Fear. A Cultural History*, London 2005, 1–9, 8.
(Bourke, Fear).

[2] Ebd., 354 f., vgl. darüber hinaus: 190, 230, 390.

[3] Ebd., 167 ff.

[4] Vgl.: Olaf Stieglitz, *Undercover. Die Kultur der Denunziation in den
USA*, Frankfurt a. M. / New York 2013.

80 *Bernd Greiner*

[5] Bourke, *Fear*, 266.

[6] Ebd., 263 f. Mit dieser Einschränkung sollten auch Meinungs-umfragen aus den 1960er und 1980er Jahren gelesen werden, denen zufolge weit mehr als die Hälfte der befragten Kinder und Jugend-lichen von der Unvermeidlichkeit eines Atomkrieges überzeugt war. Vgl. auch 255 f.

[7] Vgl.: Bernd Greiner/Christian Th. Müller/Dierk Walter (Hgg.), *Angst im Kalten Krieg*, Hamburg 2009. (Greiner u. a. (Hgg.), Angst im Kalten Krieg).

[8] Philipp Gassert, »Die Entstehung eines neuen Umweltbewusst-seins«, in: Bernd Greiner/Tim B. Müller/Klaas Voß (Hgg.), *Erbe des Kalten Krieges*, Hamburg 2013, 344–347. (Gassert, Umweltbewusst-sein).

[9] Ebd., 343, 350, 357, 360.

[10] Günther Anders, »Über die Bombe und die Wurzeln unserer Apokalypse-Blindheit«, in: Ders., *Die Antiquiertheit des Menschen. Über die Seele im Zeitalter der zweiten industriellen Revolution*, München 1961, 235–324, 262 f.

[11] Jörg Arnold, »›Kassel 1943 mahnt …‹. Zur Genealogie der Angst im Kalten Krieg«, in: Greiner u. a. (Hgg.), *Angst im Kalten Krieg*, 465–495. (Arnold, Kassel 1943 mahnt).

[12] Vgl.: Mathias Greffrath, »Zorn der Vernunft. Kämpfer, Skeptiker, Aufklärer: Erinnerungen an die Avantgardisten der Anti-Atom-Bewe-gung«, *Die ZEIT* 21/2011 vom 20.5.2011.

[13] Frank Biess, »›Jeder hat eine Chance‹. Die Zivilschutzkampagnen der 1960er Jahre und die Angstgeschichte der Bundesrepublik«, in: Greiner u. a. (Hgg.), *Angst im Kalten Krieg*, 61–93, 93; Arnold, *Kassel 1943 mahnt*, 489.

[14] Susanne Schregel, »Konjunktur der Angst. ›Politik der Sub-jektivität‹ und ›neue Friedensbewegung‹, 1979–1983«, in: Greiner u. a. (Hgg.), *Angst im Kalten Krieg*, 495–521.

[15] US-Außenminister Alexander Haig im Januar 1981 zit. n. *FAZ* vom 12.1.1981.

[16] US-Präsident Ronald Reagan im Mai 1981 und März 1983, zit. n. *NZZ* vom 18.5.1981 und *Blätter* 28 (1983), 1000 f.

[17] US-Verteidigungsminister Caspar Weinberger im Juni 1981, zit. n. United States Information Service, *Wireless Bulletin*, 18.6.1981.

[18] Georgi Arbatow, zit. n. *Blätter* 27 (1982), 1137; Vgl. Dima Adamsky, «The 1983 Nuclear Crisis – Lessons for Deterrence Theory

and Practice«, in: *Journal of Strategic Studies* 1 (2013), 4–41, 18, 22. (Adamsky, Nuclear Crisis).

[19] Benjamin B. Fischer, *A Cold War Conundrum: The 1983 Soviet War Scare*, Washington DC 1997, 6–10; Len Scott, »Intelligence and the Risk of Nuclear War: Able Archer-83 Revisited«, in: *Intelligence and National Security* 6 (2011), 759–777, 767. (Scott, Able Archer-83).

[20] Richard Perle, zit. n. *Blätter* 27 (1982), 1426.

[21] Fiscal Year 1984–88 Defense Guidance, zit. n. *The New York Times* v. 30.5.1982 und *Blätter* 27 (1982), 1012.

[22] Colin S. Gray / Keith Payne, »Victory is Possible«, *FP* 39 (Summer 1980), 14–27, 14.

[23] Adamsky, *Nuclear Crisis*, 11, 23 f.

[24] »Der rote Knopf hat nie funktioniert.« Interview mit Stanislaw Petrow, *FAZ* vom 19.2.2013, 7.

[25] Interview mit Generalleutnant Gelii V. Batenin, in: National Security Archive, Electronic Briefing Book 426, Document 23, 10. (Batenin, Interview); Siehe auch ebd., Document 24, 106 ff. sowie Beatrice Heuser, »The Soviet response to the euromissile crisis«, in: Leopoldo Nuti (Hg.), *The Crisis of Détente in Europe. From Helsinki to Gorbachev 1975–1985*, Oxford 2008, 137–149.

[26] Batenin, *Interview*, 10; vgl. Scott, *Able Archer-83*, 765.

[27] David E. Hoffman, *The Dead Hand: The Untold Story of the Cold War Arms Race and Its Dangerous Legacy*, New York 2009, 152 ff.; Siehe auch die Interviews mit Viktor M. Surikow und Colonel Varfolomei V. Korobushin, in: National Security Archive, Electronic Briefing Book 426, Document 7, 135 und Document 24, 107.

[28] *Blätter* 28 (1983), 1412 sowie 401–448; *Blätter* 26 (1981), 651; *Blätter* 27 (1982), 907.

[29] Vgl. Bernd Greiner, »Angst im Kalten Krieg. Bilanz und Ausblick«, in: Ders. u. a. (Hgg.), *Angst im Kalten Krieg*, 27–29; Philipp Gassert / Tim Geiger / Hermann Wentker (Hgg.), *Zweiter Kalter Krieg und Friedensbewegung. Der NATO-Doppelbeschluss in deutsch-deutscher und internationaler Perspektive*, München 2011, 175–246.

[30] Cass Sunstein, *Gesetze der Angst: Jenseits des Vorsorgeprinzips*, Frankfurt a. M. 2007, 16.

[31] Ebd., 56.

[32] Ebd., 63; Vgl. zum »Vorsorgeprinzip« und der »Wahrscheinlichkeitsvernachlässigung« außerdem 13 ff., 62 ff., 97–105.

[33] BVerfGE 69, 315, 345, 347, 358.

Fortschrittsglaube und sozialer Wandel

Die Entstehung der Anti-Atom-Bewegung

Anselm Doering-Manteuffel

I. Vorläufer und Vorbedingungen

Unter den etwa 100 000 Atomkraftgegnern, die sich im Februar 1981 auf den Weg nach Brokdorf machten, um in der Wilstermarsch gegen das geplante Atomkraftwerk zu protestieren, dürfte nur wenigen die Vorgeschichte des ganzen Geschehens bekannt gewesen sein. Fast dreißig Jahre lag es zurück, dass in den 1950er Jahren erstmals über die friedliche Nutzung der Atomenergie gesprochen worden war. Die Mehrzahl der Demonstranten war an diesem 28. Februar 1981 noch unter Dreißig. Auch für die Organisatoren handelte es sich um eine Vergangenheit aus fernen Kinder- und Jugendtagen.[1] Und doch bildeten die 1950er und 1960er Jahre den Subtext des kommenden Konflikts.

Das Jahrfünft von 1955 bis 1960 war von einer eigentümlich heftigen, recht kurzen, aber enorm wirkungsmächtigen Atomeuphorie gekennzeichnet. Den Auslöser bildete die *Atoms for Peace*-Rede des amerikanischen Präsidenten Dwight D. Eisenhower am 8. Dezember 1953 vor der Vollversammlung der Vereinten Nationen.[2] Deren Zweck bestand nicht zuletzt darin, die Propaganda der Sowjetunion gegen die Atomrüstungspolitik der USA aufzufangen und die Vereinigten Staaten als friedliebende und den Frieden fördernde Vormacht der Welt zu inszenieren, als eine Macht,

die auf dem Feld der Kernspaltung und der Nutzung spalt-
baren Materials ihre Bereitschaft zur Zusammenarbeit mit
der UdSSR erklärte.

Der Kampf um den »Frieden« hatte mit dem Beginn des
Kalten Krieges 1947/48 eingesetzt. Zu jenem Zeitpunkt
verfügten allein die USA über die Atombombe und über
die erforderlichen Langstreckenbomber, um diese Waffe
in transkontinentale gegnerische Räume transportieren zu
können. Obwohl die Sowjetunion schon 1949 mit einer
eigenen Atombombe nachzog, fehlten den Russen die erforderlichen Trägersysteme. Noch konnten sie weder die Vereinigten Staaten oder Westeuropa wirkungsvoll bedrohen.
Erst mit der sowjetischen Interkontinentalrakete, die 1957
den »Sputnik« in den Weltraum beförderte und damit die
momentane Überlegenheit der sowjetischen Technologie im
Bereich der Trägerwaffen demonstrierte, gewann Moskau
einen strategischen Vorteil. Die USA hatten zu diesem Zeitpunkt noch keine Raketen einsatzbereit, so dass zwischen
1957 und dem Beginn der amerikanischen bemannten
Weltraumflüge (1965 mit »Gemini 3«) für eine kurze Zeit
der Eindruck entstand, als sei die Sowjetunion im Bereich der modernsten, gefährlichsten Waffentechnologie den
Amerikanern überlegen.[3]

Bis 1957 hatte der Propaganda-Krieg dominiert. Die öst-
liche Seite begann 1948 damit, groß aufgezogene, internationale Intellektuellenkongresse zu organisieren, die sich
dem Thema Frieden, Friedensbewahrung und Friedenssicherung widmeten. Für die »Weltfriedenskonferenz« im
April 1949 in Paris[4] stellte Pablo Picasso seine Lithographie
mit der berühmten »Friedenstaube« zur Verfügung. Er hatte
das Bild 1948 als Beitrag zur internationalen Diskussion
über den Verzicht auf atomare Rüstung nach der Zerstörung
von Hiroshima und Nagasaki geschaffen. Jetzt prangte es

auf den Veranstaltungsplakaten der Konferenz, und alsbald
trat die Friedenstaube als Botschafterin der Friedenspro-
paganda des Ostblocks ihren Flug um die Welt an.[5] Bereits
1950 brandmarkte US-Außenminister Dean Acheson sie als
die »trojanische Taube der kommunistischen Bewegung«.[6]
Bei den Weltjugendfestspielen in der DDR 1951 und 1973
stieg sie im Dienste des »Kampfes für den Frieden« in den
Himmel. Seit 1963 bildete sie das Signet des »Friedensrats
der DDR«. In dieser graphischen Gestaltung – weiße Taube
auf blauem Grund – brachte sie während der 1980er Jahre
in Westdeutschland und anderen westeuropäischen Ländern
das Engagement der Friedensbewegung zum Ausdruck. Als
Autoaufkleber war sie überall präsent. Nicht selten prangte
sie dort neben ihrem Zwillingsbruder, der Plakette »Atomkraft? Nein Danke«.

Gegen die Aktivitäten der sowjetischen Seite gerichtet,
organisierten westliche, vor allem amerikanische Intellektuelle entsprechende Kongresse für die Freiheit, für »kulturelle
Freiheit«.[7] Seit 1950 wurden die beiden Begriffe »Frieden«
und »Freiheit« ideologisch so aufgefüllt, dass sie eine un-
zweideutige Semantik enthielten. Sie wurden im Osten über
offizielle Bewusstseinsindustrien und im Westen über halb-
offizielle Agenturen der Meinungsbildung verbreitet. Das
Ziel bestand darin, zunächst im eigenen Machtbereich die
Selbstzuschreibungen als »freie Welt« respektive als »Frie-
denslager« zu verankern, dann aber auch ins gegnerische
Lager hineinzuwirken. Die Begriffe prägten die Sprache der
Zeitgenossen.[8] Die Wirkung war beträchtlich. Sie durchzog
die Jahrzehnte des Kalten Krieges bis 1989.

In den Protestbewegungen der westlichen Länder gegen
die atomare Rüstungspolitik tauchte die Friedenspro-
paganda nach den Anfängen 1948 zunächst in der Anti-
Atom-Bewegung 1957/58, später bei den Ostermarschie-

rern und dann in der Friedensbewegung durchgängig auf.
Bei den Protestgruppen der östlichen Länder kam die westliche Freiheitspropaganda nur verhalten zur Geltung, aber
sie war in den Volksaufständen in Ungarn und Polen 1956,
im Prager Frühling 1968, in der russischen Samisdat-Be-
wegung von den 1960er bis in die 1980er Jahre und in der
polnischen Solidarność seit 1980 ebenso präsent wie bei
evangelischen Gruppen in der DDR mit ihrer Botschaft
»Schwerter zu Pflugscharen«. Hier, wie auch in der westlichen Friedensbewegung seit 1980, wurde sichtbar, dass
sich die Propaganda-Rhetoriken und die damit verbundenen Ziele innerer Freiheit und äußeren Friedens gegenseitig
durchdrangen. Am Ende des Kalten Krieges beherrschte
die Forderung nach Freiheit und Friedfertigkeit die Gesellschaften in Ost und West gleichermaßen.[9]

Die vielfach verflochtene Geschichte der friedlichen Nutzung der Kernenergie hier und des Protests gegen atomare
Rüstung und nukleare Sicherheitspolitik dort war jedoch
nicht nur eine Funktion des Ost-West-Konflikts, sondern
ebenso auch des gesellschaftlichen Wandels in der Nachkriegszeit. Die Wirkung von politischer Propaganda und
die kulturelle Dynamik der Neuen Sozialen Bewegungen
brachten seit 1975/80 neue Formen politischer Meinungs-
bekundung hervor. Umso wichtiger ist es, die Anfänge in
den 1950er Jahren nicht einfach auszublenden.[10]

Die Tatsache, dass die Initiative zu den Kulturkongres-
sen seit 1948 von der sowjetischen Seite ausging[11], deutet
darauf hin, dass die Russen schlicht Angst hatten vor den
amerikanischen Atomwaffen. Doch sie standen damit nicht
allein. Die »Friedens«-Propaganda der Intellektuellen er-
zeugte nicht ohne Grund auch im Westen starke Wirkung.
Nach dem Zweiten Weltkrieg und der Erfahrung von Hiroshima und Nagasaki rief jeder Gedanke an Krieg, zumal an

einen Atomkrieg, Ängste hervor.[12] Die Atomwaffe war das Instrument der Apokalypse. Wer für den »Frieden« warb, versprach der Menschheit, sie vor der Apokalypse zu bewahren. *Atoms for Peace* drehte den Spieß um. Eisenhowers Botschaft vom Dezember 1953 war eine Propagandamaßnahme. Jetzt waren es die USA, die sich das Versprechen einer friedlichen Zukunft auf die Fahnen schrieben und dieses Versprechen zugleich mit einer Vision des Fortschritts verbanden, wie es sie bis dahin noch nicht gegeben hatte. Die zivile Nutzung der Kernenergie würde den Menschen in allen Ländern, die sich dieser Energiequelle verschrieben, Wohlstand bescheren und auch für die bisher wirtschaftlich benachteiligten Bevölkerungsgruppen ein Segen sein: Wärme, Geborgenheit und ein besseres Leben für alle standen zu erwarten!

Der Plan bot große Vorteile, die indes von außen nicht leicht zu erkennen waren. Mit der zivilen Nutzung der Kernenergie ließ sich die militärisch relevante Forschung zur Kernspaltung wirkungsvoll verbinden. Daher konnte auch die zivile Atomforschung in der Verfügung des Staates gehalten werden. So blieb diese Forschung der einzige Wirtschaftszweig mit hoher und höchster Rendite, der in den USA dauerhaft dem Marktgeschehen entzogen und dem staatlichen Interesse untergeordnet war.[13]

Der Durchbruch der Idee einer friedlichen Nutzung der Atomenergie erfolgte auf einer großangelegten Werbeveranstaltung, die die Vereinten Nationen im August 1955 in Genf ausrichteten. Auf der *International Conference on the Peaceful Uses of Atomic Energy* wurden die praktischen Möglichkeiten für Städtebau, Industrie, Landwirtschaft, für die moderne Medizin und die Biowissenschaften vorgestellt, auch wenn es sich nur um Optionen und unbewiesene Behauptungen handelte.[14] Sämtliche Konferenzbeiträge und

Ausstellungsgegenstände, zu denen auch ein kleiner Leicht-
wasserreaktor gehörte, wurden von amerikanischer Seite organisiert und kontrolliert. Das propagandistische Interesse
stand im Vordergrund.

Bei den westeuropäischen Verbündeten wurden die Wirkungen seit 1956/57 spürbar. Unmittelbar nach der Gründung der Europäischen Wirtschaftsgemeinschaft (EWG)
entstand am 25. März 1957 die Europäische Atomgemein-
schaft (EURATOM), deren Ziel es sein sollte, mittels ra-
scher Entwicklung der Atomindustrie in den beteiligten
Ländern Frankreich, Benelux, Italien und der Bundesrepublik Deutschland zur Verbesserung der Lebensbedingungen
beizutragen.[15] Der Glaube an die segensreiche Wirkung der
zivilen Nutzung der Kernenergie war in diesen Jahren un-
gebrochen, weil die Berichterstattung über den »Sputnik-
Schock« vom Herbst 1957 weniger dessen Bedeutung für
das atomare Wettrüsten herausstrich als vielmehr auf die
technische Leistungsfähigkeit der Sowjetunion im Rake-
tenbau abhob. Die Aufmerksamkeit der Weltöffentlich-
keit galt dem Wettlauf zwischen den USA und der UdSSR
um Suprematie oder aber Parität der Blockvormächte im
Kalten Krieg. 1962 forderte die Sowjetunion mit dem Bau
von Abschussrampen für Atomraketen auf Kuba die Amerikaner direkt vor ihrer Haustür heraus. Um ein Haar hätte
es zu einem atomaren Schlagabtausch kommen können.
Der Rüstungswettlauf wurde seither auf die Entwicklung
von Weltraumraketen verlagert, und die Mondlandung von
Apollo 11 im Sommer 1969 entschied das Ringen um
Suprematie vor den Augen der Welt zugunsten der Vereinigten Staaten.

II. Die Atomenergie als Verheißung einer besseren Zukunft

Das alles war noch in der Zukunft aufgehoben, als die Genfer Atomkonferenz und die Gründung von EURATOM 1955/57 ein neues Zeitalter des technischen Fortschritts und der Gleichheit aller Konsumbürger im industriellen Wiederaufbau beschworen.[16] Deshalb entfalteten jene 18 deutschen Atomwissenschaftler 1957 mit ihrer »Göttinger Erklärung« keine längerfristige politische Wirkung, als sie gegen die Pläne der Bundesregierung zur Ausrüstung der Bundeswehr mit Trägersystemen für atomare Mittelstreckenraketen protestierten. Vielmehr überspielten sie mit dieser Aktion eher die Tatsache, dass deutsche Physiker im Dritten Reich an der Entwicklung einer Atombombe gearbeitet hatten. Nach dem Krieg war dies abgestritten worden, weil das Vorhaben nicht zur Einsatzreife gelangte und daher keine deutsche Bombe vorhanden war. Jetzt, 1957, ergab sich die Möglichkeit, die deutsche Kernphysik von Anfang an als einen Vorreiter allein der friedlichen Nutzung der Atomenergie erscheinen zu lassen.[17] 1958 wurde die Bewegung »Kampf dem Atomtod« mit breiter öffentlicher Resonanz gegründet. Alsbald aus der DDR kräftig unterstützt, blieb sie allerdings wegen dieser Unterstützung erfolglos. Dagegen blühte die Atomeuphorie auf, und es schien so, als sei sie völlig abgespalten von den sorgenvollen Warnungen vor der Gefahr atomarer Vernichtung. Atomenergie und Atomkrieg hatten offenbar nichts miteinander zu tun.[18]

Die friedliche Nutzung verhieß den Fortschritt für alle. Das war die Kernaussage der Atompropaganda seit der Rede Eisenhowers und der Genfer Atomkonferenz. In den westeuropäischen Nachkriegsgesellschaften weckte dieses Versprechen große Hoffnung, denn die Lebensbedingungen in

nahezu allen Schichten waren noch sehr bescheiden. Deshalb
verfing es naturgemäß insbesondere bei der demokratischen
Linken, der SPD und den Gewerkschaften, weil es »Fortschritt« für alle und »Gleichheit« in Aussicht stellte. Vom
Münchener Parteitag der SPD im Sommer 1956, auf dem
Automation und Atomenergie als Grundlage einer »zweiten
industriellen Revolution« beschworen wurden, bis zur Ver-
abschiedung des *Godesberger Parteiprogramms* im November
1959 bildete dies eine Konstante der Fortschrittserwartung
im industriellen Aufschwung des Nachkriegsbooms.[19] Das
Godesberger Programm dokumentierte die große Bedeutung
der Atomfrage schon allein dadurch, dass es diese sogleich
in der Präambel aufgriff und die Ängste zwar nicht ver-
schwieg, aber der Hoffnung auf friedliche Nutzung den
Vorrang einräumte: »Das ist der Widerspruch unserer Zeit,«
hieß es, »daß der Mensch die Urkraft des Atoms entfesselte
und sich jetzt vor den Folgen fürchtet.« Dagegen stellte das
Programm »die Hoffnung dieser Zeit, daß der Mensch im
atomaren Zeitalter sein Leben erleichtern, sich von Sorgen
befreien und Wohlstand für alle schaffen kann, wenn er
seine täglich wachsende Macht über die Naturkräfte nur für
friedliche Zwecke einsetzt.«[20]

Bis 1960 verzahnte sich die über *Atoms for Peace* in-
duzierte Atomeuphorie in Teilen der westdeutschen Öffentlichkeit und der politischen Parteien mit der Wirt-
schafts- und Strukturplanung von Sozialingenieuren in den
Verwaltungen der Kommunen, der Länder und des Bundes.
Seither war es die Staatsverwaltung, die sich im Vollzug der
Vorgaben von EURATOM auf die Förderung der zivilen
Nutzung der Kernenergie festlegte. Parallel dazu bahnte
sich in den 1960er Jahren aber auch der soziokulturelle
Umschwung an, der die kommende Entwicklung in sich
barg. »Fortschritt« für alle und der »Wohlstand für alle«,

den Bundeswirtschaftsminister Ludwig Erhard schon 1957 beschworen hatte[21], wurde in diesem Jahrzehnt zur Alltagserfahrung.[22]

Das Erdöl löste die Kohle ab. Heizöl und Benzin kosteten nicht viel. Die Umstellung in der Energieversorgung ging zu Lasten der heimischen Steinkohleproduktion. Es kam hinzu, dass der in den Anfangsjahren der Atomeuphorie errechnete zusätzliche Bedarf an Energie, der aus Kernkraftwerken gedeckt werden sollte, einerseits zu hoch angesetzt und andererseits an der Leistung der bestehenden Kohlekraftwerke orientiert war. Mit dem Einsatz von Erdöl im Kraftwerksbetrieb lag die Leistung höher. So bildete die Planung zur Errichtung von Kernkraftwerken zunächst nicht so sehr ein energiewirtschaftliches Erfordernis, sondern ein Projekt des verwaltungstechnischen *social engineering*.[23] Gleichwohl, diese Planung war es, die sich nun Zug um Zug mit den Interessen der bisher eher abweisend eingestellten Energiekonzerne zu verschränken begann.[24]

III. Die Entfaltung der Konsumgesellschaft

Die 1960er Jahre waren die Hohe Zeit des Wirtschaftswunders. Damals beherrschte der Nachkriegsboom das Geschehen, der 1947 durch den Marshallplan ermöglicht worden[25], ab 1951/53 in Gang gekommen war und zwischen 1960 und 1965 den höchsten Leistungsstand erreicht hatte. Die Wohlstandsgesellschaft begann sich zu entfalten, der Massenkonsum wurde zum Standard. Boom und Konsum veränderten im Verlauf der Jahre von 1957/58 bis 1973/74 die Lebensformen und materiellen Erwartungen der Nachkriegsgesellschaft. Das gesellschaftliche Selbstverständnis des kontinuierlichen Wachstums im gesicherten Wohlstand bildete sich heraus.[26] Ein Gefühl der Sicherheit

wurde vorherrschend, das den Warnungen vor atomarer Bedrohung, Gefährdung des Friedens durch forcierte Rüstung
und wachsender Belastung der Umwelt wenig Aufmerksamkeit schenkte. Die Erinnerung an das Kriegsende, als jedes
Vertrauen in verlässliche Ordnung und gesicherte Zukunft
zerstört zu sein schien, war inzwischen verblasst. Bundeskanzler Ludwig Erhard brachte das in seiner Regierungserklärung am 10. November 1965 zum Ausdruck, als er
sagte, das »Ende der Nachkriegszeit« sei gekommen.[27] Für
etwa ein Jahrzehnt galten Verzehr und Verbrauch als Möglichkeiten der Selbstentfaltung, als Angebote einer neuen,
hellen Zukunft nach den dunklen Jahren des Kriegsendes
und der Besatzungszeit. Die Schlote rauchten, die Leute
aßen sich dick und rund. Wer es sich leisten konnte, kaufte
ein Auto. Die ersten Staus auf Stadtstraßen und Autobahnen
wurden zur Alltagserfahrung, und alsbald war das »schwit-
zende Idyll« – wie die Bundesrepublik der sechziger Jahre
bezeichnet wurde[28] – mit Abgaswolken überzogen. Den
»blauen Himmel über der Ruhr«[29] gab es noch nicht, und
von den *Grenzen des Wachstums* war noch nicht die Rede.[30]

   In der Konsolidierung des Gemeinwesens und der Entstehung des konsumistischen Lebensstils der Nachkriegsgesellschaft war auch deren Wandel angelegt. Die 1960er
Jahre entwickelten sich zu einem Jahrzehnt des Aufbruchs,
der innovativen Jugendkultur, der nüchternen, funktio-
nalen Umgestaltung von Stadtraum und Wohnraum, der
Ausbauplanung des Fernstraßennetzes und Ausweitung des
Hochschulbaus. In diesen Aufbruch eingesenkt blieb die
Tradition des deutschen Obrigkeitsstaats und eines Rechts-
wesens insbesondere im Alltagsbetrieb der unteren Gerichte
und Verwaltungen, welches nach wie vor Restbestände des
Wilhelminismus mit sich schleppte und von der autoritären
Praxis im Dritten Reich durchsäuert war. Die zeitgenössi-

sche Wirkung des Frankfurter Auschwitz-Prozesses 1963/64
oder eines Buches wie Mitscherlichs *Unfähigkeit zu trauern*
blieb durch politische Gegenbewegungen eingeschränkt,
unter denen die Gründung der NPD 1964 vielleicht die
markanteste, aber gewiss nicht die einzige war.[31] In der
Breite der Gesellschaft galt nach wie vor die exkulpatorische
Formel aus den Jahren der Entnazifizierung, dass »wir«
»damit« doch »gar nichts zu tun« gehabt hätten. Daher
bildete sich in der scheinbar so friedlichen, satten und
arbeitsamen Gesellschaft der 1960er Jahre einerseits eine
Disposition des Ressentiments gegen Vergangenheitskritik
und Liberalisierung heraus, andererseits aber nahmen die
Bestrebungen zum Ausgleich der Gegensätze, zur Aufarbeitung der Vergangenheit und zur demokratischen Öffnung
des Gemeinwesens zu.[32]

Die neue Jugendkultur trug diese Widersprüche in sich.
Beginnend 1964[33], verschärfte sich das gesellschaftliche
Klima während der »Außerparlamentarischen Opposition«
1966/67 und der Studentenbewegung 1967/69. 1967 entstand die radikale »Bewegung 2. Juni«, die sich zunächst
gegen die repressive Praxis der West-Berliner Polizei und
Verwaltung richtete. Parallel dazu wurde in Westdeutschland mit dem Schwerpunkt in Frankfurt am Main der Anfang jenes Terrorismus gemacht, aus dem dann die »Rote
Armee Fraktion« hervorging. Deren Kürzel »RAF« spielte
ebenso zynisch wie zeittypisch mit der Erinnerung der
Älteren an den Bombenkrieg der *Royal Air Force*. In der
Studentenbewegung trat die Nachkriegsjugend der Jahrgänge von 1942 bis 1947 ins Rampenlicht, welche von der
Kriegserfahrung ihrer Eltern mindestens ebenso beeinflusst
worden war wie von der Entstehung der Massenkonsumge-
sellschaft. Die Studentenbewegung brachte einen neuen Stil
der Gleichheit in der Differenz hervor. Der Anspruch auf

Individualität verband sich mit den materiellen Gegebenheiten der Konsumgesellschaft. Die gesellschaftliche Trans-
formationskraft der 68er-Bewegung beruhte nicht zuletzt
darauf, dass sie den scheinbaren Gegensatz zwischen dem
freien Individuum und der im Konsum homogenisierten
Gesellschaft aufhob. Im Gefühl der Saturiertheit und in
der Gewissheit des dauerhaften Wohlstands überwand sie
manche Tabus, die mit dem Postulat unbedingter Konformität verknüpft waren, und räumte Verhaltensmuster des
»Establishments« rabiat beiseite.[34]

IV. Neue Soziale und politische Bewegungen

»Mitbestimmung« und »Wertewandel« wurden zu Stich-
worten der Zeit.[35] Sie manifestierten sich in den politischen Parteien, allen voran in der vom Aufbruchsgeist
getragenen SPD, aber auch in den konfessionellen Milieus.
Kirchen- und Katholikentage waren am Ende der 1960er
Jahre Repräsentationen des soziokulturellen Wandels und
des Anspruchs auf eine demokratische, zivile und tolerante
Gesellschaft.[36] »Wir wollen mehr Demokratie wagen« –
diese Fanfare von Bundeskanzler Willy Brandt in seiner
Regierungserklärung vom 28. Oktober 1969 galt nicht nur
für die Politik[37], sondern für die Gesellschaft insgesamt.
   Die 1960er und 1970er Jahre waren von der sozialen
Ideologie und der sozialökonomischen Praxis des »Konsenses« geprägt. Im »Konsens« entstand überhaupt erst die
Möglichkeiten zur Individualität in der Massengesellschaft.
Politisch und sozial als »liberaler Konsens«, wirtschaftlich
als »kapitalistischer Konsens« bezeichnet, beherrschte dieses Ordnungsmodell die Zeit des Nachkriegsbooms von
den 1950er bis in die 1970er Jahre.[38] Wohlstand, Ausweitung der wohlfahrtsstaatlichen Gesetzgebung, Festigung

der parlamentarischen Demokratie und das Postulat gesellschaftlicher Mitbestimmung, schließlich der standardisierte
Konsum – dies alles gehörte zusammen. Die Handlungs-
muster des »liberalen Konsenses« wurden zur Grundlage
der Ausdifferenzierung der Wohlstandsbürger in der Mas-
senkonsumgesellschaft. Alle wollten jetzt ihr eigenes Ding
machen und handelten auch so. Es war ihnen gleichgültig,
dass, indem jeder sein eigenes Ding machen wollte, letztlich doch alle dasselbe taten. Das galt, wie gesehen, für die
Studentenbewegung, deren Nonkonformismus eine für die
Zeit um 1970 allumfassend konforme, wenn auch vielfach
unbewusste Selbstverständlichkeit war – Gleichheit in der
Differenz. Das galt für den Konsumbürger, der jetzt seinen
Individualurlaub in Form der Pauschalreise buchte. Und das
galt auch für die Neuen Sozialen Bewegungen, die sich um
1970 auszubreiten begannen. Individualismus in der Ge-
samtgesellschaft und Konformismus im politisch-sozialen
Biotop des persönlichen Umfelds bedingten sich offenbar
gegenseitig. Die »Autonomen« im Kontext der Neuen Sozialen Bewegungen verkörperten am Ende der 1970er Jahre
die Dialektik in der Gesellschaft des »liberalen Konsenses«
besonders markant.[39]

Wir sehen hier, wie sich der Wirtschaftsaufschwung im
Nachkriegsboom und die Herausbildung des wohlstands-
gestützten »liberalen Konsenses« in der Nachkriegsgesellschaft einerseits und andererseits die Tendenzen zur soziokulturellen Ausdifferenzierung miteinander verzahnten. In
dieses Zusammenspiel waren nach den Jahren der Studentenbewegung bis 1975 auch die Anti-Atom- und die
Friedensbewegung zwischen 1975/76 und 1983/86 eingebunden. Der zeitgeschichtliche Unterschied zwischen der
früheren und den späteren Bewegungen darf jedoch nicht
übersehen werden. Er bestand darin, dass die Aufbruchs-

stimmung seit den mittleren 1960er Jahren, die Grundstim-
mung der Studentenbewegung und der Zeitgeist, »mehr
Demokratie wagen« zu wollen, noch vollständig mit dem
Gefühl wirtschaftlicher Saturiertheit verwoben war. Der
Boom hatte zwar 1967 eine kleine Delle erhalten, setzte
sich aber gerade zu der Zeit, als die sozialliberale Koalition
1969 an die Regierung kam, noch einmal fort. Der Wohlstand schien auf Dauer gestellt zu sein, und jeglicher Protest gegen die Politik, gegen das »Establishment«, ruhte auf
der Gewissheit auf, dass es materiell keinen Mangel geben
würde und die Zukunft gesichert sei.[40]

Dieses Gefühl gab es um 1980 nicht mehr. 1973 und
1979 hatten die beiden Ölkrisen, die einen deutlichen
Anstieg der Energiekosten auslösten, den längst in Gang
befindlichen industriellen Strukturwandel verschärft und
eine Inflation ausgelöst. Seit den 1970er Jahren gerieten die
Kohlezechen und Hüttenwerke im Ruhrgebiet, die Textil-
industrien von Westfalen über den Niederrhein bis nach
Schwaben und die Werften oben an der Küste in schwere
Absatz- und Produktionskrisen. Das war nicht nur in der
Bundesrepublik so, sondern bildete bloß die (west)deutsche
Erscheinungsform eines allgemeinen Trends in den Indus-
trieländern Europas und Nordamerikas. Deshalb wandelte
sich transnational in den 1970er Jahren das gesellschaftliche
Klima. Je mehr die Traditionsindustrien ins Stottern gerieten und je weniger die Regierungen in allen Hauptstädten
mit dem seit 1960/65 gewohnten Mittel der fiskalpoliti-
schen Globalsteuerung gegen die Strukturkrise etwas aus-
richten konnten, desto entschiedener wurde um 1980 auch
die Gleichheit im Massenwohlstand in Frage gestellt. Die
Idee des »Konsenses« verblasste. Die USA und Großbritannien ergriffen die Initiative zu Gegenmaßnahmen, weil dort
der Preisanstieg besonders hoch war, die Arbeitslosenzahlen

explodierten und die Gesellschaft aus dem Gleichgewicht geriet. Die Bundesrepublik mit ihrer geringeren Inflationsrate folgte in den 1980er Jahren.[41]

Die handlungssteuernden Ordnungsvorstellungen aus der Zeit des Booms verloren ihre Geltung. An die Stelle des sozialen und liberalen »Konsenses« schob sich eine andere Ordnungsidee. Sie war auf den Wettbewerb in der Marktgesellschaft ausgerichtet und propagierte wie selbstverständlich nicht nur den Wettbewerb unter Industrieunternehmen und Konzernen, sondern ebenso unter den Arbeitnehmern. Wer nicht mithalten konnte, so hieß es jetzt, hatte sich das in erster Linie selbst zuzuschreiben. Indem Inflation und Strukturwandel hohe Arbeitslosenzahlen mit sich brachten, wirkte diese unvermutete Umwertung des Arbeitnehmers zum selbstverantwortlichen Subjekt im krisenhaften Wandel der Marktwirtschaft weit in die Gesellschaft hinein.[42] 1975 waren in der Bundesrepublik erstmals seit dem Beginn des Wirtschaftswunders eine Million Menschen arbeitslos. Der Stimmungsumschwung breitete sich rasch aus. Er brachte einesteils ratlos-aggressive Erscheinungen hervor wie den »Punk« in der Jugendkultur mit seiner Parole »No future«.[43] Andernteils brachte er politische Bewegungen hervor, deren Wurzeln in der Nachkriegszeit lagen, wie die Proteste gegen Aufrüstung und Atombewaffnung. Jetzt, im krisenhaften Zeitklima der späten 1970er Jahre, wurden sie als gesellschaftliche Herausforderung sui generis begriffen. Diese Bewegungen verschränkten sich mit dem Trend zu sozialer Differenzierung und Individualisierung und verstärkten sich noch aus dem gewachsenen Umweltbewusstsein.[44] Zugleich setzten sich die Protestformen der Studentenbewegung fort, zu denen nach gewaltfreien Anfängen bittere Krawalle gehört hatten, wie die stilbildende »Schlacht am Tegeler Weg« vom November 1968.[45]

Mit den Neuen Sozialen Bewegungen entstand in den 1970er Jahren auch eine neue politische Bewegung, die sich 1980 in einer Partei zusammenschloss: die GRÜNEN.[46] Sie bündelte verschiedene Traditionsstränge von rechts bis links, indem sie antiautoritären Anthroposophen, völkischen Ökobauern, »undogmatischen« Linken und Kommunisten aus dem westdeutschen Spektrum der K-Gruppen und manchen anderen ein politisches Dach über dem Kopf bot. Die Grünen wurden im Verlauf der Jahre zu einer Partei des linken Spektrums, aber ihr Kennzeichen bestand eben darin, dass sie im Entstehungsjahrzehnt von 1970 bis 1980 nahezu alle kritischen Tendenzen in sich aufnahmen, die bei den Bundestagsparteien CDU/CSU, SPD und FDP oder den Parteien des politischen Extremismus auf der Rechten und der Linken, NPD und DKP, keine Möglichkeit zur Entfaltung erhielten. Hier trafen Gegner der sozialen, ökonomischen und strukturellen Modernisierung – der Modernisierungsideologie des *social engineering* – mit Gegnern von autoritären Verhaltensformen im »Establishment« zusammen. Dagegen hatte schon die Studentenbewegung rebelliert, und von dort kamen auch so manche der Gründungsgrünen. Sie konstruierten Anti-Typologien. Deren erste richtete sich gegen den autoritären, nicht selten noch in der Tradition des Obrigkeitsstaates, wo nicht direkt im Nationalsozialismus ankernden Habitus vieler Beamter in den Verwaltungen, Gerichten, Schulen und Hochschulen. Die zweite galt den modernen Sozialtechniken des Wiederaufbaus und der Gesellschaftsplanung, während die dritte dieser Anti-Typologien die Industrieunternehmen mit ihren Lobbyisten in den politischen Parteien und den Ministerien betraf. So wurden die »Gründungsgrünen« zu einer gesellschaftlichen Formation, in der sich Menschen sammelten, die von der politischen Konsolidierung des demokratischen

Staats im Kalten Krieg, von der Marktwirtschaft im Nachkriegsboom und nicht zuletzt vom Konsum als kultureller Norm geprägt und in dialektischer Verschränkung damit zu entschiedenen Kritikern geworden waren. Daran gewöhnt, dass der Staat einen politisch und wirtschaftlich festen Rahmen bot, hatten sie mehr und mehr erkannt, dass solche Stabilität mit einer Mentalität der Restriktion verbunden sein konnte. Seit 1973/75 nahmen sie allerdings wahr, dass die Wirtschaftsstabilität im Gehäuse des parlamentarischen Staats nicht mehr ohne weiteres gewährleistet war.

Mit den Arbeitslosenzahlen stieg auch die Ungewissheit über die Zukunft an. Die Fortschrittseuphorie der Boomjahre schlug um in Zukunftsungewissheit. Die Grünen repräsentierten diesen Trend, und sie artikulierten auch das gesteigerte Krisenbewusstsein, das die Erosion in der sozialen, wirtschaftlichen und natürlichen Umwelt hervorrief. Sie kehrten die Idee des Fortschritts um, indem sie die Verweigerung gegenüber der industriegesellschaftlichen Wachstumsideologie als den eigentlichen Fortschritt verstehen wollten. Das Krisenbewusstsein steigerte sich zu Angst, im Kulturbetrieb wurde die Apokalypse zum Thema.[47] Soziale Verunsicherung, ökologischer Fatalismus und die Bedrohung durch »das Atom« verstärkten sich wechselseitig.[48] 1977 machte Robert Jungks Bestseller *Der Atomstaat* Furore.[49] Bereits zwei Jahre zuvor waren Ökologie und Atomprotest zum »Überlebensthema«[50] verschmolzen, als die Planungen zum Bau eines Kernkraftwerks im badischen Whyl den geballten Protest der dortigen Bevölkerung hervorriefen. Die Demonstrationen und Blockaden des Bauplatzes bildeten den Anfang der Anti-AKW-Bewegung. Sie verliefen zwar nicht völlig gewaltfrei, aber sie wiesen noch nicht die Erscheinungsformen späterer Gewalttätigkeit auf. Die Eskalation erfolgte erst im Zuge der anwachsenden

Krisenstimmung mit den Protesten gegen den Bau des Kernkraftwerks Brokdorf.[51]

V. Der zeitgeschichtliche Ort der Brokdorf-Entscheidung

Ein wichtiger Aspekt ist bisher nur angedeutet worden, und zwar die schüttere Demokratietradition in Deutschland, gegen die 1969 Bundeskanzler Willy Brandt seine Forderung gerichtet hatte, »mehr Demokratie wagen« zu wollen.[52] Je länger sich die Bundesrepublik als politisch stabiles Gemeinwesen erwies, desto notwendiger erschien es vielen Zeitgenossen, das demokratische Bewusstsein zu stärken und die Demokratie nicht nur als politische Ordnung zu betrachten, sondern sie auch zur gesellschaftlichen Lebensform werden zu lassen. Das betraf neben der Politik und dem Kulturbetrieb auch die Denk- und Handlungsgewohnheiten im Rechtswesen, in der Verwaltung und den Wissenschaften.

Die Deutschen waren noch 1965, 1970 und 1975 ein Volk mit überwiegend obrigkeitsstaatlichen und kaum nennenswerten demokratischen Gewohnheiten. Im öffentlichen Dienst arbeiteten noch 1970 zahlreiche Personen, die ihre Kindheit und Jugend im Kaiserreich und der Zeit des Ersten Weltkriegs verbracht, während der Weimarer Jahre ihre Ausbildung durchlaufen hatten und dann im Dritten Reich als Berufsanfänger tätig geworden waren. Sie brauchten nicht einmal Nationalsozialisten gewesen zu sein, um die Erinnerung an die ersten beruflichen Erfolge mit dem Dritten Reich zu verknüpfen. Wo sollten Schulung und Einübung in die Demokratie herkommen? »Mitbestimmung« war deshalb in der Nachkriegszeit, wie wir sahen, nicht nur ein gewerkschaftliches Postulat im industriellen Rahmen, sondern bildete ein politisches Orientierungsmuster, das neu war

und erst erlernt werden musste, bevor daraus Handlungs-
muster entstehen konnten. Seit der »Spiegel-Affäre« 1962
bahnte sich ein Wandel an, zuerst noch langsam, dann be-
schleunigt durch die Proteste gegen die Notstandsgesetze
1966/67 und schließlich forciert mit der Studentenbewegung.[53] Doch die berufliche Praxis so manches Verantwortlichen in den Verwaltungen, Gerichten und bei der Polizei
war bis 1970 von dieser Entwicklung noch nicht beeinflusst,
auch deshalb nicht, weil innergesellschaftlicher politischer
Protest allzu oft noch mit »Kommunismus« in Verbindung
gebracht, auf die DDR projiziert und daher rundweg abge-
lehnt wurde.

1981/85 gaben die Autoren des Brokdorf-Beschlusses
im Ersten Senat des Bundesverfassungsgerichts – der maßgebliche Autor war Helmut Simon – deutlich zu erkennen,
dass es zwischen Obrigkeitstradition und Mitbestimmungs-
postulat noch erhebliche Kontraste gab. Hier musste, ihrer
Meinung nach, etwas geschehen. Das macht den staatsbürgerlich und bürgerrechtlich so entschiedenen Grundton des
Textes aus. Darüber hinaus lässt das moralische Timbre in
einigen Partien des Urteils ein geschärftes Problembewusst-
sein spüren, das auf staatsbürgerliche Bewusstseinsbildung
im Protestantismus verweist. Immerhin drei Verfassungsrichter, Roman Herzog, Konrad Hesse und Helmut Simon,
waren engagierte protestantische Laien.[54]

Nicht zuletzt wegen dieser politisch-moralischen Entschiedenheit tat sich das Urteil allerdings schwer, die aktuelle Entwicklung angemessen einzuschätzen. Im Verlauf der
1970er Jahre und zumal in den mittleren Jahren 1975 bis
1977 hatte sich vor das Erfordernis, dass staatsbürgerliche
Mitbestimmung zum Nutzen von »mehr Demokratie« in
der Gesellschaft vonnöten sei, die neue Herausforderung
des politischen Protests bis hin zum Terrorismus geschoben.

Wenn sich die »RAF« gegen Repräsentanten des »Staats«
stellte, die in den Regierungskanzleien, den Gerichten, beim
Verfassungsschutz oder in den Industrieunternehmen »das
System« verkörperten, und wenn sich eine Sympathisanten-
szene befürwortend dazu äußerte, dann war es um den
politischen Konsens in der Gesellschaft nicht gut bestellt.
Nach wie vor richtete sich das politische Engagement unter
linken Intellektuellen mit guten Gründen gegen die konservativen, bisweilen als »faschistisch« bezeichneten, Vertreter
des staatlichen »Establishments«. Dahinter und daneben
bildeten sich allerdings kleine linksradikale Gruppen heraus,
die gewissermaßen programmatisch gewaltbereit waren. In
ihrem Verhalten vermischten sich politische Impulse mit
den kulturellen und wirtschaftlichen Motiven, die nach dem
Ende der Boom-Epoche keinen Fortschritt, keine Zukunft
für sich zu erkennen vermochten. »No future« war keineswegs nur eine Parole des Punk, sondern auch Ausdruck
einer Zeitstimmung in der jungen Generation am Ende der
1970er Jahre.

Wenn nun Polizei und Verwaltung im Zuge der Anti-
AKW-Proteste mit Strategien der Behinderung und Re-
pression auf die Ankündigung von Massendemonstrationen
reagierten, weil sie mit einer Anzahl gewaltbereiter Teilneh-
mer rechneten, stellte sich die Frage nach dem Verhalten des
Staats gegenüber der Bevölkerung neu. War der freiheitliche
Charakter des demokratischen Gemeinwesens in Gefahr,
oder besaßen Polizei und Verwaltungen nur nicht genügend
Vorstellungskraft, um mit neuen Formen gesellschaftlichen
Protests angemessen umzugehen?

1976/77 und noch 1981 wurde die Polizei von den Gerichten und der Verwaltung gestützt, wenn sie hart, auch
unangemessen hart, gegen Teilnehmer von Demonstrationen vorging. Die Massendemonstration war etwas Neues,

Ungewohntes. Im gesamten Zeitraum seit den 1960er Jahren hatte sich der offene Protest in Form von Demonstrationen oder Straßenschlachten tiefgreifend verändert. Wie wir sahen, gingen die Demonstrationen der Studentenbewegung in offenen Kampf mit der Polizei über, weil sich diese von Anfang an unangemessen gewalttätig gegenüber den Demonstranten verhalten hatte. Seit den späten 1970er Jahren hausten sich dann die erwähnten kleineren gewaltbereiten Gruppen, der alsbald so genannte »Schwarze Block«, in die Massendemonstrationen der Anti-Atom-Bewegung und seit 1981/83 der Friedensbewegung ein. Aggressivität und Gewaltbereitschaft auf Seiten der Polizei ließen nicht auf sich warten. Demonstrationen konnten zu bürgerkriegsähnlichen Schlachten werden, wie das beim Kampf um besetzte Häuser in einigen Großstädten 1980/81 oder seit 1987 im jährlichen Krawall am 1. Mai in Berlin der Fall war.

Als das Brokdorf-Urteil gesprochen wurde, hatte sich vor das berechtigte, zeitgeschichtlich längst überfällige staatsbürgerliche und bürgerrechtliche Anliegen des Bundesverfassungsgerichts bereits eine neue Verhaltensform der gewaltbereiten Ablehnung der Staatsmacht, wo nicht des Staates, geschoben. Postulierte das Brokdorf-Urteil die »Willensbildung vom Volk zu den Staatsorganen und nicht umgekehrt«, so wurde nahezu zeitgleich das Vorgehen der Polizei bei Demonstrationen und Massenveranstaltungen erneut verschärft. Staatsmacht und »Schwarzer Block« standen sich dann wie feindliche Truppen gegenüber. Zumindest auf dieser Ebene war es mit »Kommunikation« und »Kooperation« vorbei.

Was folgt daraus? Das Urteil muss vor dem Hintergrund des politischen Neuaufbaus in den 1950er Jahren gelesen werden. Die Erfahrung der Weimarer Republik spielte darin

eine wichtige, wo nicht die entscheidende Rolle. Die Hit-
ler-Zeit war in der Erinnerung präsent, und im Verhalten
wirkte sie noch lange weiter. Autoritärer Stil auf der einen
Seite und verunsichertes Auftreten der Väter, der Lehrer
und der vielen andere amtlichen Autoritäten auf der anderen Seite kennzeichneten den Umgang in vielen Familien
ebenso wie in staatlichen Institutionen. Weimar und die Ära
Adenauer stehen am Anfang der Meinungsbildung bei den
Richtern des Ersten Senats.

Auf den Seiten 344 ff. der Entscheidung geht es um
die Meinungsfreiheit. Den Bezug bildete das KPD-Urteil
des Bundesverfassungsgerichts von 1956[55], das in Ergänzung des Verbotsurteils gegen die NSDAP-Nachfolgepartei
SRP aus dem Jahr 1952[56] die Kriterien für die »wehrhafte«
respektive »streitbare« Demokratie darlegte. Hier wurde
die »freiheitliche demokratische Grundordnung« definiert,
die in den 1970er und 1980er Jahren im Zuge des gesellschaftlichen Wandels und der sich ausbreitenden Kritik an
den Repräsentanten des Staats dann als »FDGO« geschmäht
wurde. Kennzeichen der Urteile gegen SRP und KPD war
es, dass vor dem Erfahrungshintergrund der 1920er Jahre
jetzt die Sicherung der staatlichen Institutionen in der
jungen Bundesrepublik eindeutig den Vorrang erhielt vor
jeder Förderung breitenwirksamer demokratischer Urteilsbildung. Institutionensicherung ging vor, staatsbürgerliches
Training zu politisch-gesellschaftlicher Mitverantwortung
blieb nachrangig. Das hat die westdeutsche Gesellschafts-
geschichte der Nachkriegszeit bis in die 1970er Jahre deutlich geprägt.

Daraus haben die Richter die Konsequenz gezogen. Mit
Entschiedenheit stellten sie sich auf die Seite des Staats-
bürgers, des politisch engagierten Einzelnen. Eine in dieser
Hinsicht zentrale Aussage findet sich auf Seite 346:

In einer Gesellschaft, in welcher der direkte Zugang zu den Medien und die Chance, sich durch sie zu äußern, auf wenige beschränkt ist, verbleibt dem Einzelnen neben seiner organisierten Mitwirkung in Parteien und Verbänden im allgemeinen nur eine kollektive Einflußnahme durch Inanspruchnahme der Versammlungsfreiheit für Demonstrationen. Die ungehinderte Ausübung des Freiheitsrechts wirkt nicht nur dem Bewußtsein politischer Ohnmacht und gefährlichen Tendenzen zur Staatsverdrossenheit entgegen. Sie liegt letztlich auch deshalb im wohlverstandenen Gemeinwohlinteresse, weil sich im Kräfteparallelogramm der politischen Willensbildung im allgemeinen erst dann eine relativ richtige Resultante herausbilden kann, wenn alle Vektoren einigermaßen kräftig entwickelt sind.

Bemerkenswert ist in diesem Zusammenhang der im Urteilstext verschiedentlich geäußerte Hinweis, dass sich politisches Verhalten und richterliche Urteilsbildung »nach den jeweils herrschenden sozialen und ethischen Anschauungen« zu richten hätten, mithin, dass gesellschaftlicher Wandel nicht ignoriert oder gar bekämpft werden dürfe.

Reflexionen über das Verhältnis von repräsentativer Demokratie und der Forderung nach Plebiszit sowie kritische Bemerkungen über den Lobbyismus geben andeutungsweise zu erkennen, dass zum Zeitpunkt des Urteils, 1985, der inzwischen längst erfolgte Schulterschluss zwischen Staat und Energiewirtschaft mit erheblicher Skepsis beurteilt wurde. Der Verweis auf die Sicherung vorhandener oder Schaffung neuer Arbeitsplätze, der allenthalben erfolgte, offenbarte das Dilemma der ökonomischen Krise seit 1975 mit dem gewaltigen, politisch nicht zu bewältigenden Anstieg der Arbeitslosigkeit.

Entscheidend aber ist, dass das Urteil zwei Punkte besonders betont. Das ist zuerst die Verpflichtung aller auf die freiheitliche demokratische Ordnung. Das ist sodann die Aufgabe des Gesetzgebers, den sozialen Wandel mitzuvoll-

ziehen. Die Freiheit der Meinungsäußerung *muss* den Vorrang haben vor jeder Form der Repression. Das war nicht
nur ein Denken in den Kategorien des Konsenses, wie er
sich in Staat und Wirtschaft seit 1955/60 herausgebildet
hatte, bevor er nach 1975 zusehends verfiel. Es war auch
ein Denken in historischen Bezügen, wonach die Weimarer
Republik erfolglos blieb, weil sie weder die Zeit, noch die
genügend erfahrenen, entschlossenen Staatsbürger hatte,
um die Gesellschaft aus den Traditionen der Obrigkeits-
fixierung zu lösen und die Demokratie als gesellschaftliche
Aufgabe ins allgemeine Bewusstsein zu heben.[57]

---

[1] Vgl. Franz-Josef Brüggemeier, *Tschernobyl, 26. April 1986. Die
ökologische Herausforderung*, München 1998.

[2] Ira Chernus, *Eisenhower's Atoms for Peace*, College Station, TX
2002, XI–XIX, Text der Rede: 79–117.

[3] Vgl. David Holloway, »Nuclear Weapons and the Escalation of
the Cold War 1945–1962«, in: Melvyn P. Leffler/Odd Arne Westad
(Hgg.), *The Cambridge History of the Cold War. Bd 1: Origins*, Cambridge 2010, 376–397; Jessica C. E. Gienow-Hecht, »Culture and
the Cold War«, in: ebd., 398–419, 415 (Leffler/Westad [Hgg.]: Cold
War).

[4] Lawrence S. Wittner, *One World or None. A History of the World
Nuclear Disarmament Movement Through 1953*, Stanford, CAL 1993,
175–205. (Wittner, One World or None).

[5] Siehe die Dokumentation des Deutschen Historischen Museums,
in: *DHM-Magazin* 9 (1999), 33–47.

[6] *New York Times*, 13. Juli 1950. Hier zit. n. Wittner, *One World
or None*, 272.

[7] Vgl. Peter Coleman, *The Liberal Conspiracy. The Congress for Cultural Freedom and the Struggle for the Mind of Postwar Europe*, New York
1989; Michael Hochgeschwender, *Freiheit in der Offensive? Der Kongress
für kulturelle Freiheit und die Deutschen*, München 1998.

[8] Vgl. mit weiteren Nachweisen Anselm Doering-Manteuffel, »Im
Kampf um ›Frieden‹ und ›Freiheit‹. Über den Zusammenhang von

Ideologie und Sozialkultur im Ost-West-Konflikt«, in: Hans Günter Hockerts (Hg.), *Koordinaten deutscher Geschichte in der Epoche des Ost-West-Konflikts*, München 2004, 29–47.

[9] Vgl. Jeremi Suri, »Counter-cultures: The Rebellions against the Cold War Order 1965–1975«, in: Melvyn P. Leffler/Odd Arne Westad (Hgg.): *The Cambridge History of the Cold War. Bd. 2: Crises and Détente*, Cambridge 2010, 460–481; Jan-Werner Müller, »The Cold War and the Intellectual History of the Late Twentieth Century«, in: ebd. *Bd. 3: Endings*, Cambridge 2010, 1–22; vgl. die Beiträge im Abschnitt »Wege aus der Gefahr?«, in: Bernd Greiner u.a. (Hgg.), *Macht und Geist im Kalten Krieg. Studien zum Kalten Krieg. Bd. 5*, Hamburg 2011, 415–536; sowie: Wolfgang Eichwede (Hg.), *Samizdat. Alternative Kultur in Zentral- und Osteuropa: Die 60er bis 80er Jahre*, Bremen 2000; Włodzimierz Borodziej, *Geschichte Polens im 20. Jahrhundert*, München 2010, 360–372, 366f.; Klaus Ehring/Martin Dallwitz, *Schwerter zu Pflugscharen. Friedensbewegung in der DDR*, Reinbek 1982.

[10] Vgl. Axel Schildt/Detlef Siegfried, *Deutsche Kulturgeschichte. Die Bundesrepublik – 1945 bis zur Gegenwart*, München 2009, wo die Probleme der Atomkraft erst im Kontext der Neuen Sozialen Bewegungen angesprochen werden: 365–385, 369ff.

[11] Man knüpfte an Vorbilder aus der Zwischenkriegszeit an. Siehe Yves Santamaria, »Massenorganisation und ›Friedenskampf‹: der Amsterdamer Kongress«; Michel Dreyfus, »Willi Münzenberg und die Massenorganisationen der Komintern (1923–1936)«, in: Tania Schlie/Simone Roche (Hgg.), *Willi Münzenberg (1899–1940). Ein deutscher Kommunist im Spannungsfeld zwischen Stalinismus und Antifaschismus*, Frankfurt a.M. u.a. 1995, 103–111; 125–139.

[12] Paul S. Boyer, *By the Bomb's Early Light. American Thought and Culture at the Dawn of the Atomic Age*, New York 1985; Bernd Greiner u.a. (Hgg.), *Angst im Kalten Krieg. Studien zum Kalten Krieg. Bd. 3*, Hamburg 2009. Siehe dazu auch die Ausführungen von Bernd Greiner in diesem Band.

[13] Vgl. Ira Chernus, *Apocalypse Management. Eisenhower and the Discourse of National Security*, Stanford, CAL 2008; Wittner, *One World or None*.

[14] Ilona Stölken-Fitschen, *Atombombe und Geistesgeschichte. Eine Studie der fünfziger Jahre aus deutscher Sicht*, Baden-Baden 1995, 155–166. Die Bezeichnung »Atom-Messe« und »Atom-Ausstellung« gebrauchte die *Süddeutsche Zeitung* vom 11.8.1955. Ebd., 157.

[15] Vgl. dazu die Präambel des Vertrages: BGBl II 1957/23, 1018.

[16] Joachim Radkau, *Aufstieg und Krise der deutschen Atomwirtschaft 1945–1975. Verdrängte Alternativen und der Ursprung der Kontroverse*, Reinbek 1983, 196–258.

[17] Werner Heisenberg/Elisabeth Heisenberg, *»Meine liebe Li!« Der Briefwechsel 1937–1946*. Hg. von Anna Maria Hirsch-Heisenberg, St. Pölten/Salzburg 2011, 200 und passim; Rainer Karlsch, *Hitlers Bombe. Die geheime Geschichte der deutschen Kernwaffenversuche*, München 2005, 115–138.

[18] Axel Schildt, »›Atomzeitalter‹ – Gründe und Hintergründe der Proteste gegen die atomare Bewaffnung der Bundeswehr Ende der fünfziger Jahre«, in: *»Kampf dem Atomtod!« Die Protestbewegung 1957/58 in zeithistorischer Perspektive*, Hamburg 2009, 39–56; Eckart Conze, *Die Suche nach Sicherheit. Eine Geschichte der Bundesrepublik Deutschland von 1949 bis in die Gegenwart*, München 2009, 290–297. (Conze, Suche nach Sicherheit).

[19] Hartmut Soell, *Fritz Erler. Eine politische Biographie*, Berlin 1976, 267–272; Kurt Klotzbach, *Der Weg zur Staatspartei. Programmatik, praktische Politik und Organisation der deutschen Sozialdemokratie 1945–1965*, Berlin/Bonn 1982, 371–374; vgl. Christoph Nonn, *Die Ruhrbergbaukrise. Entindustrialisierung und Politik 1958–1969*, Göttingen 2001, 143. (Nonn, Ruhrbergbaukrise).

[20] *Grundsatzprogramm der Sozialdemokratischen Partei Deutschlands – Beschlossen vom außerordentlichen Parteitag der Sozialdemokratischen Partei Deutschlands vom 13. bis 15. November 1959*. Hg. vom Vorstand der Sozialdemokratischen Partei Deutschlands, Bonn 1959, 5.

[21] Ludwig Erhard, *Wohlstand für alle*, Düsseldorf/Wien 1957.

[22] Vgl. dazu Anselm Doering-Manteuffel/Lutz Raphael, *Nach dem Boom. Perspektiven auf die Zeitgeschichte seit den 1970er Jahren*, Göttingen [3]2012; Axel Schildt, »Materieller Wohlstand – pragmatische Politik – kulturelle Umbrüche: Die 60er Jahre in der Bundesrepublik«, in: ders. u. a. (Hgg.), *Dynamische Zeiten. Die 60er Jahre in beiden deutschen Gesellschaften*, Hamburg 2000, 21–53. (Schildt u. a. (Hgg.), Dynamische Zeiten).

[23] Vgl. Thomas Etzemüller, »Social engineering als Verhaltenslehre des kühlen Kopfes«, in: Ders. (Hg.), *Die Ordnung der Moderne. Social Engineering im 20. Jahrhundert*, Bielefeld 2009, 11–39.

[24] Vgl. Nonn, *Ruhrbergbaukrise*; Karl Lauschke, »Von der Krisenbewältigung zur Planungseuphorie. Regionale Strukturpolitik und Landesplanung in Nordrhein-Westfalen«, in: Matthias Frese u. a. (Hgg.),

Demokratisierung und gesellschaftlicher Aufbruch. Die sechziger Jahre als Wendezeit der Bundesrepublik, Paderborn u. a. 2003, 451–471.

[25] Anderer Auffassung ist Werner Abelshauser, *Deutsche Wirtschaftsgeschichte seit 1945*, Bonn 2004, 22–28.

[26] Vgl. Michael Wildt, *Am Beginn der »Konsumgesellschaft«. Mangelerfahrung, Lebenshaltung, Wohlstandshoffnung in Westdeutschland in den fünfziger Jahren*, Hamburg 1994; Axel Schildt, *Moderne Zeiten. Freizeit, Massenmedien und »Zeitgeist« in der Bundesrepublik der 50er Jahre*, Hamburg 1995; Hartmut Kaelble, *Sozialgeschichte Europas. 1945 bis zur Gegenwart*, München 2007, 87–118.

[27] Alexander Nützenadel, *Stunde der Ökonomen. Wissenschaft, Politik und Expertenkultur in der Bundesrepublik 1949–1974*, Göttingen 2005, 279 ff.

[28] Die Formulierung stammt von Hermann Glaser, ein Druckort ist nicht nachweisbar. Vgl. insgesamt ders., *Die Kulturgeschichte der Bundesrepublik Deutschland. Bd. 2: Zwischen Grundgesetz und Großer Koalition 1949–1967*, Frankfurt a. M. 1990.

[29] Das war eine viel belächelte und später zum Maßstab gewordene Aussage des SPD-Kandidaten Willy Brandt im Wahlkampf zur Bundestagswahl 1961. Siehe dazu Franz-Josef Brüggemeier / Thomas Rommelspacher, *Blauer Himmel über der Ruhr. Geschichte der Umwelt im Ruhrgebiet 1840–1990*, Essen 1992.

[30] Dennis L. Meadows / Donella H. Meadows, *Die Grenzen des Wachstums. Bericht des Club of Rome zur Lage der Menschheit*, Stuttgart 1972.

[31] Alexander und Margarete Mitscherlich, *Die Unfähigkeit zu trauern. Grundlagen kollektiven Verhaltens*, München 1967. Vgl. Conze, *Suche nach Sicherheit*, 227–289; Peter Reichel, *Vergangenheitsbewältigung in Deutschland. Die Auseinandersetzung mit der NS-Diktatur von 1945 bis heute*, München 2001.

[32] Siehe dazu Detlef Siegfried, »Zwischen Aufarbeitung und Schlußstrich. Der Umgang mit der NS-Vergangenheit in den beiden deutschen Staaten 1958 bis 1969«; Jörg Requate, »Standespolitik als Gesellschaftspolitik. Zur Debatte um den Reformbedarf der Justiz in den 60er Jahren«; Anselm Doering-Manteuffel, »Eine neue Stufe der Verwestlichung? Kultur und Öffentlichkeit in den 60er Jahren«, in: Schildt u. a. (Hgg.), *Dynamische Zeiten*, 77–113; 424–443; 661–672.

[33] Vgl. Robert Lorenz / Franz Walter (Hgg.), *1964. Das Jahr, mit dem »68« begann*, Bielefeld 2014.

[34] Vgl. Heinz Bude, *Bilanz der Nachfolge. Die Bundesrepublik und der Nationalsozialismus*, Frankfurt a. M. 1992; Christian Schneider u. a., *Das Erbe der Napola. Versuch einer Generationengeschichte des Nationalsozialismus*, Hamburg 1996; Gerd Koenen, *Vesper, Ensslin, Baader. Urszenen des deutschen Terrorismus*, Köln 2003.

[35] Einer der einflussreichsten Programmtexte zum Problemfeld gesellschaftlicher Mitbestimmung war das Buch von Ralf Dahrendorf, *Bildung ist Bürgerrecht. Plädoyer für eine aktive Bildungspolitik*, Hamburg 1965. Vgl. Heiner Meulemann, *Werte und Wertewandel. Zur Identität einer geteilten und wieder vereinten Nation*, Weinheim / München 1996, 94–109; Peter Graf Kielmansegg, *Nach der Katastrophe. Eine Geschichte des geteilten Deutschland*, Berlin 2000, 428 f., 444–453; Doering-Manteuffel / Raphael, *Nach dem Boom*, 39–52, 79–84.

[36] Vgl. Michael J. Inacker, *Zwischen Transzendenz, Totalitarismus und Demokratie. Die Entwicklung des kirchlichen Demokratieverständnisses von der Weimarer Republik bis zu den Anfängen der Bundesrepublik*, Neukirchen-Vluyn 1994; Lutz von Padberg / Burghard Affeld, *Umstrittener Kirchentag. Berichte, Analysen und Kommentare zum Deutschen Evangelischen Kirchentag 1949–1985*, Wuppertal 1985; Rüdiger Runge / Christian Krause (Hgg.), *Zeitansage: 40 Jahre Deutscher Evangelischer Kirchentag*, Stuttgart 1989; Thomas Großmann, *Zwischen Kirchen und Gesellschaft. Das Zentralkomitee der deutschen Katholiken 1945–1970*, Mainz 1991, 181–186, 272–275 (zu den Katholikentagen 1966 und 1968).

[37] Peter Merseburger, *Willy Brandt 1913–1992. Visionär und Realist*, Stuttgart / München 2002, 578 f. (Merseburger, Willy Brandt).

[38] Siehe dazu Anselm Doering-Manteuffel, »Westernisierung. Politisch-gesellschaftlicher Wandel in der Bundesrepublik bis zum Ende der 60er Jahre«, in: Schildt u. a. (Hgg.), *Dynamische Zeiten*, 311–341; Julia Angster, *Konsenskapitalismus und Sozialdemokratie. Die Westernisierung von SPD und DGB*, München 2003.

[39] Zum Phänomen der Autonomen siehe Sebastian Haunss, »Antiimperialismus und Autonomie – Linksradikalismus seit der Studentenbewegung«, in: Roland Roth / Dieter Rucht (Hgg.), *Die sozialen Bewegungen in Deutschland seit 1945. Ein Handbuch*, Frankfurt a. M. 2008, 447–473.

[40] Vgl. den Abschnitt »Sicherheit in der (post)industriellen Gesellschaft« im Beitrag von Martin H. Geyer, »Rahmenbedingungen: Unsicherheit als Normalität«, in: *Geschichte der Sozialpolitik in Deutschland. Bd. 6: Bundesrepublik Deutschland 1974–1982. Neue Herausforderun-*

gen, wachsende Unsicherheiten, hg. von dems., Baden-Baden 2008, 68–87.

[41] Conze, *Suche nach Sicherheit*, 545–578; Tony Judt, *Die Geschichte Europas seit dem Zweiten Weltkrieg*, Bonn 2006, 512–517, nennt für die Inflation diese Zahlen: 1974/75 in Großbritannien 24 %, in den USA 12 %; 1980 in Großbritannien 20 %, in den USA 14 %. In der Bundesrepublik betrug sie 8 %.

[42] Vgl. Richard Sennet, *The Corrosion of Character*, New York 1998 (dt: *Der flexible Mensch*, Berlin 2006); ders., *Die Kultur des neuen Kapitalismus*, Berlin 2007.

[43] Vgl. Fernando Esposito: »No Future – Symptome eines Zeit-Geists im Wandel«, in: Morten Reitmayer / Thomas Schlemmer (Hgg.), *Die Anfänge der Gegenwart. Umbrüche in Westeuropa nach dem Boom*, München 2014, 95–108.

[44] Vgl. Albrecht Weisker, »Powered by Emotion? Affektive Aspekte in der westdeutschen Kernenergiegeschichte zwischen Technikvertrauen und Apokalypseangst«, in: Franz-Josef Brüggemeier / Jens Ivo Engels (Hgg.), *Natur- und Umweltschutz nach 1945. Konzepte, Konflikte, Kompetenzen*, Frankfurt a. M. 2005, 203–221.

[45] Vgl. Manfred Görtemaker, *Geschichte der Bundesrepublik Deutschland. Von der Gründung bis zur Gegenwart*, München 1999, 485f; Arnulf Baring, *Machtwechsel. Die Ära Brandt-Scheel*, Berlin 1998, 90; Kristina Schulz, »Studentische Bewegungen und Protestkampagnen«, in: Roth / Rucht (Hgg.), *Die sozialen Bewegungen*, 417–446, 441.

[46] Die maßgebende Studie zur Entstehungsgeschichte ist Silke Mende, *»Nicht rechts, nicht links, sondern vorn.« Eine Geschichte der Gründungsgrünen*, München 2011. (Mende, »Nicht rechts«).

[47] »Daß die Apokalypse Konjunktur hat, bedarf kaum noch des Nachweises. Bei der Zeitungslektüre und im Fernsehen, im Kino und Theater, auf den Titelseiten neuer Romane und Sachbücher begegnet uns fortwährend das ominöse Wort oder der Hinweis darauf, wofür es gewöhnlich gebraucht wird: Weltuntergang.« Klaus Vondung, *Die Apokalypse in Deutschland*, München 1988, 7.

[48] Mende, *»Nicht rechts«*, 372–387.

[49] Robert Jungk, *Der Atomstaat. Vom Fortschritt in die Unmenschlichkeit*, München 1977.

[50] Vgl. Mende, *»Nicht rechts«*, 378.

[51] Vgl. Ulrich Eith, »›Nai hämmer gsait!‹ – stilbildender ziviler Widerstand in Whyl am Kaiserstuhl«, in: Reinhold Weber (Hg.), *Auf-*

bruch, Protest und Provokation. Die bewegten 70er- und 80er-Jahre in Baden-Württemberg, Darmstadt 2013, 35–53.

[52] Siehe: Merseburger, *Willy Brandt.*

[53] Vgl. Edgar Wolfrum, *Die geglückte Demokratie. Geschichte der Bundesrepublik Deutschland von ihren Anfängen bis zur Gegenwart*, Stuttgart 2006, 209–216; Jürgen Seifert (Hg.), *Die Spiegel-Affäre. 2 Bde.*, Olten / Freiburg i. Br. 1966.

[54] Siehe dazu den Beitrag von Lepsius / Doering-Manteuffel in diesem Band.

[55] BVerfGE 5 (1956), 85–393.

[56] BVerfGE 2 (1953), 1–79.

[57] Zur kritischen Reflexion über diese verbreitete Sicht vgl. Tim B. Müller, *Nach dem Ersten Weltkrieg. Lebensversuche moderner Demokratien*, Hamburg 2014.

Versammlungsrecht und gesellschaftliche Integration

Oliver Lepsius

I. Die grundsätzliche Bedeutung der Entscheidung

Massenproteste breiter Bevölkerungskreise mit bis dato unbekannten Teilnehmerzahlen stellten ein neues gesellschaftliches Phänomen dar.[1] An der Demonstration vor dem Atomkraftwerk in Brokdorf am 28. Februar 1981 nahmen über 50 000 Menschen teil, an der Friedensdemonstration im Bonner Hofgarten am 10. Oktober 1981 über 300 000. Unterstützung in breiten Bevölkerungskreisen fanden auch die Sitzblockaden vor US-amerikanischen Depots und Kasernen oder die Menschenkette von Stuttgart nach Ulm gegen die Stationierung der Pershing-II-Raketen am 22. Oktober 1983 mit erneut ca. 300 000 Teilnehmern. Die Verhaltensformen der Friedens- und Anti-Atom-Bewegung fanden in mehreren Entscheidungen des Bundesverfassungsgerichts ihren besonderen Niederschlag, die allesamt als wichtige Entscheidungen das Verfassungsrecht der Bundesrepublik Deutschland fortgebildet haben. In der Rechts- und Verfassungsentwicklung hat die Friedens- und Anti-Atom-Bewegung jedenfalls bleibende Spuren hinterlassen. Der Brokdorf-Beschluss vom 14. Mai 1985[2] ist daher nicht nur die erste große Leitentscheidung zur Versammlungsfreiheit, sondern auch eine Entscheidung mit symptomatischer Bedeutung für die Entwicklung des

politischen Systems der Bundesrepublik durch Verfassungsrechtsprechung.

Der Beschluss spielte zunächst für die Entwicklung des
Demonstrationsrechts in der Bundesrepublik eine zentrale
Rolle. Er gilt als die Leitentscheidung zu neuen Formen des
Bürgerprotestes und zur Integration der Anti-Atom- und
der Friedensbewegung in die Gesellschaft. Da die Neuen
Sozialen Bewegungen ihre Oppositionshaltung und ihren
Reformwillen nicht selten mit dem Mittel des Massenpro-
tests artikulierten, kommt dem Brokdorf-Beschluss auch
in dieser Hinsicht eine paradigmatische Bedeutung zu. Die
Bewegungen gingen, um die nötige Aufmerksamkeit und
Empörung zu wecken, nicht selten bis an den Rand des
Erlaubten. Hin und wieder testeten sie diesen Rand auch
bewusst aus, um ihr Protestanliegen durch exzessive Gegenwehr der staatlichen Kräfte nicht nur inhaltlich, sondern
auch formell zu legitimieren.

Das Bundesverfassungsgericht gab eine vermittelnde, ausgleichende Linie vor, die das altehrwürdige Versammlungsrecht an die Formen des massenhaften Bürgerprotests an-
passte und das Recht weder zugunsten der Ordnungskräfte
noch zugunsten des Bürgerprotests anwendete. Der Brokdorf-Beschluss markiert in der bundesdeutschen Geschichte
einen Wendepunkt. Vor 1985 pflegte Massenprotest in der
Bundesrepublik als illegitimer Angriff auf das wohlgeord-
nete Gemeinwesen beäugt zu werden. Dabei schaukelte sich
die Auseinandersetzung oft an der Frage hoch, ob eine Protestform noch rechtmäßig oder schon rechtswidrig sei. An
die Stelle einer inhaltlichen Debatte trat dann ein Stellver-
treterkampf um die Formen, die im Rechtsstaat erlaubt sind,
und die Gegenwehr, die von den Behörden im Rechtsstaat
praktiziert werden darf. Ein exzessiver Einsatz von Polizeikräften und unverhältnismäßige Maßnahmen gegen Störer

führten nicht zur Wiederherstellung der öffentlichen Sicherheit und Ordnung, sondern bewirkten in nicht wenigen Fällen das Gegenteil: Der Staat setzte sich in den Augen vieler ins Unrecht, wenn er rabiat gegen Protestierende vorging, mochte er dazu auch materiell-rechtlich befugt sein. Maßlose, an einen Polizeistaat erinnernde Maßnahmen führten nur allzu oft zu einer Solidarisierung auch solcher Gruppen, die die Ziele der Protestierenden nicht unbedingt teilten. Aus Sympathisanten wurden durch staatliche Eskalation Aktivisten. So schaukelten sich Protestbewegungen nicht um der Sache, sondern um der Form willen hoch.

Man denke nur an die Schwabinger Krawalle 1962, die das Grundmuster vorgaben.[3] Der Sachverhalt war eigentlich unbedeutend. An lauen Sommerabenden entdeckten Schwabinger Studenten und Bohemiens das Straßenleben und gerieten alsbald in einen Konflikt mit der arbeitenden Bevölkerung, die auf ihrer Nachtruhe bestand. Die Polizei schritt ein und drängte die jungen Leute ab. Diese sahen im kommunikativen Gebrauch des öffentlichen Raums kein Unrecht. Am nächsten Abend kamen sie wieder und waren zahlreicher. Das Spiel wiederholte sich. Es kam zu Großeinsätzen mit berittener Polizei und Massenverhaftungen. Der Nachbarschaftsstreit war zum Generationenkonflikt eskaliert. Es ging nicht mehr um Gospelsongs auf dem Wedekindplatz, sondern um die Demaskierung des Polizeistaats. Bereits die Schwabinger Krawalle fanden übrigens ein gerichtliches Nachspiel, das am Ende auch das Bundesverwaltungsgericht beschäftigte. Dieses führte aus diesem Anlass einen neuen Rechtsbehelf ein, um den Rechtsschutz zu gewähren, den der Bayerische Verwaltungsgerichtshof als Vorinstanz verworfen hatte.[4]

Im Verlauf von »1968« wiederholte sich dieser Prozess des Austestens der Legalität zum Zweck der Entlegitimierung der staatlichen Ordnungskräfte im bundesweiten Maßstab mit den bekannten Solidarisierungen und Radikalisierungen, die den Einsatz von Gummiknüppeln, Wasserwerfern oder Einkesselungen zur Folge hatten. Eine harte Linie wurde später auch gegen Sympathisanten der Hausbesetzerszene an den Tag gelegt. Als es 1981 nach einer Filmvorführung im Nürnberger Jugendzentrum KOMM zu Sachbeschädigungen durch Demonstranten kam, zeigten Polizei, Staatsanwaltschaft und Ermittlungsrichter mit Massenverhaftungen von Jugendlichen »Flagge gegen die zunehmende Eskalation des Straßenterrors«.[5] Diese in weiten Teilen rechtswidrigen Inhaftierungen bewirkten am Ende nur die Radikalisierung von jugendlichen Sympathisanten, anstatt eine Gesprächskultur und Deeskalation zu fördern und weiterem Zulauf zur Hausbesetzerszene vorzubeugen. Da auch Kinder aus dem bürgerlichen Establishment eingesperrt worden waren, kam es zu einer breiten gesellschaftlichen Kritik am martialischen Vorgehen der Rechtspflege. Außerhalb Bayerns wurde der Einsatz als kontraproduktiv empfunden und Bundeskanzler Schmidt nannte ihn gar einen »Exzess«.[6]

Die bürgerliche Gesellschaft war weithin nicht in der Lage mit Massenprotest umzugehen, verschlimmbesserte diese eher. Sie rief nach der Polizei, der bei Rechtsverletzungen nichts anderes übrig blieb als einzuschreiten. Die politischen Institutionen versagten in ihrem Auftrag, der Polizei das rechte Maß aufzuzeigen. Am Ende bewältigte das Bundesverfassungsgericht das Problem der sich aufschaukelnden Eskalation. Es nutzte die im Rechtlichen etwas abseitig gelegene Konstellation des Brokdorf-Falles, um Grundsätzliches zur demokratischen Notwendigkeit und generationellen Integration des Massenprotests zu sagen und außerdem das geltende Versammlungsrecht in zentralen Punkten umzugestalten und anzupassen.

Die Aussagen des Urteils können in sieben Kernpunkten zusammengefasst werden: (1) Die Protestkultur wird als eine legitime Ausdrucksform der Demokratie gewürdigt. Mit dem Bundesverfassungsgericht anerkennt ein Verfassungsorgan der Bundesrepublik Deutschland die Legitimität von Großdemonstrationen. (2) Ihre Durchführung ist nicht nur grundrechtlich verbrieft, sondern auch Teil der gelebten Demokratie, in der ansonsten nicht jeder gleiche Teilhabe- und Mitspracherechte hat. (3) Der Staat trägt daher eine Verpflichtung, aus übergeordnetem gesamtstaatlichem Interesse an der Demokratie die Durchführung von Demonstrationen zu gewährleisten und sich nicht nur auf seine Aufgabe zu konzentrieren, die öffentliche Sicherheit zu schützen. Damit gerät der Staat in eine Doppelverpflichtung: Schutz der Sicherheit bei gleichzeitigem Schutz der Demonstration. (4) Das setzt die Kooperation von Veranstaltern und Sicherheitskräften voraus. Beide müssen vertrauensbildende Maßnahmen ergreifen, um sich abzusprechen. (5) Einzelne Gewalttäter, die sich unter die friedlichen Demonstranten mischen, dürfen nicht zum Anlass genommen werden, die Demonstration insgesamt als unfriedlich zu verbieten und aufzulösen. Störer sind zu isolieren. Dabei müssen die Veranstalter mithelfen. (6) Ein *cordon sanitaire* zwischen den Sicherheitskräften und den Demonstranten sollte Eskalationen vermeiden helfen. (7) In diesem Lichte wird das bestehende Versammlungsgesetz verfassungskonform ausgelegt. Wichtige Bestimmungen, wie zum Beispiel die Formerfordernis der Anmeldung oder die Auflösungstatbestände, bekommen einen anderen Sinn.

Diese Entscheidung hat nicht nur das Grundrecht auf Versammlungsfreiheit inhaltlich neu konzipiert, sie gewährt Versammlungsschutz auch im Falle von militanten und gewaltbereiten Kräften, die sich unter die friedlichen De-

monstranten mischen. Das Bundesverfassungsgericht verhinderte, dass gewaltbereite Kräfte zum Anlass für eine Versammlungsauflösung werden konnten. Wenige Unfriedliche
können seitdem nicht mehr den Grundrechtsgebrauch der
Friedlichen diskreditieren. Die Entscheidung förderte die Integration der friedlichen Teilnehmer in rechtsstaatliche Verhaltensformen und belegte ihnen gegenüber, dass das Recht
kein Eingriffstitel der Herrschenden ist. Der Integrations-
und Edukationseffekt der Entscheidung kann kaum unterschätzt werden: gegenüber Demonstranten genauso wenig
wie gegenüber den Sicherheitsbehörden und Rechtspoliti-
kern, die das Demonstrationsstrafrecht verschärfen wollten.[7]

Das Versammlungsrecht wird im Übrigen aus einer de-
mokratie-funktionalen Integrationsperspektive betrachtet.
Die Versammlungsfreiheit gehöre zu den unentbehrlichen
Funktionselementen eines demokratischen Gemeinwesens.
Sie sei ein »Stück ursprünglich-ungebändigter unmittelbarer
Demokratie, das geeignet ist, den politischen Betrieb vor Erstarrung in geschäftiger Routine zu bewahren.«[8] Versammlungen seien »Ausdruck der Volkssouveränität und demgemäß als demokratisches Bürgerrecht zur aktiven Teilnahme
am politischen Prozeß« zu verstehen.[9] Diese grundlegende
Bedeutung sei beim Erlass von Beschränkungen und bei
deren Anwendung zu beachten. Nur bei einer Auslegung der
Eingriffsbefugnisse, die bestrebt ist das Versammlungsrecht
zu wahren, auch wenn mit Ausschreitungen durch Einzelne
oder eine Minderheit zu rechnen ist, sind die entsprechenden gesetzlichen Beschränkungen verfassungsmäßig. Ein
vorbeugendes Verbot der gesamten Veranstaltung setzt an
die Gefahrenprognose strenge Anforderungen und die vo-
rausgehende Ausschöpfung aller sinnvoll anwendbaren Mittel voraus, die den friedlichen Demonstranten die Grundrechtsverwirklichung ermöglichen.[10]

Karlsruhe griff die ihm zugefallene Zuständigkeit auf, um nicht nur den Fall, sondern das Problem von Massendemonstrationen mit Eskalationspotenzial insgesamt zu beheben. Das Gericht zeigte sich in der Entscheidung sehr selbstbewusst. Es schrieb sich die Aufgabe zu, einen allgemeinen gesellschaftlichen Konflikt mit seinem Mittel, nämlich der Verfassungsinterpretation zu lösen. Das Gericht war sich seiner Sache sicher. Es hatte keinen Zweifel, mit seiner Auslegung vielleicht zu stark in das Wechselspiel des politischen Prozesses oder das Gewaltengefüge einzugreifen. Hier entschieden Richter, die keine Scheu vor der Sachfrage hatten und sich ihrer Richtung gewiss waren.

Der Brokdorf-Beschluss besitzt noch eine andere Dimension. Es geht nicht nur um Versammlungsrecht oder die Verfassungsinterpretation durch ein selbstbewusstes Verfassungsgericht. Auf der Tagesordnung steht auch die Integrationsfunktion der Verfassung.[11] Kann diese, sei es durch ihre Institutionen, ihre Verfahren oder ihre Interpretation, einen Beitrag zur Integration von Minderheiten leisten, die entweder arithmetisch in der Mehrheitsdemokratie den Kürzeren ziehen oder bereits nicht hinreichend in den Verfassungsorganen vertreten sind? Muss man in Fällen eines strukturellen Repräsentationsdefizits bestimmter Themen oder den Anliegen bestimmter Wähler die Verfassung so interpretieren, dass diesen Themen und Wählerinteressen auf anderem Wege Rechnung getragen wird, als lediglich auf die Mittel der repräsentativen Demokratie zu verweisen? Anders gesagt: Hat das Bundesverfassungsgericht einen verfassungsrechtlichen oder gar verfassungspolitischen Auftrag, Repräsentationsdefizite auszugleichen, die durch das Prinzip der Mehrheitsherrschaft in der Demokratie aufgerissen werden? Steht das Handeln des Staates unter dem demokratisch legitimierten Mehrheitsvorbehalt? Welche Einflusschancen haben diejenigen, die im politischen Prozess unterliegen, weil ihre Interessen keine Mehrheitschance besitzen und auch die etablierten Parteien diese Anliegen nicht auf dem Wege der Kompromissbildung aufgreifen?

II. Verfassungstheoretische Zwischenbetrachtung

In der Demokratie stellt sich bekanntlich die Frage, warum sich die überstimmte Minderheit der Herrschaft der Mehrheit unterwirft.[12] Eine funktionierende Demokratie beruht auf der freiwilligen Bindung an den politischen Konsens, den allerdings nur eine Mehrheit inhaltlich gestaltet. Betrachtet man die Demokratie aus der Sicht der jeweiligen Majorität, so ist sie ein Herrschaftstitel, der es ermöglicht, ihre Interessen durchzusetzen und das heißt auch, den entgegenstehenden Willen Dritter zu überwinden. Als Herrschaftsform legitimiert die Demokratie gerade das Überwinden der Widerstände der Minderheit. Nicht hingegen verlangt eine demokratisch legitimierte Herrschaft die Zustimmung aller, denn dann ließe sich die Herrschaftsausübung auch als Gesellschaftsvertrag oder als kollektiver Zustimmungsakt denken. Wenn alle zustimmen, ist Demokratie überflüssig. Herrschaftsausübung ließe sich dann besser vertragsrechtlich, also zivilrechtlich denken.

Betrachtet man Demokratie aus der Perspektive der unterlegenen Minderheit, so erhebt sich die Frage, warum diese die Gesetze der Mehrheit befolgen sollte. Mit der zwangsweisen Durchsetzung oder dem Gewaltmonopol des Staates lässt sich die Akzeptanz der Mehrheitsherrschaft durch die Minderheit jedenfalls nicht erklären. Denn die Fügsamkeit der Minorität wäre keine freiwillige, sondern eine erzwungene. Tatsächlich könnte sie aber nicht erzwungen werden, weil dem Staat letztlich die Mittel fehlen würden, um eine hinreichend große Zahl von Delinquenten zu verfolgen. Die Polizeikräfte, das Justizsystem und die Vollstreckungsbehörden stießen hier schnell an ihre Grenzen. Mit Freiheitsentzug lässt sich schon rein faktisch nur jener Bruchteil der Bevölkerung erfassen, der schwere Regelverletzungen begangen hat, will man nicht einen Polizeistaat errichten. Das heißt: Die Regeltreue muss auch bei der Minderheit, die am Inhalt der Regeln nicht mitwirkt, in einem ganz überwiegenden Ausmaß vorhanden sein. Unabhängig von den parlamentarischen Mehrheiten bedarf der Rechtsstaat einer prinzipiellen Zustimmungsquote, die bei über 99 Prozent liegen dürfte. Man stelle sich, bezogen auf die Bevölkerung der Bundesrepublik, vor, ein Prozent, also rund 800 000 Menschen, verhielten sich nicht gesetzestreu. Mit den Mitteln des Gesetzesvollzugs ließe sich eine solche Opposition nicht bewältigen. Schon ein Prozent der Bevölkerung kann ein Rechtssystem dauerhaft destabilisieren und sogar delegitimieren.

Die Rechtsordnung muss die Zustimmung des politisch unterlegenen Teils der Bevölkerung also auf einem anderen Wege erzielen als durch Gesetzesvollzug. Typischerweise unterwirft sich die Minderheit der Mehrheitsherrschaft in der Hoffnung, bei der nächsten Wahl die Kräfteverhältnisse zu ihren Gunsten zu verändern, so dass sie in diesem Fall auf die Akzeptanz ihrer Interessen durch die dann jeweilige Minderheit vertrauen darf. Die Minderheit akzeptiert in der Hoffnung, ihrerseits zur Mehrheit zu werden. Da es keine gottgegebenen Mehrheiten gibt, sondern diese immer der Ausdruck von Kompromissen sind, ist die Frage der Mehrheitschance keine von 51 Prozent, sondern kann sich, je nach dem Thema und der Kompromissbereitschaft der Akteure, auch im niedrigen Prozentbereich bewegen.

Um eine Mehrheit zu bilden, müssen nämlich auch kleine Gruppen mit ihren Anliegen im Zuge der Kompromissfindung berücksichtigt werden. Das funktioniert besonders gut bei Themen, die sich politisch auf einer Links-Rechts-Skala einordnen lassen, also typischerweise bei Fragen der Sozial- und Wirtschaftspolitik. Bei anderen Themen aber kann nicht in gleichem Maße mit der Kompromissbereitschaft der Akteure gerechnet werden, etwa weil die Sachfrage nicht kompromissfähig ist oder es sich um ein existenzielles Anliegen handelt, bei dem man nicht abwägen und nachgeben zu können meint. So entziehen sich beispielsweise religiöse Fragen häufig der Kompromissbildung, weil diese hier den Geruch der Missionierung trägt. Die demokratische Rechtspolitik wird also auf Themenfelder stoßen, in denen nicht schon aufgrund des Wechselspiels von Mehrheit und Minderheit mit einer Akzeptanz der politisch Unterlegenen gerechnet werden darf. In diesen Fällen müssen andere rechtsstaatliche Vorkehrungen für das Regelvertrauen der Minderheit und ihre Bereitschaft zur Akzeptanz sorgen.

Das klassische Mittel, das Verfassungen für dieses Problem vorsehen, ist die Begrenzung der Mehrheitsherrschaft durch Grundrechte und deren Schutz durch eine Verfassungsgerichtsbarkeit. Grundrechte sind hier nicht nur Ausdruck individueller Abwehrrechte im Sinne eines liberalen Freiheitsschutzes des Einzelnen, sondern sie gewinnen zugleich eine demokratie-komplementäre Funktion zum Schutz sozialer und politischer Geltungssphären, welche die Mehrheitsherrschaft ansonsten ignorieren könnte. Die Interpretation der Grundrechte kann dann nicht ausschließlich mit dem Ziel des individuellen Freiheitsschutzes erfolgen, sondern muss auch die Funktion berücksichtigen, Minderheiten vor dem Ergebnis des politischen Prozesses zu schützen, sie aber auch in das politische System zu integrieren.

Die Chance, zur Mehrheit zu gehören, verbindet sich hier nicht – wie bei der Wahl – mit einem numerischen Repräsentationsanspruch, sondern mit einem qualitativen Partizipationsanspruch. Denn wenn Grundrechte »Stopp-Regeln« gegenüber der Gesetzgebung sind und auch Gruppenbelange schützen, dann entwickeln sie sich zu Partizipationserzwingungsrechten in Situationen, in denen die Mehrheit eigentlich kein Interesse hat, die Minderheit inhaltlich an der Gesetzgebung zu beteiligen. Sie muss es aber, weil andernfalls Gesetze an den Minderheitenrechten scheitern. So kann über die Inanspruchnahme von Grundrechten die Kompromissbereitschaft auch bei Gruppen erhöht werden, die wegen ihrer Mehrheitsposition eigentlich keine Kompromisse eingehen müssten. Hier erzwingen Grundrechte eine Partizipation, die überdies konstruktiv ausgerichtet ist, nämlich auf die Überwindung eines Grundrechtseingriffs: Sie zielt auf eine neue Kompromissbildung, also auf das gegenseitige Nachgeben, auf ein *Agreement*, mit dem am Ende mehr Menschen leben können als vorher.

Grundrechte als Partizipationserzwingungsrechte fördern Kompromisse. Nicht indes erzeugen sie Konsense. Ob der Kompromiss inhaltlich von allen Beteiligten gutgeheißen wird, ob also ein Konsens vorliegt, ist völlig unerheblich. Dieser muss nicht geteilt, sondern lediglich gebilligt werden. Es liegt in seiner Natur, kein Konsens zu sein. Denn Kompromisse sind immer Verständigungen auf Zeit durch gegenseitiges Nachgeben. Jeder hofft darauf, unter veränderten Bedingungen in der Zukunft die Vereinbarung zu seinen Gunsten verändern zu können, also das Maß des Nachgebens tunlichst zu reduzieren.

III. Die Integration der GRÜNEN zu Verfassungspatrioten durch die Karlsruher Rechtsprechung

Am Brokdorf-Beschluss zeigt sich, wie erfolgreich die verfassungsrechtliche Strategie ist, Grundrechte als Partizipationserzwingungsrechte einzusetzen, wenn bestimmte soziale oder politische Geltungssphären strukturell keine Mehrheitschance besitzen und bei der Willens- und Kompromissbildung unter den Tisch fallen. So wie die politischen Ziele der GRÜNEN Anerkennung durch die Wähler fanden, sind auch die spezifischen Verhaltensformen ihrer Anhänger durch den Brokdorf-Beschluss verfassungsrechtlich akzeptiert worden – was auf jene einen bleibenden Einfluss ausübte, wie folgende kleine Geschichte zeigt:

Als die Bundestagsfraktion von Bündnis 90/Die Grünen im Jahr 2009 einen Kongress zum 60. Geburtstag des Grundgesetzes abhielt, rekapitulierte die damalige Fraktionsvorsitzende Renate Künast den Annäherungsprozess ihrer Partei an das Grundgesetz. Sie bezeichnete das Grundgesetz als lernende Verfassung und stellte die Brokdorf-Entscheidung heraus, mit der das Bundesverfassungsgericht »eine gesellschaftliche Veränderung und Bewegung aufgenommen hat«.[13] Man kann den Beschluss als Meilenstein der Integration der Friedens- und Anti-Atom-Bewegung in die Verfassungsordnung der rechtsstaatlichen Demokratie begreifen. Die Entscheidung half, die GRÜNEN zu Verfassungspatrioten zu machen. Diese Integrationsfunktion hat der Brokdorf-Beschluss allerdings nicht alleine wahrgenommen. Die Entscheidung sollte diesbezüglich im Kontext mit mindestens zwei anderen Entscheidungen des Bundesverfassungsgerichts gewürdigt werden, die für die politisch-rechtliche Integration der Friedens- und Anti-Atom-Bewegung sowie der GRÜNEN

gleichermaßen relevant wurden. Zum einen ist das der so-
genannte »Nachrüstungs- oder Pershing-Beschluss«, zum
anderen der anhaltende Rechtsstreit zur Strafbarkeit von
Sitzblockaden als Nötigung.

1. Nachrüstung und Parlamentsbeteiligung

Bei der Bundestagswahl 1983 zogen die GRÜNEN mit
einem Zweitstimmenergebnis von 5,6 Prozent erstmals mit
28 Abgeordneten in den Deutschen Bundestag ein. Als
Abgeordnete wirkten die GRÜNEN nun bei der Ausübung
der Bundeskompetenzen Atomenergie, Umweltschutz, Ver-
teidigung und auswärtige Beziehungen mit. Sogleich ging
die junge Fraktion mit einem Organstreitverfahren gegen
die Nachrüstungspolitik vor. Sie griff den »NATO-Doppelbeschluss« an, indem sie behauptete, die Billigung der Stationierung der Pershing-II-Raketen durch die Bundesregierung verletze die Rechte des Bundestages: Die GRÜNEN
forderten für die Stationierung der amerikanischen Mittelstreckenraketen auf dem Territorium der Bundesrepublik
einen Gesetzesbeschluss des Parlaments. Über diese Frage
könnten letztlich nicht allein die US-Amerikaner, geduldet
von der Bundesregierung, entscheiden; es bedürfe der Mitwirkung des Parlaments.

Die Rechtslage war nicht so eindeutig, wie es das Urteil
des Bundesverfassungsgerichts vom 18. Dezember 1984 ver-
muten lässt, mit dem das Organstreitverfahren scheiterte:
Die Zustimmung der Bundesregierung zum Aufstellen von
nuklearbestückten amerikanischen Pershing-II-Raketen und
von Marschflugkörpern verletze nicht die Rechte des Bundestages.[14] Eines Gesetzesbeschlusses bedürfe es nicht, weil
die vom Bundestag 1955 ratifizierten NATO-Verträge eine
hinreichende Rechtsgrundlage für die Stationierung bereit-

stellten. In einer abweichenden Meinung beklagt Richter
Ernst Gottfried Mahrenholz, die Rechtsauffassung des Senats laufe darauf hinaus, dass der Bundestag mit den Zu-
stimmungsgesetzen zum NATO-Beitritt im Jahr 1955 die
Bundesregierung auf nicht absehbare Zeit ermächtigt habe,
den USA in beliebigem Umfang das Recht zur Stationierung
und zum Einsatz von Waffen zu übertragen.[15]

Das Urteil kann man letztlich nur politisch verstehen:
Die Bundesregierung wollte der Schutzmacht USA nicht in
die Quere kommen und hätte sich bei einem ablehnenden
Parlamentsbeschluss aus dem Bündniskonsens der NATO
herausbewegt. Dem trug die Senatsmehrheit in Karlsruhe
Rechnung, indem eine rechtlich fragwürdige Auslegung
der NATO-Verträge und des Zustimmungsvorbehalts im
Art. 59 Abs. 2 GG herangezogen wurde, um einen »ver-
teidigungspolitischen Akt« im Rahmen der NATO aus dem
normalen staatsorganisationsrechtlichen Kompetenzgefüge
herauszuheben. Im Zusammenhang der Urteilsbegründung
fällt ein notorischer Satz, der seitdem auch in ganz anderen Fallkonstellationen Furore gemacht hat: Staatliche
Entscheidungen sollen »möglichst richtig, das heißt von
Organen getroffen werden, die dafür nach ihrer Organisation, Zusammensetzung, Funktion und Verfahrensweise
über die besten Voraussetzungen verfügen«.[16] Im Kontext
der Nachrüstung ließ sich dieses Diktum als Herabsetzung
des Bundestages und Ermächtigung der Bundesregierung
in der Sicherheitspolitik verstehen. Wer das Urteil heute
liest, kann sich angesichts der belehrenden Diktion des Ein-
drucks nicht erwehren, der Senat erteile den neuen Abgeordneten, die das Hohe Haus in Turnschuhen betraten und
Plenardebatten zum Häkeln nutzten, eine Nachhilfestunde
im Verfassungsrecht.[17] Zehn Jahre später hat das Bundesverfassungsgericht im außen- und sicherheitspolitischen

Bereich eine partielle Kehrtwende vollzogen und einen »ungeschriebenen Parlamentsvorbehalt« angenommen, dem Anliegen der GRÜNEN von 1984 in einem anderen Zusammenhang nachträglich Rechnung tragend.[18]

2. Sitzblockaden als strafbewehrte Nötigung

Sitzblockaden vor Militäreinrichtungen führten in den 1980er Jahren regelmäßig zu einer Verurteilung wegen Nötigung (§ 240 StGB).[19] Die verfassungsrechtliche Beurteilung der Strafbarkeit zog sich über rund 15 Jahre hin und kann im Ergebnis letztlich als Erfolg für populäre Formen des »zivilen Ungehorsams« gewertet werden. Die Auslegung des § 240 StGB durch die Strafgerichte wurde vom BVerfG im Lichte des Grundrechtsgebrauchs von Meinungs- und Versammlungsfreiheit kontrolliert und im Wege der verfassungskonformen Auslegung eingeengt. Aufhänger waren die Tatbestandsmerkmale »Gewalt« und »verwerflich« im Nötigungsparagrafen. Die Strafsenate des BGH hatten den Gewaltbegriff zuvor auf Formen der psychischen Gewalt ausgedehnt und dadurch »vergeistigt«.[20] Sitzblockaden übten folglich Gewalt im Sinne von § 240 StGB aus und wurden auch in ihrer Zweck-Mittel-Relation von Strafgerichten als verwerflich angesehen. In drei großen Urteilen hat das BVerfG die Sitzblockade als Mittel der Meinungs- und Versammlungsfreiheit von der Strafbarkeit letztlich ausgenommen. Innerhalb des Gerichts war dies kein leichter Weg, wie die Abstimmungsergebnisse und Sondervoten belegen.

Im Mutlangen-Urteil 1986 war der Senat in der Frage, ob die Auslegung und Anwendung des Gewaltbegriffs im Nötigungs-Paragrafen bei Sitzblockaden verfassungswidrig ist, noch gespalten. Lediglich vier der acht Senatsmitglieder hielten psychische Gewalt ohne Gewalttätigkeit nicht für verwerflich, was eine Verurteilung wegen Nötigung ausschloss.[21] Wegen des Stimmenpatts konnte eine Verfassungswidrigkeit des Strafgesetzes jedoch nicht festgestellt werden. Die Leitsätze dokumentieren, wie uneins der Senat war und wie offen die verfassungsrechtliche Beurteilung blieb. Der Erste Senat rang mit der angemessenen Behandlung des Problems, die einerseits neue Protestformen akzeptieren, andererseits aber auch die Handlungsfreiheit und Handlungsfähigkeit der Soldaten schützten würde.[22] Mit jeder Inanspruchnahme der Versammlungsfreiheit, stellte der Senat fest, seien unvermeidbar »gewisse nötigende Wirkungen in Gestalt von Behinderungen verbunden«. Doch gestatte Art. 8 GG nicht, Behinderungen zu beabsichtigen, um die Aufmerksamkeit zu erhöhen.[23] § 240 StGB sei aber verfassungskonform in dem Sinne auszulegen, dass beim Vorliegen nötigender Gewalt bei Sitzdemonstrationen nicht automatisch die Verwerflichkeit indiziere (und damit den Tatbestand der Nötigung erfülle). Im Ergebnis hatte das Bundesverfassungsgericht die »Vergeistigungs«-Rechtsprechung des BGH nicht beanstandet, weil aufgrund der Stimmengleichheit im Senat ein Verfassungsverstoß gegen den Bestimmtheitsgrundsatz des Art. 103 Abs. 2 GG nicht festgestellt werden konnte. Die Strafbarkeit konzentrierte sich auf die Frage, ob das nötigende Tun verwerflich im Sinne von § 240 Abs. 2 StGB sei.

1995 änderte sich die Haltung des Ersten Senats, nachdem sich seine Zusammensetzung seit dem Mutlangen-Urteil fast komplett geändert hatte.[24] Aus einer Vier-zu-vier-Entscheidung war ein Fünf-zu-drei-Votum geworden, so dass das Gericht jetzt feststellen konnte, die erweiternde Auslegung des Gewaltbegriffs im § 240 StGB verstoße im Zusammenhang mit Sitzblockaden gegen den Bestimmtheitsgrundsatz des Art. 103 Abs. 2 GG.[25]

Präzisiert wurde diese Rechtsprechung im Jahr 2001. Der
Senat billigte mehrheitlich die Verurteilung als Nötigung in
Fällen, in denen die Demonstranten nicht nur blockierten,
sondern auch physische Barrieren errichteten. Diese Straftatbestände können von den Strafgerichten als »Gewalt«
i. S. v. § 240 StGB subsumiert werden.[26] Auf die Umstände
des Einzelfalls und ihre straf- und verfassungsrechtliche Be-
wertung abstellend tastete sich der Senat an die Protestkultur der Sitzblockaden heran.

3. Resümee

Überblickt man die Entwicklung der Rechtsprechung –
Brokdorf, Nachrüstung, Sitzblockade – so darf resümiert
werden: (1) Das Bundesverfassungsgericht hat die Grundrechte für die neue Protestkultur geöffnet. Es hat eine
politische Auseinandersetzung, die sich außerhalb der verfassungsrechtlichen Sphäre der Staatsorgane abspielte, in
eine verfassungsrechtliche Sphäre überführt, die im Grundrechtsgebrauch kulminiert. Er erlaubt in bestimmten Grenzen den »zivilen Ungehorsam«. (2) Die Sicherheits- und
Bündnispolitik wurde aus dem Arkanum der Exekutive und
ihrer außenpolitischen Prärogative befreit und parlamentari-
siert. (3) Das Grundgesetz wurde in einem politisch offenen
und integrierenden Geiste interpretiert, der Wandel ermöglicht und aufgreift und die Verfassungsinterpretation nicht
dem Zugriff der etablierten Positionen oder bestimmten
(Verfassungs-)Organen reserviert.

IV. Sachverhalt, Prozessgeschichte und Inhalt des Brokdorf-Beschlusses

Betrachten wir nun den Brokdorf-Beschluss näher, die deutsche »Magna Charta der Versammlungsfreiheit«.[27] Um die schon angesprochene rechtliche Tragweite der Entscheidung zu verstehen, sind ein paar Worte zum versammlungsrechtlichen Hintergrund vonnöten.

1. Der versammlungsrechtliche Hintergrund

Art. 8 Abs. 1 GG schützt die Freiheit aller Deutschen, sich friedlich und ohne Waffen zu versammeln. Unfriedliche Demonstrationen fallen nicht unter den Schutzbereich der Versammlungsfreiheit und können nach Maßgabe des Versammlungsgesetzes verboten und aufgelöst werden. Aber auch die Durchführung von Versammlungen, die grundrechtlich geschützt werden, kann begrenzt werden. Art. 8 Abs. 2 GG statuiert einen Gesetzesvorbehalt, der versammlungsgesetzliche Regelungen für die Durchführung unter freiem Himmel vorsieht. In Umsetzung dieses Gesetzesvorbehalts erging 1953 das Versammlungsgesetz.[28] Es enthält eine Reihe von Beschränkungen: § 14 VersG sieht eine 48-stündige Anmeldepflicht durch den Veranstalter vor, der auch eine für die Versammlung verantwortliche Person angeben muss. Der Hintergedanke dieser Anmeldepflicht war es, rechtzeitig verkehrslenkende Vorbereitungen treffen zu können. Eine scharfe Begrenzung enthält schließlich § 15 VersG. Danach kann eine Versammlung verboten werden, wenn sie die öffentliche Sicherheit oder Ordnung unmittelbar gefährdet. Eine Versammlung kann durch die Polizei aufgelöst werden, wenn sie nicht angemeldet ist, wenn von den Angaben der Anmeldung abgewichen, Auflagen zuwidergehandelt wird oder unmittelbar eine Gefahr für die öffentliche Sicherheit oder Ordnung besteht.

Beim Erlass des Versammlungsgesetzes stand dem Gesetzgeber die »klassische« Demonstrationsform vor Augen: Ein Marsch durch die Stadt mit Schlusskundgebung auf einem geeigneten Platz, geplant und durchgeführt von einer Partei oder Gewerkschaft, jedenfalls von einer verantwortlichen Organisation. Veranstalter und Demonstranten teilen die gleichen Ziele und sind personell miteinander eng verwoben. Das Versammlungsgesetz geht von einer Organisation der Demonstrationen durch intermediäre Institutionen aus; ihr Wirken wird als Grundannahme einer Versammlung gedanklich vorausgesetzt. In Brokdorf aber hatte man es mit einem anderen Sachverhalt zu tun. Eine kaum überschaubare Zahl von Gruppen mit Sprechern und Aktivisten, nämlich rund 400 Vertreter von 60 Bürgerinitiativen, hatte zur Großdemonstration aufgerufen, konnte untereinander aber keine hinreichende politische und logistische Koordination der Aktion vornehmen. Überdies waren die Gruppen in der Regel nicht verbandsmäßig organisiert. Bürgerbewegungen gaben sich keine Vereinssatzung. Für Großdemonstrationen von Zehntausenden, die dem Aufruf verschiedenster Aktivisten und Bürgerinitiativen folgten und eine *ex ante* nicht kalkulierbare Menschenmenge zu werden versprachen, war das Versammlungsrecht nicht konzipiert.

Die neuen Massenkundgebungen mussten vor allem mit zwei zentralen Eckpunkten des Versammlungsgesetzes kollidieren: der Anmeldung nach § 14 VersG und der Vermeidung einer Gefährdung der öffentlichen Sicherheit nach § 15 VersG. Beides konnte das »neue Format« kaum garantieren. Denn wer war der Veranstalter bei solchen »Aktionsbündnissen«, die ihrerseits rechtlich kaum strukturiert waren? Und wie sollte verhindert werden, dass sich nicht unter die tausenden Friedlichen einige Gewaltbereite mischen, die es dann vermochten, aus einer friedlichen eine unfriedliche Versammlung zu machen, was den Grundrechtsschutz der Veranstaltung aufzuheben drohte und Verbot und Auflösung nach sich zog, den Einsatz der Sicherheitskräfte also unvermeidlich machte? »Chaoten« hatten bekanntlich vor allem den Wunsch nach Eskalation und Polizeischlachten. Wie dieser zu erfüllen war, ergab sich aus einer im Versammlungsgesetz angelegten Verhaltenslogik.

Schon rein praktisch zog das Versammlungsrecht also den typischen Protestformen der Friedens- und Anti-Atom-Bewegung rechtliche Grenzen. Bei Großdemonstrationen einen Verantwortlichen zu benennen, stellt schon rein faktisch ein Problem dar: Wer kann anmelden und die dabei nötigen Angaben machen? Das Hauptproblem aber ist: Gewaltbereite Kräfte können sich in der Masse der friedlichen Demonstranten verbergen und eine Gefahr für die öffentliche Sicherheit darstellen, die dann zur Auflösung der gesamten Demonstration führen kann. Mit anderen Worten: Die tatsächliche Wahrnehmung des Grundrechts auf Versammlungsfreiheit steht rechtlich und tatsächlich unter einer ganzen Reihe von letztlich nicht kalkulierbaren Voraussetzungen und drohenden Eingriffsbefugnissen, die bei den Versammlungsteilnehmern den Eindruck entstehen lassen können, dass ihr Demonstrationsrecht im Ermessen der Sicherheitsbehörden stehe.

2. Der Sachverhalt in Brokdorf

Die Situation vor der Großdemonstration in Brokdorf am 28. Februar 1981 war verfahren. Rund 60 Bürgerinitiativen hatten im gesamten Bundesgebiet zur Teilnahme aufgerufen, aber einen offiziellen Veranstalter gab es nicht.

Über den Ablauf der Veranstaltung (Auftaktveranstaltung, Sammeln der Teilnehmer, Demonstrationsrichtung zum AKW, Aktionen in der Nähe des Baugeländes, Abschlusskundgebung) waren sich die Vertreter der Bürgerinitiativen nicht einig. Auch deshalb unterblieb eine offizielle Anmeldung. Als bis zum 23. Februar keine Anmeldung erfolgt war, untersagte der zuständige Landrat des Landkreises Steinburg mit einer Allgemeinverfügung, gestützt auf § 15 VersG, jede Demonstration am Baugelände des Kernkraftwerks sowie in einem umliegenden rund 210 Quadratkilometern großen Streifen für den Zeitraum vom 27. Februar bis 1. März 1981 und ordnete den sofortigen Vollzug nach § 80 Abs. 4 Nr. 4 VwGO an. Er berief sich auf die fehlende Anmeldung sowie eine Gefahr für die öffentliche Sicherheit, die von den zu erwartenden militanten Kräften ausginge. Selbst wenn die Veranstaltung angemeldet worden wäre, hätte sie verboten werden müssen, da nach allen Erfahrungen von einem gewaltsamen Verlauf auszugehen sei. Als einige Veranstalter die Demonstration am 24. Februar anmelden wollten, verwies der Landrat bereits auf seine Allgemeinverfügung. Die abgewiesenen Veranstalter legten Widerspruch gegen die Verfügung ein und zogen gegen den Sofortvollzug vor das örtlich zuständige Verwaltungsgericht Schleswig mit dem Antrag, die aufschiebende Wirkung der Widersprüche nach § 80 Abs. 5 VwGO wiederherzustellen. Im einstweiligen Rechtsschutz genehmigte das Verwaltungsgericht am 27. Februar die Demonstration auf dem umliegenden Gelände, nicht jedoch am Bauzaun selbst. Es stellte die aufschiebende Wirkung für einen Bereich her, der außerhalb jener Zone lag, welche die Polizei zuvor um den Bauzaun abgezirkelt hatte. Mit Gewalttätigkeiten sei nur am Bauzaun zu rechnen, befand das VG. Es hielt die Gefahrenprognose am Zaun also aufrecht, wies

die Untersagung der Demonstration auf den restlichen
210 Quadratkilometer, die von der Allgemeinverfügung
des Landrats erfasst waren, aber ab.

Gegen diese Entscheidung des VG Schleswig legten der
Landrat und die betroffenen Gemeinden Beschwerde bei
der nächst höheren Instanz, dem OVG Lüneburg, ein. Dies
ist juristisch besonders bemerkenswert, weil nach der damaligen Rechtslage (§ 80 Abs. 6 Satz 2 VwGO a. F.) die Entscheidung des Verwaltungsgerichts im einstweiligen Rechtsschutz unanfechtbar war, das Oberverwaltungsgericht also
unzuständig war und laut Gesetz nicht hätte entscheiden
dürfen. Der Rechtsbehelf der Beschwerde war hier nicht
vorgesehen.[29] Das OVG entschied folglich ohne Zuständigkeit als es in der Nacht zum 28. Februar auf Beschwerde
des Landrates und der Gemeinden die Entscheidung des
VG abänderte und das Versammlungsverbot wieder her-
stellte. Zur Begründung stellte es auf die gewaltbereiten
Demonstranten ab, die Straftaten befürchten ließen. Auch
wenn davon auszugehen sei, dass die große Mehrheit der
Teilnehmer friedlich demonstrieren werde, biete diese
Mehrheit keine Gewähr dafür, dass sich eine Minderheit
von unfriedlichem Verhalten abhalten lassen würde. Die
Bürger befürchteten Beschädigungen ihrer Häuser und würden in dem besagten Zeitraum die Gegend verlassen. Etwas
anderes als ein Verbot wäre nur in Frage gekommen, wenn
die Sicherheitsorgane mit einem Veranstalter Sicherheitsmaßnahmen hätten absprechen können. Daran fehle es und
in der verbleibenden Zeit sei dies auch nicht mehr möglich.
Das OVG äußerte auch prinzipielle Zweifel, ob das geltende
Versammlungsgesetz Großdemonstrationen gerecht werde.
Noch in derselben Nacht erhoben die Beschwerdeführer
Verfassungsbeschwerde in Karlsruhe und stellten einen An-

trag auf Erlass einer einstweiligen Anordnung, den das Bundesverfassungsgericht jedoch ablehnte.[30]

Trotz des Versammlungsverbots fand die Veranstaltung statt. Im Angesicht der Menschenmasse hatte sich die Polizei entschlossen, die Demonstranten auch jene abgezirkelte Linie um den Bauzaun passieren zu lassen. Im Verlauf der Demonstration kam es besonders am Bauzaun zu den befürchteten Ausschreitungen, bei denen etliche Demonstranten und rund 130 Polizeibeamte verletzt wurden, sieben davon schwer. Manche sprechen auch heute noch von »bürgerkriegsartigen Unruhen«.[31]

3. Die Karlsruher Entscheidung 1985

Erst über vier Jahre später erging die Hauptsache-Entscheidung in Karlsruhe. Der Erste Senat hatte also viel Zeit, die Entwicklung zu beobachten, sich über den Verlauf solcher Großdemonstrationen und die mit ihnen verbundenen Schwierigkeiten zu informieren, die tatsächlichen Implikationen von Verboten zu taxieren und das Ganze politisch und rechtlich zu bewerten. Das Gericht fällte das berühmte Grundsatzurteil zur Versammlungsfreiheit in der Demokratie also aus der Distanz der Karlsruher Abgeschiedenheit und Gelassenheit. In der Sache selbst entschied das Gericht den Fall auf dem kleinsten denkbaren Nenner. Für den unmittelbaren Ausgang der Verfassungsbeschwerde war nur erheblich, ob das OVG die Entscheidung des VG noch aufheben durfte, ob es also im einstweiligen Rechtsschutz eine zweite Instanz gibt. In dieser Frage besteht Karlsruhe auf der Bindung an das Gesetz nach Art. 20 Abs. 3 GG: Die Verwaltungsgerichtsordnung sah eine zweite Instanz nicht vor und das Oberverwaltungsgericht darf den Instanzenzug nicht im Wege der Rechtsfortbildung verlängern und seine

Zuständigkeit richterrechtlich begründen. Die Wiederherstellung des Sofortvollzugs der Verbotsverfügung verstieß
gegen das Gesetz (hier: § 80 Abs. 6 Satz 2 VwGO) und
verletzte damit Art. 20 Abs. 3 GG. Schon durch den prozessualen Rechtsverstoß habe das OVG die Grundrechte der
Beschwerdeführer nach Art. 8 GG in Verbindung mit dem
Rechtsstaatsprinzip verletzt.

4. Zum Entscheidungsinhalt

Die juristische Lösung des Falles ist unspektakulär, weil sie
nur die Verwaltungsgerichtsordnung beim Wort nimmt. Sie
ist spektakulär, weil das Gericht es nicht bei der schlichten
Zuständigkeitsfrage beließ, sondern den Fall zum Anlass
für eigentlich nicht mehr entscheidungsrelevante, grundsätzliche Ausführungen zur Versammlungsfreiheit nahm.
Um den Fall als Zuständigkeitskonflikt zu lösen, brauchte
man keine vier Jahre. Das Gericht entschied die Sache also
auf kleiner Flamme, um dann bei der allgemeinen verfassungsrechtlichen Maßstabsbildung ein olympisches Feuer
zu entfachen und mit Hilfe der verfassungskonformen Auslegung des Versammlungsgesetzes dieses auch gleich lodern
zu lassen.

Zuerst betonte das Gericht die Bedeutung der Versammlungsfreiheit. In einer Demokratie müsse die Willensbildung vom Volk zu den Staatsorganen verlaufen:

An diesem Prozeß sind die Bürger in unterschiedlichem Maße
beteiligt. Große Verbände, finanzstarke Geldgeber oder Massenmedien können beträchtliche Einflüsse ausüben, während sich der
Staatsbürger eher als ohnmächtig erlebt. In einer Gesellschaft, in
welcher der direkte Zugang zu den Medien und die Chance, sich
durch sie zu äußern, auf wenige beschränkt ist, verbleibt dem Einzelnen neben seiner organisierten Mitwirkung in Parteien und Verbänden im allgemeinen nur eine kollektive Einflußnahme durch

Inanspruchnahme der Versammlungsfreiheit für Demonstrationen. Die ungehinderte Ausübung des Freiheitsrechts wirkt nicht nur dem Bewußtsein politischer Ohnmacht und gefährlichen Tendenzen zur Staatsverdrossenheit entgegen. Sie liegt letztlich auch deshalb im wohlverstandenen Gemeinwohlinteresse, weil sich im Kräfteparallelogramm der politischen Willensbildung im allgemeinen erst dann eine relativ richtige Resultante herausbilden kann, wenn alle Vektoren einigermaßen kräftig entwickelt sind.[32]

Kurz darauf heißt es:

Namentlich in Demokratien mit parlamentarischem Repräsentativsystem und geringen plebiszitären Mitwirkungsrechten hat die Versammlungsfreiheit die Bedeutung eines grundlegenden und unentbehrlichen Funktionselementes. [...] Demonstrativer Protest kann insbesondere notwendig werden, wenn die Repräsentationsorgane mögliche Mißstände und Fehlentwicklungen nicht oder nicht rechtzeitig erkennen oder aus Rücksichtnahme auf andere Interessen hinnehmen. In der Literatur wird die stabilisierende Funktion der Versammlungsfreiheit für das repräsentative System zutreffend dahin beschrieben, sie gestatte Unzufriedenen, Unmut und Kritik öffentlich vorzubringen und abzuarbeiten, und fungiere als notwendige Bedingung eines politischen Frühwarnsystems, das Störpotentiale anzeige, Integrationsdefizite sichtbar und damit auch Kurskorrekturen der offiziellen Politik möglich mache.[33]

Auf der Basis dieser gleichermaßen demokratischen wie staatsbürgerlichen Positionierung formte das Gericht das Versammlungsrecht in wesentlichen Teilen durch die verfassungskonforme Auslegung neu: (1) Die Anmeldepflicht entfällt bei Spontandemonstrationen. (2) Eine Verletzung der Anmeldepflicht berechtigt nicht automatisch zum Verbot oder zur Auflösung der Versammlung. (3) Eine Auflösung oder ein Verbot der Versammlung ist nur zum Schutze gleichwertiger Rechtsgüter, unter Wahrung des Grundsatzes der Verhältnismäßigkeit, sowie nur bei einer unmittelbaren und aus erkennbaren Umständen ableitbaren Gefährdung dieser Rechtsgüter zulässig. (4) Die Auflösung setzt also praktisch voraus, dass die Möglichkeiten zur Kooperation oder zu deeskalierenden Strategien ausgeschöpft worden sind.

Der Beschluss wertet die Versammlung auf, erhöht die Eingriffsschwelle, verschärft die Rechtfertigungsvoraussetzungen für Eingriffe, macht Versammlungen dadurch weitgehend polizeifest. Nicht zuletzt wird das Versammlungsrecht für Großdemonstrationen handhabbar gemacht, indem das Bundesverfassungsgericht eine Kooperationspflicht zwischen den Veranstaltern und den Behörden statuiert und in der Diktion der Ostpolitik von »vertrauensbildenden Maßnahmen« spricht.[34] Beiderseits haben Provokationen und Aggressionsanreize zu unterbleiben. Die Veranstalter sollen auf die Isolierung von Gewalttätern hinwirken. Dazu soll eine rechtzeitige Kontaktaufnahme erfolgen, bei der »beide Seiten sich kennenlernen, Informationen austauschen und möglicherweise zu einer vertrauensvollen Kooperation finden, welche die Bewältigung auch unvorhergesehener Konfliktsituationen erleichtert.«[35] Hierbei handelt es sich nicht um hehre Prinzipien, sondern um rechtlich relevante Gebote, denn »je mehr die Veranstalter anläßlich der Anmeldung einer Großdemonstration zu einseitigen vertrauensbildenden Maßnahmen oder sogar zu einer demonstrationsfreundlichen Kooperation bereit sind, desto höher rückt die Schwelle für behördliches Eingreifen wegen Gefährdung der öffentlichen Sicherheit und Ordnung.«[36]

Der Schutz der Versammlungsfreiheit der friedfertigen Teilnehmer setzt also deren Mitwirkung voraus: Dadurch wird eine starre Polarisierung von Polizei (Staat) und Demonstranten (Gesellschaft) aufgebrochen. Der Staat ist nicht prinzipiell in der Rolle desjenigen, der Grundrechte einschränkt, und die Bürger sind nicht prinzipiell in der Rolle derjenigen, die ihre Eigeninteressen gegen das Gemeinwohl grundrechtlich forcieren können. Diese Aufweichung des Staat-Bürger-Gegensatzes in den Grundrechtsbeziehungen hat in der juristischen Literatur auch Kritik gefunden. Die Idee der »Versammlungsdemokratie« schwäche das Repräsentativsystem.[37] Die wechselseitige Distanz bei Versammlungen müsse bewahrt werden. Vor allem dürfe die Selbstbestimmung über Art und Weise der Versammlung wie auch die Bereitschaft zur Kooperation nicht ausgehöhlt werden.[38] Wenn bei einer Versammlung der Staat wie ein Garant ihrer Durchführung auftritt, kann die politisch-mediale Wirkung einer Demonstration nämlich verpuffen. Wird die Trennung von Staat und Gesellschaft bei der Durchführung von Versammlungen nivelliert, kann am Ende unter Umständen nicht mehr vermittelt werden, warum und wie sich eine Demonstration gegen hoheitliche Gewalt richtet.

Insofern waren die Repräsentanten des Staates lernfähig und haben begriffen, dass man dem Protest die Spitze nehmen kann, wenn man sich an seine Spitze stellt. Als 2009 während des sogenannten »Bildungsstreiks« Studierende gegen die Einführung von Studiengebühren und die Studienbedingungen im Gefolge der Bologna-Reform protestierten und Hörsäle besetzten, reihten sich bisweilen Abgeordnete und andere Repräsentanten des Staates in die Demonstrationen ein und die Bundesbildungsministerin bekundete ihre Sympathie. Man fragt sich: Wer protestiert hier am Ende gegen wen? Zur Diffusion der Staatsgerichtetheit des Versammlungsgrundrechts kam es auch in einem anderen Beispielsfall. Als nach dem Kruzifix-Beschluss des Bundesverfassungsgerichts[39] besonders in Bayern die Empörung groß war, aus den Klassenzimmern staatlicher Schulen im Falle eines religiösen Konflikts die Kruzifixe abnehmen zu müssen, rief der Bayerische Ministerpräsident Stoiber ge-

meinsam mit den christlichen Kirchen zu einer Protestver-
anstaltung gegen das Urteil des Bundesverfassungsgerichts
auf (»Das Kreuz bleibt«), zu der am 23. September 1995
an die 30 000 Menschen auf den Münchener Odeonsplatz
kamen.[40] Hier demonstrierte ein bayerisches Verfassungsorgan gegen ein Bundesverfassungsorgan. Für den Zwist
zwischen Exekutive und Judikative, zwischen Land und
Bund, stellt das Grundgesetz aber konkrete Verfassungs-
rechtsbehelfe und nicht den Grundrechtsgebrauch bereit.
Diese Beispiele mögen nur verdeutlichen, welche Probleme
mit einer Kooperationspflicht zwischen Veranstaltern und
Behörden verbunden sind, damit es nicht zur politischen
Neutralisierung des Grundrechts kommt.

Heute sind die Ausführungen des Brokdorf-Beschlusses
für die Gefahrenprognose von Demonstrationen leitend geworden. Versammlungsverbote können nicht mehr bloß auf
eine Prognose gestützt werden ohne zu berücksichtigen, wie
Gefahren im Vorfeld kooperativ vorgebeugt werden kann.
Da sich die Rechtsfragen des Versammlungsrechts in der
Regel schon im einstweiligen Rechtsschutz stellen und dort
eine Abwägung von Szenarien und Rechtsgütern vorzunehmen ist, kann gerade die Bedeutung dieses Teils der Entscheidung für die Vollzugspraxis nicht unterschätzt werden.

V. Erträge und Konsequenzen

Welches sind, zusammenfassend, die besonderen Eigen-
heiten und Leistungen des Brokdorf-Beschlusses aus juristischer Perspektive? Man sollte hier zwischen den eher
gesellschaftlichen und politischen Effekten einerseits und
den juristischen Konsequenzen andererseits differenzieren.
Ins Auge fallen zunächst die gesellschaftspolitischen Effekte
und Signale.

1. Modernisierung des Versammlungsrechts

Das Versammlungsrecht wurde modernisiert und für die Protestformen der Neuen Sozialen Bewegungen fit gemacht. Das Gericht respektiert den Protest, auch wenn durch einzelne Teilnehmer und militante Gruppen Gefahren für die öffentliche Sicherheit drohen. Es entschärft eine drohende Eskalation, indem es Versammlungen, deren Durchführung heikel ist, einen geschützten Platz in der Rechtsordnung zuweist und indem es zugleich den Sicherheitsbehörden einen Weg weist, wie mit Störern und Gefahren umzugehen ist. Das nimmt einer Versammlung zum Teil aber auch das Provokative, weil Demonstranten über vertrauensbildende Maßnahmen zur organisatorischen Kooperation als Vorstufe einer institutionellen Integration im politischen Prozess angeleitet werden. Der Beschluss betrifft eine neue Protestdimension innerhalb der Entwicklung des Versammlungsrechts in der Bundesrepublik Deutschland:[41] Keine klare Organisationsstruktur durch eine Vielzahl von Initiatoren, unübersehbare Menschenzahl, nicht klar begrenztes Areal, gewaltbereite Gruppen, die sich unter die Friedlichen mischen. In dieser Protestdimension blieb der Fall aber doch ein Einzelfall. Denn weder die Versammlungen in Wackersdorf 1981–1986 (3 000 Teilnehmer, Hüttendorf) noch der Protest der 300 000 gegen den »NATO-Doppelbeschluss« im Bonner Hofgarten 1981/1983 sind vom Sachverhalt her mit Brokdorf vergleichbar. Gemeinsam ist diesen Protestformen allerdings, dass sie die öffentliche Meinung insgesamt beeinflussen wollten, sich also nicht gegen einzelne Vorhaben richteten oder Gruppeninteressen artikulierten, sondern ein allgemeinpolitisches Mandat außerparlamentarischer Willensbildung beanspruchten. Das mag erklären, warum der Senat die Versammlungsfreiheit in einen solch

intensiven Zusammenhang zur demokratischen Willensbildung und zur verkappten direkten Demokratie stellte.
Der Entscheidung geht es um mehr als nur Versammlungen.
Es geht ihr um partizipative Inklusion und politische Integration; es geht um die Leistung des Grundgesetzes für
das politische System.

2. Verankerung in der Demokratie

Die Entscheidung positioniert die Versammlungsfreiheit
nicht nur als freiheitliches Abwehrrecht, sondern auch als
konstruktives politisches Teilhaberecht. Dazu wird die Demokratie nicht auf das Volk als Kollektivgröße bezogen, sondern als ein integrativer Willensbildungsprozess verstanden,
an dem auch Einzelne und Gruppen mit einer Chance auf
effektive Teilhabe partizipieren können müssen. Das demokratische Zurechnungssubjekt wird über Grundrechtsträger
individualisiert und subjektiviert, nicht hingegen kollekti-
viert und allein auf das Volk i. S. v. Art. 20 Abs. 2 GG bezogen. Darin unterscheidet sich diese Entscheidung von der
später, nach 1990, vom Zweiten Senat unter maßgeblichem
Einfluss von Ernst-Wolfgang Böckenförde[42] begonnenen
»Legitimationsketten«-Rechtsprechung.[43] In »Brokdorf«
wird die Demokratie in erster Linie politisch-partizipa-
torisch verstanden und als Kontext herangezogen. In der
»Legitimationsketten«-Rechtsprechung hingegen wird sie
juristisch-dogmatisch hergeleitet und von den Kontexten
abgelöst, als verallgemeinerungsfähiger Prüfungsmaßstab
konstruiert. In »Brokdorf« geht es dem Ersten Senat um
eine Partizipationskultur, die zur Legitimität des politisch-
rechtlichen Systems beiträgt. In der späteren »Legitimationsketten«-Rechtsprechung geht es dem Zweiten Senat
um das Gegenteil, nämlich die Trennung von Partizipation

und Legitimation und die Errichtung einer Legitimations-
dogmatik.

In der unterschiedlichen verfassungsrechtlichen Verarbeitung der Demokratie erkennt man übrigens auch unterschiedliche Vorverständnisse der beiden Senate. Der Erste
Senat, von seiner Zuständigkeit (jedenfalls damals noch)
eher mit den Grundrechten beschäftigt, denkt Demokratie
von der aggregierten Willensbildung einzelner Träger sub-
jektiver Rechte her; der Zweite Senat, mit dem Staatsorga-
nisationsrecht befasst, behandelt Demokratie eher vom Volk
als abstrakter Kollektivgröße aus, einem Volk, das als Zurechnungssubjekt repräsentativer Ausgestaltung bedarf. Man
mag in dieser Schematisierung auch noch einen Hauch des
Schulenstreits zwischen der Smend-Schule und der Schmitt-
Schule verspüren (vertreten durch die Meinungsführer
Hesse / Simon einerseits[44] und Böckenförde andererseits[45]),
oder auch eine Rückwirkung konfessioneller Vorprägungen.
Danach wäre die Legitimationskette eine Umsetzung des katholischen Amtsverständnisses und die Partizipationskultur
Ausdruck presbyterialer Überzeugungen.

Im Brokdorf-Beschluss geht es dem Gericht jedenfalls um
die Offenheit der Demokratie, nicht um die Monopolisie-
rung der repräsentativen Demokratie und des Mehrheits-
prinzips.[46] Es denkt die Demokratie aus der Position einer
Minderheit, deren politische Ohnmacht verhindert werden
soll und die deshalb im Sinne eines »Kräfteparallelogramms«
mit politischen Grundrechten (Art. 5, 8 GG) Repräsentationsdefizite ausgleichen darf. Grundrechtliche Partizipation
und repräsentative Legitimation nähern sich dadurch an.
»Brokdorf« ist daher auch eine Entscheidung zum Demokratieprinzip des Grundgesetzes und zwar verstanden in
einem partizipatorischen, grundrechtlichen Sinne. Der Beschluss wird heute allerdings im Zusammenhang mit dem

Demokratieprinzip des Art. 20 Abs. 2 GG höchst selten zitiert – zu sehr dominiert dort die Legitimationsperspektive mit ihrer Zurechnung an das Kollektivsubjekt »Volk«.

3. Das Verhältnis zu den anderen Gewalten, insbesondere zur Legislative

Interessant ist die Bedeutung des Beschlusses auch im Hinblick auf das dort zum Ausdruck kommende Verhältnis zu anderen Gewalten, also zur Gesetzgebung, zur Verwaltung und auch zu den anderen Gerichten. Gegenüber den Fachgerichten legt der Senat eine wohlwollende, patriarchalische Haltung an den Tag. Er schont diese, indem er die Entscheidung des OVG aus prozessual-formalen Gründen aufhebt (nämlich als Verstoß gegen die Bindung an das Gesetz in Gestalt von § 80 VwGO), das OVG aber nicht brüskiert, was er getan hätte, wenn er ihm ein Fehlverständnis des Grundrechts vorgeworfen hätte. Ersichtlich will Karlsruhe bei den Fachgerichten und den Vollzugsbehörden für seine verfassungskonforme Auslegung des Versammlungsgesetzes werben und ermöglicht es den anderen Institutionen, wie Gerichten, Landratsämtern, sowie Polizei- und Ordnungsbehörden, ihr Gesicht zu wahren.

Die verfassungskonforme Auslegung wird vom Senat in diesem Beschluss mustergültig angewendet, was wiederum das Verhältnis zur Legislative betrifft. Mit der verfassungskonformen Auslegung erhalten insbesondere die §§ 14, 15 VersG einen substantiell veränderten Gehalt, obwohl sich der Wortlaut des Gesetzes nicht geändert hat. Hier zeigt sich, wie das Bundesverfassungsgericht einen direkten gestalterischen Einfluss auf das geltende Gesetzesrecht zu gewinnen vermag, was ihm an sich kompetentiell verwehrt ist, denn es kann Gesetze nicht schreiben, sondern nur an der Verfassung messen. An sich müsste das Gericht daher ein Gesetz aufheben, wenn es einen Verfassungsverstoß feststellt. Schon früh aber hat Karlsruhe einen Weg gefunden, wie die Nichtig- oder Unvereinbarerklärung von Gesetzen vermieden werden kann.[47] Das Gesetz wird dann durch Auslegung inhaltlich so korrigiert, dass es fürderhin nicht mehr mit der Verfassungsinterpretation in Widerspruch steht, obwohl es nach wie vor mit demselben Wortlaut in Kraft ist. Mit dieser verfassungskonformen Auslegung von Gesetzen konnte das Bundesverfassungsgericht den Vorrang der Verfassung gegenüber dem einfachen Recht durchsetzen, ohne dass das Eingreifen der Legislative notwendig wäre.

Anfänglich war diese Auslegung des einfachen Gesetzesrechts kein Affront gegenüber der Gesetzgebungskompetenz des Bundestages, sondern diente dem Gebot der Normerhaltung.[48] Sie verhinderte nämlich, dass sich das Parlament mit der nötigen kleinteiligen Anpassung der überkommenen Rechtsordnung an die Wertordnung des Grundgesetzes befassen musste. Der Bundestag wurde von der zeitaufwendigen und politisch eher lästigen Aufgabe befreit, die hergebrachten Gesetze auf ihre Verfassungsmäßigkeit zu überprüfen. Dies übernahm, wann immer es in einem Fall relevant wurde, die Gerichtsbarkeit. Dadurch verblieb dem Parlament mehr Zeit für die wichtigen Gesetze und Reformen. Mit der verfassungskonformen Auslegung sicherte sich das Bundesverfassungsgericht aber auch einen größeren Gestaltungsspielraum, als es ihn bei einer bloßen Kassation von Vorschriften hätte. Überdies konnte es mit diesem Grundsatz auch einen Filter in die Zulässigkeit konkreter Normenkontrollen einziehen und auf diese Weise seinen Arbeitsaufwand gegenüber den Vorlagen der Fachgerichte reduzieren. Konkrete Normenkontrollen sind nach Art. 100 Abs. 1 GG, § 80 Abs. 2 BVerfGG nämlich nur zulässig, wenn das vorlegende Gericht von der Verfassungswidrigkeit der Norm, auf die es für die Entscheidung seines Falles ankommt, überzeugt ist. Zweifel genügen nicht.[49] Eine konkrete Normenkontrolle wäre danach unzulässig, wenn das Gericht die Norm verfassungskonform auslegen kann, so dass ein Verfassungskonflikt vermieden wird. Mit dem Grundsatz der verfassungskonformen Auslegung kann das Bundesverfassungsgericht also seine Zuständigkeit erweitern (gegenüber der Legislative, wenn es gestalten will) bzw. reduzieren (gegenüber der Judikative, wenn es sich vor einer Flut von Normenkontrollanträgen schützen will). Anders gesprochen: Mit der verfassungskonformen Auslegung kann Karlsruhe das Verhältnis zu den anderen Gewalten flexibel adjustieren und seine Zuständigkeit inhaltlich ausdehnen oder prozessual einschränken.

In unserem Fall ist allerdings unklar, ob hier überhaupt Raum für eine verfassungskonforme Auslegung der §§ 14, 15 VersG bestand, oder ob diese Normen nicht für verfassungswidrig hätten erklärt werden müssen. Das Bundesverfassungsgericht umschreibt die Voraussetzungen der verfassungskonformen Auslegung wie folgt: Lässt eine Norm mehrere Auslegungen zu, die teils zu einem verfassungswidrigen, teils zu einem verfassungsgemäßen Ergebnis führen, so ist die Norm verfassungsgemäß und muss verfassungskonform ausgelegt werden.[50] Denn eine Kassation der Vorschrift würde auch die verfassungskonformen Normteile vernichten und griffe dann zu weit. Mit der verfassungskonformen Auslegung kann flexibel der jeweilige Verfassungsverstoß in dem Umfang beseitigt werden, in dem er vom Bundesverfassungsgericht festgestellt worden ist.[51]

Hinter der Anwendung der verfassungskonformen Auslegung erhebt sich eine Kompetenzfrage: Wann schwappt die Auslegungsfrage über zur verkappten Gesetzgebung,

wann greift die Verfassungsgerichtsbarkeit in den Bereich
der Gesetzgebung ein?[52] Man stellt hier gerne darauf ab,
dass auch in der verfassungskonformen Auslegung noch
die inhaltliche Entscheidung des Gesetzgebers erkennbar
sein muss. Nicht ausreichend ist, dass von der legislativen
Entscheidung noch etwas übrig bleibt; entscheidend ist
vielmehr, dass das Anliegen des Gesetzgebers durch verfassungskonforme Interpretation in vollem Umfang verwirk-
licht werden kann. Sonst ist das »ausgelegte« Gesetz keine
Entscheidung der Legislative, sondern ein Gestaltungsakt
des Bundesverfassungsgerichts.[53]

Nimmt man diese Grundsätze ernst, ist nicht klar, ob
die §§ 14, 15 VersG verfassungskonform ausgelegt werden
konnten und durften. Das Anmeldeerfordernis des § 14
VersG ist eindeutig und zwingend formuliert. Ausnahmen
gestattet die Norm nicht. Der Brokdorf-Beschluss derogiert
dieses Erfordernis in weiten Teilen, setzt also an die Stelle
der Anmeldepflicht eine Zumutbarkeitsregel.[54] Die Auf-
lösungs- und Verbotsgründe des § 15 VersG werden vom
Senat in der Sache eingeschränkt und durch neue, aus
der Verfassung abgeleitete Merkmale substantiell umge-
staltet. Ob man diese Regelung noch im Kern als einen
Gestaltungsakt des Parlamentes bezeichnen kann, ist frag-
lich. Über die Verhältnismäßigkeitsanforderungen hatte sich
der Gesetzgeber 1953 genau so wenig Gedanken gemacht
wie über ein Kooperationsprinzip. Als das Versammlungsgesetz erging, wollte der Gesetzgeber die Materie, zu deren
Regelung er durch Art. 8 Abs. 2 GG gezwungen war, vom
Tisch haben. Die Tragweite der Gesetzesvorbehalte und ihre
Interpretation im Lichte der Grundrechte waren damals
noch nicht erkannt.

Misst man die Entscheidung des Jahres 1985 also am
Gesetzgebungsakt des Jahres 1953, so stellt sie sich als

Überdehnung der verfassungskonformen Auslegung und als Eingriff in die Gestaltungshoheit der Legislative dar. Berücksichtigt man aber, dass der Gesetzgeber 1953 die Bedeutung der Grundrechte für das einfache Recht noch nicht erkennen konnte, auch weil die Rechtsprechung des Bundesverfassungsgerichts zu den Grundrechten sich erst am Ende der 1950er Jahre zu entwickeln begann, berücksichtigt man außerdem den Umstand, dass dem Horizont des Jahres 1953 Großdemonstrationen dieser Art fern lagen, bedenkt man schließlich, dass der Bundestag das Versammlungsrecht als heißes Eisen seit dem Jahr 1953 nicht mehr angefasst und den nötigen Reformen nicht Rechnung getragen hatte, dann lässt sich aus dem politischen Entstehungs- und Entwicklungskontext des Versammlungsgesetzes heraus ein Mandat des Bundesverfassungsgerichts ableiten, mit Hilfe der verfassungskonformen Auslegung eine Anpassung des überkommenen Rechts an die Grundrechtsentwicklung vornehmen zu dürfen. Anders gesagt: Abstrakt betrachtet mag man in der Entscheidungstechnik einen Grenzfall der verfassungskonformen Auslegung sehen; konkret aus dem Kontext des Sachverhaltes heraus sowie angesichts des veralteten Normengefüges samt politischem Folge-Unterlassen stellt sich der Fall anders dar. Die zupackende Regelungs-freudigkeit des Senats kann als heilsame Modernisierung angesehen werden, die im Problemkontext des Demonstrationsrechts keinen illegitimen Eingriff in die Gewaltenzuordnung im politischen System darstellte. Anders wäre zu urteilen, wenn der Gesetzgeber kurz vorher ein strenges Versammlungsrecht verabschiedet hätte. In diesem Fall wäre der Senat an einer Kassation der Vorschriften wohl nicht vorbei gekommen.

Die vom Bundesverfassungsgericht vorgenommene Umgestaltung des einfachen Rechts im Namen des Verfassungsvollzugs ist aber nicht nur an der Kompatibilität mit der übernommenen Gesetzgebung zu messen. Selbst wenn sie in der Perspektive der Vergangenheit, bezogen auf das Gesetz von 1953, hinnehmbar ist, greift sie zugleich jedoch auch Gesetzesänderungen vor. Eine künftige Regelung des Demonstrationsrechts wird den Brokdorf-Beschluss nicht ignorieren können und hinter dem dort Getroffenen nicht zurückbleiben können. Die verfassungskonforme Auslegung des übernommenen Gesetzesrechts wirkt daher zugleich auch immer auf zukünftige Gesetzgebung voraus.

In der Zukunftsdimension liegt wahrscheinlich der größere Eingriff in die parlamentarische Gestaltungsfreiheit. In dieser Hinsicht ist die vom Senat gewählte Auslegung des Versammlungsgesetzes besonders zu würdigen, weil sich die politischen Mehrheitsverhältnisse im Bundestag zwischen dem Tag der Demonstration in Brokdorf und dem Tag der Entscheidung in Karlsruhe geändert hatten. 1981 hieß der Bundeskanzler Helmut Schmidt, 1985 war es Helmut Kohl. Seine christlich-liberale Regierung hatte sich eine Änderung des Demonstrationsstrafrechts vorgenommen. Die in der Koalition diskutierten Überlegungen erhielten durch den Brokdorf-Beschluss einen Dämpfer. Insbesondere ließ sich die Polizeifestigkeit der Versammlung nicht mehr im Hinblick auf einzelne gewaltbereite Demonstranten aushebeln. Diese machten eine im Wesentlichen friedliche Versammlung noch nicht zur unfriedlichen, die nicht mehr vom Grundrecht der Versammlungsfreiheit geschützt war, so dass Eingriffsbefugnisse nicht am Grundrecht zu messen gewesen wären. Der Effekt der verfassungskonformen Auslegung lag folglich nicht nur im Um-Schreiben des Versammlungsgesetzes, sondern in der Ausweitung des Grundrechtsschutzes auf Demonstrationen, deren friedlicher Verlauf unsicher war, und in der entsprechenden Anhebung der

verfassungsrechtlichen Hürden für die damalige Politik und
ihre Gesetzgebungsideen.

Der Brokdorf-Beschluss kann daher durchaus als Fortsetzung einer Entwicklung der 1970er Jahre angesehen
werden, die unter dem Stichwort »Richter machen Politik«
beschrieben worden ist.[55] Nach dem Regierungswechsel
1969 gestaltete die sozial-liberale Koalition die Wirtschafts-
und Sozialordnung der Bundesrepublik wesentlich um. Die
Opposition griff diese Gesetze nahezu ausnahmslos mit abstrakten Normenkontrollen an. Damit trat – von früheren
Ausnahmen abgesehen – erstmals ein Konflikt von Verfassungsgerichtsbarkeit und Bundestag auf, der die grundsätzliche Frage aufwarf, in wie weit das Bundesverfassungsgericht Mehrheitsentscheidungen aufheben, den Primat der
demokratisch legitimierten Politik übertrumpfen und mit
Übergangsregelungen oder in Gestalt der verfassungskonformen Auslegung die Politik durch eigene Gestaltungsent-
scheidungen ersetzen darf. Vorher richteten sich markante
Karlsruher Entscheidungen in erster Linie gegen die Judikative (Urteilverfassungsbeschwerden) oder die Exekutive,
wie zum Beispiel im Fall des »Adenauer-Fernsehens« oder
der »Spiegel-Affäre«. Nach 1970 litt zunehmend die Gesetzgebung, konkret die sozial-liberale Reformgesetzgebung,
unter Karlsruher Verdikten.[56] Die Streitfragen betrafen
beispielsweise Abtreibung, Hochschulgesetzgebung, Haushaltsüberschreitung, Öffentlichkeitsarbeit der Regierung,
aber auch den Grundlagenvertrag, der verfassungskonform
ausgelegt und substantiell uminterpretiert wurde.[57] Spiegel-
Redakteure listeten Karlsruher »Grenzüberschreitungen«
auf und sozialdemokratische Rechtspolitiker machten sich
Gedanken, wie man das Verfassungsgericht in eine »demo-
kratieangemessene« Rolle zurückführen könne.[58] Es wurde
eine scharfe Tonlage kolportiert, mit der sich Regierungs-

mitglieder beschwerten, man werde sich von den Richtern in Karlsruhe (es fällt eine Verbalinjurie) nicht die Politik kaputt machen lassen.[59] Und auch in Karlsruhe selbst war der Kurs nicht unumstritten, wie ins Grundsätzliche der Gewaltenteilung gehende Sondervoten belegen.[60] 1978 wird als der Höhepunkt der Auseinandersetzungen angesehen[61], wohl auch weil im darauf folgenden Jahr mit dem Mitbestimmungsurteil ein Reformgesetz nicht nur unbeanstandet blieb, sondern das Bundesverfassungsgericht dem Gesetzgeber auch einen Gestaltungsfreiraum zum Experimentieren zubilligte.[62]

Wir sehen jedenfalls das Bundesverfassungsgericht in der vielleicht aktivistischsten Phase seiner Rechtsprechung: Selbstsicher hob es Gesetze auf, schrieb Übergangsregelungen, wies die Verfassungsorgane in die Schranken und bildete das Verfassungsrecht besonders in den Grundrechten fort (grundrechtliche Schutzpflichten, Wesentlichkeitslehre, Teilhaberechte, Grundrechtsschutz durch Organisation und Verfahren, Menschenwürde als subjektives Recht). Diese aktivistische Grundhaltung kommt im Brokdorf-Beschluss klar zum Ausdruck.

4. Fortwirken der Entscheidung

Auch wenn die Entscheidung die Versammlungsfreiheit in der partizipativen Teilhabe der Demokratie fundiert und das Versammlungsrecht modernisiert und angepasst hat, ist der konkrete Ertrag des Beschlusses im Versammlungsrecht heute ambivalent zu beurteilen. Nach wie vor stellt der Beschluss die grundlegende Entscheidung zur Versammlungsfreiheit dar. Doch die gegenwärtigen Rechtsfragen finden in dieser Entscheidung nur noch wenig Orientierung. Sie kreisen um andere Fragen[63]: Welche Anforderungen sind

an eine Gefahrenprognose bei rechtsradikalen Demonstranten zu stellen (gefährdete Rechtsgüter, Grad der Wahrscheinlichkeit, Reduzierung der Gefahrenprognose durch
polizeiliche Maßnahmen – Kooperationsgebot, Pufferzone
zu Gegendemonstranten)? Hier hat sich eine Rechtsprechungskontroverse zwischen Oberverwaltungsgerichten
und dem Bundesverfassungsgericht entwickelt. Erstere bestätigen immer wieder auf eine Gefahrenprognose gestützte
Verbote rechtsradikaler Aufmärsche, während das Bundesverfassungsgericht an die Tatsachengrundlagen der Gefahrenprognose schärfere Anforderungen stellt und solche
Entscheidungen immer wieder aufhebt.[64] Einen anderen
Schwerpunkt bilden Versammlungen, die keinen Bezug
zur öffentlichen Meinungsbildung haben. Zählen Events
der Spaß- und Sportkultur zum Schutzbereich des Art. 8
Abs. 1 GG, weil es der Grundrechtsträger prinzipiell in der
Hand haben muss, den Zweck, die Form und Zeit sowie
den Ort der Versammlung bestimmen zu können? Handelt
es sich etwa bei der Love-Parade um ein kommerzielles
Großereignis, das den Schutz des Art. 8 GG sucht, weil
mit ihm ein Recht zur Benutzung des öffentlichen Raums
verbunden ist? Das Problem kulminiert in der Frage, wer
über den Schutzbereich der Freiheitsrechte bestimmen darf:
Der Grundrechtsträger selbst, auch wenn er keine öffentliche Meinungsbildung, sondern nur Unterhaltung und
Spaß verfolgt, oder andere, letztlich amtliche Stellen?[65] Mit
dieser Frage hängt schließlich ein weiteres aktuelles Problem zusammen. Umfasst die Freiheit, Zeit und Ort der
Versammlung zu bestimmen, auch das Demonstrieren auf
privatem Grund? In wie weit hängt die Bindung Privater an
die Grundrechte vom Kundgabezweck der Versammlung ab,
welche Verbindungen von Ort und Ziel der Versammlung
sind verfassungsrechtlich geboten?[66]

Im Grundsätzlichen hat »Brokdorf« die Maßstäbe im Versammlungsrecht entschieden. Heute geht es um situative Entscheidungen, die in Karlsruhe nicht mehr im Senat, sondern in einer aus drei Richtern bestehenden Kammer getroffen werden, weil die Rechtsfragen keine grundsätzliche verfassungsrechtlichen Bedeutung aufwerfen (§§ 93a–d BVerfGG). Die heutige Karlsruher Rechtsprechung zur Versammlungsfreiheit erschließt sich daher primär aus Kammerentscheidungen[67]; maßstabsbildende Senatsentscheidungen zu diesem Grundrecht sind rar geworden.[68] Der Maßstab aus dem Brokdorf-Beschluss lebt fort, auch wenn er in der Sache immer seltener für die zeitgenössischen Rechtsfragen einschlägig ist.

5. Zur zeithistorischen Interpretation der Entscheidung

Die Entscheidungsbegründung des Brokdorf-Beschlusses trägt, alles in allem, deutlich die Züge der 1980er Jahre. Sie berücksichtigt die Verarbeitung des Jugendprotestes, die Gefahr einer Abwendung der jungen Generation vom politischen System, das Gebot, »mehr Demokratie zu wagen« und versucht Partizipationsformen außerhalb der Institutionenordnung, wie zum Beispiel Bürgerinitiativen, verfassungsrechtlich einzubinden. Der Beschluss ist nicht nur eine Entscheidung zur Versammlungsfreiheit, sondern ebenso zur offenen Demokratiekonzeption des Bundesverfassungsgerichts, die nach 1990 aber in streng repräsentative Bahnen, die sogenannten Legitimationsketten, umgelenkt wurde.

Das Integrationskonzept des Gerichts hatte erst einmal Erfolg. Teile der zunächst diffusen Protestbewegung organisierten sich als Partei Die GRÜNEN. Innerhalb der Partei rangen der fundamentalistische und der realpolitische Flügel um die Mehrheit, was die gesinnungsethischen Kräfte parteipolitisch integrierte, aufgrund der 5-Prozent-Klausel ihre Abspaltung verhinderte und sie zum Kompromiss zwang. In dieser Situation schaffte der Brokdorf-Beschluss ein Grundvertrauen in Rechtsstaat und Demokratie bei denjenigen, die ihre Anliegen außerparlamentarisch mit neuen Mitteln verfolgten. Zugleich wirkten die Institutionalisierung der Protestbewegung im Parlament sowie ihr Grundrechtsschutz auf die Bewegung zurück. Parlamentarischer wie grundrechtlicher Erfolg erforderten Struktur- und Verhaltensänderungen auf Seiten der Friedens- und Anti-Atom-Aktivisten. Nur durch Kompromisse zwischen dem fundamentalistischen und dem realpolitischen Flügel innerhalb einer Parteigründung ließ sich die 5-Prozent-Hürde überwinden und parlamentarischer Einfluss gewinnen. Nur durch die Kooperation, die das Bundesverfassungsgericht den Veranstaltern von Großdemonstrationen mit den Sicherheitsbehörden auferlegt hatte, ließ sich der grundrechtliche Schutz des Massenprotestes erreichen.

Die Verfassungsordnung des Grundgesetzes, gerade auch in Gestalt der Rechtsprechung des BVerfG, integrierte die Protestbewegung in das Institutionen- und Rechtssystem. Der politische Gestaltungsdrang zwang dazu, sich auf eine Partei einzulassen und in ihrer Willensbildung Kompromisse einzugehen und das trotz aller anfänglichen Revolte gegen das etablierte Parteien- und Repräsentativsystem, wie sie sich in der Trennung von Amt und Mandat, imperativem und rollierendem Mandat zeigte. Die Inanspruchnahme von Grundrechten für den Protest verleitete die Versammlungsteilnehmer dazu, sich mit den konfligierenden Rechten anderer (Schutz der öffentlichen Sicherheit und der Rechte der Nicht- und Gegendemonstranten) auseinanderzusetzen.

Der Öffentlichkeit sendete das Bundesverfassungsgericht überdies ein deutliches Signal in verfassungsrechtlicher Verkleidung. Politik ist ein breitenpartizipatorischer Akt, der sich in den Bahnen des Rechts, nicht aber in den Gesetzesinterpretationen der Mehrheit vollzieht. Das Recht sicherte auch Neuen Sozialen Bewegungen eine ihnen angemessene und selbstbestimmte Ausdrucks- und Protestform. Das Recht stand nicht auf der Seite des Establishments. Das Gericht hatte aus dem eskalierenden Protest nach 1968 gelernt und wusste, wie radikale Minderheiten die Solidarität der friedfertigen Mehrheit gewannen, wenn staatliche Organe überreagierten, wie es erstmals bei den Massensolidarisierung gegen den »Polizeistaat« bei den Schwabinger Krawallen 1962 geschehen war. Im Brokdorf-Beschluss wurden die Fehler der law-and-order-Polizeitaktik der frühen 1970er Jahre konstruktiv verarbeitet: Deeskalation, Kooperation, Integration. Die gesellschaftspolitische Bedeutung der Entscheidung ist der juristischen ebenbürtig, wenn nicht gar überlegen.

Freilich stellen sich auch nachwirkende Fragen: Wurde der Konflikt integriert oder institutionalisiert? Handelte es sich um einen Strukturkonflikt in der repräsentativen Demokratie, auf den mit Verfassungsauslegung prinzipiell zu reagieren ist, oder um einen Generationenkonflikt, auf den mit Verfassungsauslegung situativ zu antworten ist? Hat das Kooperationsprinzip Demonstrationen das Protestpotential nicht zu sehr genommen, weshalb die Versammlungsfreiheit nach »Brokdorf« an Bedeutung verlor und sich die Themen der Versammlungen vom Politischen auf die Spaßgesellschaft von Love-Parades verlagerten, oder Demonstrationen von der Politik benutzt wurden, als etwa Politiker an der Spitze des Studentenprotestes gegen Studienbedingungen und Studiengebühren mitmarschierten, was den Effekt der Demonstration entwertete? Hat sich die Hoffnung des Ersten Senats auf eine Willensbildung von unten nach oben jenseits der Medien und Lobbygruppen erfüllt oder sind heute Rechtsradikale die Profiteure des Versammlungsrechts? Neue Protestformen fanden im Übrigen andere Mittel als die der Großdemonstration (Besetzung, Blockade, Internet), während die Demonstrationsform inzwischen von den gutbürgerlichen Kreisen entdeckt wurde (Protest gegen Stuttgart 21). Das alles lässt in der Rückschau den Brokdorf-Beschluss als eine Entscheidung erscheinen, die einerseits zeitverhaftet ist und kontextualisiert werden muss, deren politische Bedeutung für die Entwicklung der Bundesrepublik andererseits jedoch keinesfalls unterschätzt werden darf.

---

[1] Zum Phänomen aus der reichhaltigen Literatur als Mischung unterschiedlicher Perspektiven: Roland Roth / Dieter Rucht (Hgg.), *Neue soziale Bewegungen in der Bundesrepublik Deutschland*, Frankfurt a. M. 1987; Deutscher Bundestag (Hg.), *Jugendprotest im demokratischen Staat. Schlußbericht der Enquete-Kommission des 9. Deutschen Bundestages*, Bonn 1983; *Vermutungen über die Revolution / Kontroversen über den Protest*, Kursbuch 9 (1967) mit Beiträgen u. a. von Herbert Marcuse, Martin Walser, Uwe Johnson.

[2] BVerfGE 69, 315 [1986]. Zu der Entscheidung Katharina Pabel, »BVerfGE 69, 315 – Brokdorf«, in: Jörg Menzel / Ralf Müller-Terpitz (Hgg.), *Verfassungsrechtsprechung. Ausgewählte Entscheidungen des Bundesverfassungsgerichts in Retroperspektive*, Tübingen [2]2011, 396–403 m. w. N. (Menzel / Müller-Terpitz, Verfassungsrechtsprechung). Für eine zeitgenössische Preisung siehe etwa Hans Schueler, *Eine Demonstration für die Bürgerfreiheit*, Die ZEIT 32/1985 v. 2.8.1985, 3. (Schueler, Demonstration).

[3] Gerhard Fürmetz (Hg.), *»Schwabinger Krawalle«: Protest, Polizei und Öffentlichkeit zu Beginn der 60er Jahre*, Essen 2006. (Fürmetz, Schwabiger Krawalle). Die Vorkommnisse sind übrigens später in Gestalt eines recht ungelenk geschriebenen Romans des seinerzeit zuständigen Polizeireferenten im Bayerischen Staatsministerium des Innern und langjährigen Kommentators des Bayerischen Polizeiauf-

gabengesetzes reflektiert worden als »Lebensweg junger Menschen, die sich von Sozialromantikern zu Terroristen mauserten«, vgl. Rudolf Samper, *Wilde Jahre in Schwabing*, München 1992.

[4] BVerwGE 26, 161 – Schwabinger Krawalle [1967]. Es ging um die Frage, ob die Anwendung von Zwangsmaßnahmen durch die Polizei (Schlagstockeinsatz) nachträglich auf ihre Rechtmäßigkeit vor Gericht überprüft werden kann. Da tatsächliche Maßnahmen entweder keine Verwaltungsakte darstellen, oder sie sich sofort erledigen, erklärte die Vorinstanz, der Bayerische Verwaltungsgerichtshof, den Beschwerdeführern fehle die Klagebefugnis, sie seien nicht mehr in Rechten verletzt, ihre Klagen seien unzulässig. Demgegenüber erweiterte das BVerwG die Fortsetzungsfeststellungsklage nach § 113 Abs. 1 Satz 4 VwGO, so dass auch noch nachträglich über die Rechtmäßigkeit der Maßnahmen entschieden werden konnte. Siehe auch Michael Sturm, »›Unruhestifter‹ und Polizei vor Gericht. Das juristische Nachspiel der ›Schwabinger Krawalle‹«, in: Fürmetz, *Schwabinger Krawalle*, 175–203.

[5] Diese Einschätzung wird dem damaligen Bayerischen Innenminister Gerold Tandler zugeschrieben. Vgl. zu den Vorkommnissen am 5.3.1981 in Nürnberg: Hermann Glaser (Hg.), *Die Nürnberger Massenverhaftung*, Reinbek 1981; *DER SPIEGEL* 12/1981 v. 16.3.1981, 17–29. Nach einer Filmvorführung über die Niederländische Hausbesetzerszene im Jugendzentrum KOMM wurde der Demonstrationszug von einer Hundertschaft Polizei erwartet. Im Verlauf der Demonstration entstanden Sachschäden von 30 000 DM (sechs Schaufensterscheiben, Autoantennen). 141 Demonstranten, darunter Minderjährige, wurden verhaftet und bis zu 14 Tage in zwölf Haftanstalten in Gewahrsam gehalten. Die Ermittlungsrichter bestätigten auf Vordrucken kollektiv die Fluchtgefahr, da es den Sympathisanten der Hausbesetzerszene an ausreichenden sozialen Bindungen fehle.

[6] Zitiert nach: »Sind wir denn hier in Südamerika?«, *DER SPIEGEL* 12/1981 v. 16.3.1981, 19.

[7] Vgl. die entsprechenden Einschätzung bei Rolf Lamprecht, *Ich gehe bis nach Karlsruhe. Eine Geschichte des Bundesverfassungsgerichts*, München 2011, 189–191.

[8] BVerfGE 69, 315 (346) unter Zitierung von Konrad Hesse, *Grundzüge des Verfassungsrechts der Bundesrepublik Deutschland*, 14., erg. Aufl., Heidelberg 1984, 157 sowie von Dieter Blumenwitz, »Versammlungsfreiheit und polizeiliche Gefahrenabwehr bei Demonstrationen«, in: Manfred Schreiber (Hg.), *Polizeilicher Eingriff und Grundrechte. Festschrift zum 70. Geburtstag von Rudolf Samper*, Stuttgart u. a.

1982, 131–152, 132. Die Zitate sind bemerkenswert: Hesse ist Mitglied des Senats und zitiert sich gewissermaßen selbst; Blumenwitz ist für seine konservative politische Haltung bekannt; ihn anzufügen neutralisiert die Aussage parteipolitisch. Allerdings ironisiert Blumenwitz den Ausdruck von Hesse, wenn er schreibt: »In den in der Demonstrationsfreiheit sich manifestierenden Elementen der ›ursprünglich-unmittelbaren Demokratie‹ verbirgt sich jedoch auch die Gefahr der Entartung eines Grundrechts – vor allem, wenn seine Schranken nicht respektiert werden. Die Gefahr der Pervertierung der Demonstrationsfreiheit ergibt sich bei ihrer Manipulation durch Radikale, die ›nützliche Idioten‹ als Kulisse benötigen«.

[9] BVerfGE 69, 315 (343) bezogen auf die naturrechtliche Verwurzelung der Versammlungsfreiheit im anglo-amerikanischen Rechtskreis.

[10] Verkürzte Leitsätze aus BVerfGE 69, 315.

[11] In Bezug auf die Grundrechte vgl. dazu: Joachim Bühler, *Das Integrative der Verfassung. Eine politiktheoretische Untersuchung des Grundgesetzes*, Baden-Baden 2011, 106 ff.

[12] Vgl. zu den Gedanken dieses Abschnitts Oliver Lepsius, »Rechtswissenschaft in der Demokratie«, *DER STAAT* 53 (2013), H. 2, 157–186, 168 ff. m. w. N.; Hans Kelsen, *Allgemeine Staatslehre*, Berlin 1925, §§ 43, 44, 47.

[13] Renate Künast, »Ein Neuer Gesellschaftsvertrag – Bilanz nach 60 Jahren Grundgesetz«, in: Redaktion Kritische Justiz (Hg.), *Verfassungsrecht und gesellschaftliche Realität. Dokumentation: Kongress »60 Jahre Grundgesetz: Fundamente der Freiheit stärken«*, Baden-Baden 2009, 13–23, 15.

[14] BVerfGE 68, 1 (78 ff.) – Nachrüstung [1984].

[15] BVerfGE 68, 1 (113).

[16] BVerfGE 68, 1 (86).

[17] Zu dieser Entscheidung: Brun-Otto Bryde, »Sicherheitspolitik zwischen Regierung und Parlament«, *JURA* 8 (1986), 363–369; Ralf Müller-Terpitz, »BVerfGE 68, 1 – Pershing«, in: Menzel / ders., Verfassungsrechtsprechung, 388–395, mit weiteren Hinweisen; Wolfgang Heyde, *Die Nachrüstung vor dem Bundesverfassungsgericht: Dokumentation des Verfahrens*, Heidelberg 1986.

[18] BVerfGE 90, 286 (344 ff.) – Somalia [1994]. Für die NATO hingegen hielt es an seiner Rechtsprechung fest, BVerfGE 104, 151 – neues NATO-Strategiekonzept [2001].

[19] Vgl. die Bestandsaufnahme und Rechtfertigungsschrift von Werner Offenloch, *Erinnerung an das Recht: der Streit um die Nachrüstung*

auf den Straßen und vor den Gerichten, Tübingen 2005. Offenloch war Direktor des in vielen Fällen zuständigen Amtsgerichts Schwäbisch-Gmünd.

[20] Vor allem BGHSt 23, 46 – Laepple [1969], 2. Strafsenat. Es ging um die Strafbarkeit eines Sitzstreiks auf zwei Verkehrspunkten durch Kölner Studenten, gerichtet gegen die Fahrpreiserhöhung der Verkehrsbetriebe im Jahr 1966. Der BGH bejahte eine Nötigung. Bloß psychischer Zwang sei dafür ausreichend. Die Rechtsprechung wurde von den anderen Strafsenaten des BGH weitgehend übernommen, vgl. BVerfGE 73, 206 (220).

[21] BVerfGE 73, 206 (231 ff.) – Sitzblockade I (Mutlangen 1983) [1986].

[22] Vgl. etwa die knappe Schilderung, wie sich der Protest entwickelte und welche Formen er annahm in BVerfGE 73, 206 (208–210). Das BVerfG stellte hierzu fest: »Zu Gewalttätigkeiten kam es nirgends.« Zitat: Ebd., 210.

[23] BVerfGE 73, 206 (250).

[24] Nur die Richter Henschel und Seidl wirkten an beiden Entscheidungen mit. Henschel stimmte 1995 mit der Senatsmehrheit für die neue Linie, Seidl verteidigte die alte Lösung und verfasste ein Sondervotum.

[25] BVerfGE 92, 1 (16 ff.) – Sitzblockade II (Großengstingen 1983) [1995]. Vorinstanz: BGHSt 35, 270 [1988], 1. Strafsenat.

[26] BVerfGE 104, 92 (101 ff.) – Sitzblockade III (Wackersdorf/ Grenzübergang Basel) [2001]. In den zugrundeliegenden Fällen hatten sich die Demonstranten zum einen in eine Metallkette eingebunden, mit der das Haupttor in Wackersdorf gesperrt wurde, zum anderen den Grenzübergang der A5 bei Basel mit Fahrzeugen blockiert. Einer abweichenden Meinung im Senat ging die Entscheidung zugunsten der Nötigung nicht weit genug, während zwei Richter in einer anderen abweichenden Meinung die Selbstfesselung und Ankettung im Unterschied zur Autobahnblockade nicht als physische Gewalt ansehen wollten.

[27] So Wolfgang Hoffmann-Riem, »Demonstrationsfreiheit durch Kooperation?«, in: Willy Brandt u.a. (Hgg.), *Ein Richter, ein Bürger, ein Christ. Festschrift für Helmut Simon*, Baden-Baden 1987, 379–401. (Hoffmann-Riem, Demonstrationsfreiheit); ders., »Chancengleichheit durch kompensatorische Rechtsanwendung«, in: ders., *Offene Rechtswissenschaft. Ausgewählte Schriften und Analysen*, Tübingen 2010, 361–

383, 361 ff. Für eine zeitgenössische Preisung siehe etwa Schueler, Demonstration.

[28] Neubekanntmachung in der Fassung v. 15.11.1978, BGBl. I, 1789.

[29] Die Vorschrift des § 80 Abs. 6 Satz 2 VwGO wurde alsbald geändert und Entscheidungen nach § 80 Abs. 5 VwGO wurden beschwerdefähig. Seit der 6. VwGO-Novelle 1997 steht den Beteiligten nach § 146 Abs. 4 VwGO die Beschwerde nur zu, wenn sie vom OVG in entsprechender Anwendung des § 124 Abs. 2 VwGO zugelassen worden ist. Statthafter Rechtsbehelf gegen eine Eilentscheidung nach § 80 Abs. 5 VwGO ist folglich der Antrag auf Zulassung der Beschwerde. Sinn der Regelung ist es, den Rechtsschutz auf eine Tatsacheninstanz zu beschränken, die Rechtsmittelgerichte zu entlasten und das Verfahren zu beschleunigen.

[30] BVerfGE 56, 244. Das BVerfG konnte in der nächtlichen Entscheidungssituation zu keiner anderen Einschätzung als die örtlichen Behörden gelangen und sah »sich zu einer abweichenden Beurteilung außerstande.«

[31] Otto Depenheuer, »Art. 8 – Versammlungsrecht«, in: Maunz/Dürig, *Grundgesetz, Kommentar*, 48. Lfg. 2006, Art. 8 Rn. 35. (Depenheuer, Versammlungsrecht).

[32] BVerfGE 69, 315 (346).

[33] BVerfGE 69, 315 (347).

[34] BVerfGE 69, 315 (357).

[35] BVerfGE 69, 315 (355).

[36] BVerfGE 69, 315 (357).

[37] Christoph Gusy, »Artikel 8«, in: Hermann von Mangoldt/Friedrich Klein/Christian Starck (Hgg.), *Kommentar zum Grundgesetz*, Band I, München ⁶2010, Art. 8 Rn. 12 (Gusy, Artikel 8). Siehe zur Kritik an der demokratischen Funktionalisierung auch Depenheuer, *Versammlungsrecht*, Art. 8 Rn. 33–41.

[38] So Hoffmann-Riem, *Demonstrationsfreiheit*, 383, sowie ders., »Versammlungsfreiheit«, in: Detlef Merten/Hans-Jürgen Papier (Hgg.), *Handbuch der Grundrechte in Deutschland und Europa, Band IV: Grundrechte in Deutschland: Einzelgrundrechte I*, Heidelberg 2011, § 106 Rn. 107–110 (Merten/Papier, Handbuch). Hoffmann-Riem war als Richter des BVerfG von 1999–2008 für Versammlungsrecht zuständig. Vor einer »Verstaatlichung« der Freiheitsgarantie warnt Wolfram Höfling, in: Michael Sachs (Hg.), *Grundgesetz Kommentar*, München ⁶2011, Art. 8 Rn. 45. An der demokratischen Funktionalisierung der Versamm-

lungsfreiheit wird auch ihre Verkürzung auf politische Angelegenheiten bemängelt, so Depenheuer, *Versammlungsrecht*, Art. 8 Rn. 30–36. Positiver gesehen von Gusy, *Artikel 8*, Art. 8 Rn. 11 f.

[39] BVerfGE 93, 1 [1995] – Kruzifix. Zu dieser Entscheidung Gary S. Schaal, »Der ›Kruzifix-Beschluss‹ und seine Folgen«, in: Robert C. van Ooyen / Martin H. W. Möllers (Hgg.), *Das Bundesverfassungsgericht im politischen System*, Wiesbaden 2006, 175–186; Achim Nolte, »Das Kreuz mit dem Kreuz. Hintergründe und Kritik am Urteil des Bundesverfassungsgerichts«, *JÖR* 48 (2000), 87–116; Beate Schulte zu Sodingen, »BVerfGE 93, 1 – Kruzifix«, in: Menzel / Müller-Terpitz, *Verfassungsrechtsprechung*, 587–594. Zeitgenössisch etwa Alexander Hollerbach u. a., *Das Kreuz im Widerspruch*, Freiburg 1996; Basilius Streithofen, *Das Kruzifix-Urteil. Deutschland vor einem neuen Kulturkampf?*, Frankfurt a. M. 1995; Peter Lerche, »Verfassungsrechtliche Anmerkungen zur ›Kreuz-Entscheidung‹«, *Kirche und Gesellschaft, Sonderheft Schule ohne Kreuz?*, Köln 1995, 16–22, der schroffe Aussagen der Entscheidung beanstandet und den schonenden Ausgleich widerstreitender Rechte anders vorzeichnet.

[40] Vgl. auch *DER SPIEGEL* 33 / 1995 v. 14. 8. 1995: »Das Kreuz mit dem Kruzifix«, 22–34.

[41] Vgl. Wolfram Höfling / Steffen Augsberg, »Versammlungsfreiheit, Versammlungsrechtsprechung und Versammlungsgesetzgebung. Versammlungsrecht zwischen politischer Einflußnahme und konstitutioneller Stabilisierung«, *ZG* 21 (2006), 151–178, 160 ff. Höfling und Augsberg haben die Entwicklung des Versammlungsrechts in der Bundesrepublik in fünf Phasen unterteilt: (1) Die frühe Phase mit Demonstrationen für die Mitbestimmung und gegen die Wiederbewaffnung, (2) Ostermärsche gegen Atomwaffen und Sternmärsche gegen die Notstandsgesetzgebung, (3) die Studentenbewegung, (4) Proteste gegen Castor-Transporte sowie die Chaostage in Hannover 1995, (5) rechtsradikale Aufmärsche. In dieser Einteilung lässt sich »Brokdorf« nicht schematisch einordnen, sondern umfasst Aspekte mehrerer Phasen.

[42] Ernst-Wolfgang Böckenförde, »Demokratie als Verfassungsprinzip«, in: Josef Isensee / Paul Kirchhof (Hgg.), *Handbuch des Staatsrechts, Band I: Grundlagen von Staat und Verfassung*, Heidelberg 1987, § 22.

[43] In den 1990er Jahren wurde das Verfassungsprinzip der Demokratie als verfassungsrechtlicher Prüfungsmaßstab erschlossen, vgl. BVerfGE 83, 37 (50–58) – Kommunales Ausländerwahlrecht Schleswig-Holstein [1990]; 83, 60 (71–75) – Ausländerwahlrecht Bezirksver-

sammlungen Hamburg [1990]; 93, 37 (66–74) – Personalräte [1995]. Vgl. dazu etwa Matthias Jestaedt, *Demokratieprinzip und Kondominialverwaltung*, Berlin 1993, insbes. Kap. 4 und 5; Alexander Hanebeck, *Der demokratische Bundesstaat des Grundgesetzes*, Berlin 2004, 76–86, 102–135; Bodo Pieroth, »Plurale und unitarische Strukturen demokratischer Legitimation«, *EuGRZ* 33 (2006), 330–338; kritische Bewertungen etwa durch Brun-Otto Bryde, »Die bundesrepublikanische Volksdemokratie als Irrweg der Demokratietheorie«, *StWStP* 5 (1994), 305–330, 305 ff.; Redaktion Kritische Justiz (Hg.), *Demokratie und Grundgesetz. Eine Auseinandersetzung mit der verfassungsgerichtlichen Rechtsprechung*, Baden-Baden 2000. Die anfangs stringente Rechtsprechung wurde später im Angesicht von hoheitlichen Sonderorganisationsformen ausdifferenziert. Der Senat billigte Abweichungen von einer strikten, auf das Staatsvolk rückführbaren Legitimationskette sowie ihre Ergänzung durch partizipatorische oder selbstverwaltende Elemente, wenn diese in einer bestimmten Aufgabe sachlich angelegt sind, vgl. BVerfGE 107, 59 (86–101) – Wasserverband [2002]; 111, 191 (216 f.) – Notarkammer [2004]; 119, 331 (366–367) – Arbeitsgemeinschaften nach dem SGB [2007].

[44] Zur Prägung von Hesse und Simon durch die Integrationslehre Rudolf Smends vgl. den Aufsatz von Lepsius/Doering-Manteuffel in diesem Band. Das offene, pluralistische Demokratie-Verständnis wurde übrigens auch geteilt von Ernst Benda, von 1971–1983 Vorsitzender des Ersten Senats und Präsident des BVerfG, vgl. Benda, Art. »Demokratie (II. Verfassungsrecht)«, in: *Staatslexikon, Band I: Abendland – Deutsche Partei*, 7., völlig neu bearb. Aufl., Freiburg 1985, Sp. 1192–1201.

[45] Böckenförde zählt zu jenen Staatsrechtslehrern, die in der Nachkriegszeit die Nähe Carl Schmitts suchten und ihm persönlich verbunden waren (ohne ihm deswegen getreulich zu folgen). Böckenförde zeigte bisweilen große Sympathie für Schmitt, vgl. z. B. sein Artikel »Ordnungsdenken, konkretes« in: *Historisches Wörterbuch der Philosophie, Band 6: Mo–O,* Basel 1984, Sp. 1312–1315. Sein Eintreten für die repräsentative Demokratie wendet sich von den Lehren Carl Schmitts ab, wie Böckenförde später auch dessen Einfluss eher kleinredete, vgl. »*Interview mit Dieter Gosewinkel*«, in: Ders., *Wissenschaft, Politik, Verfassungsgericht. Aufsätze von Ernst-Wolfgang Böckenförde. Biographisches Interview mit Dieter Gosewinkel*, Berlin 2011, 305–486, 359 ff. Siehe auch Dirk van Laak, *Gespräche in der Sicherheit des Schweigens*, Berlin 1993, 193–200. Vgl. außerdem: Ernst-Wolfgang Böckenförde, »Mittel-

bare/repräsentative Demokratie als eigentliche Form der Demokratie«, in: Georg Müller (Hg.), *Staatsorganisation und Staatsfunktionen im Wandel. Festschrift für Kurt Eichenberger zum 60. Geburtstag*, Basel u. a. 1982, 301–328; ders., *Staat, Verfassung, Demokratie. Studien zur Verfassungstheorie und zum Verfassungsrecht*, Frankfurt a. M. 1991, 379–405.

[46] Vgl. Christoph Gusy, *Artikel 8*, Art. 8 Rn. 10–12; Wolfgang Hoffmann-Riem, »Versammlungsfreiheit«, in: Merten/Papier, *Handbuch*, § 106 Rn. 17. (Hoffmann-Riem, Versammlungsfreiheit).

[47] Zu diesem Problem Christoph Gusy, *Parlamentarischer Gesetzgeber und Bundesverfassungsgericht*, Berlin 1985, 182 ff., 213 ff. (Gusy, Gesetzgeber); Werner Heun, *Funktionell-rechtliche Schranken der Verfassungsgerichtsbarkeit*, Baden-Baden 1992, 20 ff.; Helmuth Schulze-Fielitz, »Wirkung und Befolgung verfassungsgerichtlicher Entscheidungen«, in: Peter Badura/Horst Dreier (Hg.), *Festschrift 50 Jahre Bundesverfassungsgericht. Bd. I: Verfassungsgerichtbarkeit – Verfassungsprozeß*, Tübingen 2001, 385–420, 389 ff.

[48] Schon in BVerfGE 2, 266 (282) – Notaufnahmegesetz [1953] gab das BVerfG der verfassungskonformen Auslegung eine parlamentsfreundliche Tendenz. Es spreche eine Vermutung dafür, dass ein Parlamentsgesetz mit dem Grundgesetz vereinbar sei. Das in dieser Vermutung zum Ausdruck kommende Prinzip verlange im Zweifel eine verfassungskonforme Auslegung des Gesetzes.

[49] Vgl. Klaus Schlaich/Stefan Korioth, *Das Bundesverfassungsgericht. Stellung, Verfahren, Entscheidungen. Ein Studienbuch*, 9., neu bearb. Aufl., München 2012, Rn. 145 m.w.N. (Schlaich/Korioth, Bundesverfassungsgericht).

[50] So eine typische Formulierung des Gerichts. Vgl. BVerfGE 68, 337 (344) [1984].

[51] Gusy, *Gesetzgeber*, 213.

[52] Kritisch zu dieser Entscheidungstechnik vor allem Ulrike Lembke, *Einheit aus Erkenntnis? Zur Unzulässigkeit der verfassungskonformen Gesetzesauslegung als Methode der Normkompatibilisierung durch Interpretation*, Berlin 2009; Skepsis auch bei Fritz Ossenbühl, *Richterrecht im demokratischen Rechtsstaat*, Bonn 1988, 14–18; Andreas Voßkuhle, »Theorie und Praxis der verfassungskonformen Auslegung von Gesetzen durch Fachgerichte«, *AöR* 125 (2000), 177–201, 185 ff. Zum Problem und Streitstand vgl. Schlaich/Korioth, *Bundesverfassungsgericht*, Rn. 440 ff.

[53] So Gusy, *Gesetzgeber*, 222.

[54] Später präzisiert BVerfGE 85, 69 [1991]: Aus der verfassungskonformen Auslegung des § 14 VersG folge, dass Eilversammlungen anzumelden seien, sobald die Möglichkeit dazu besteht.

[55] Wolf Lamprecht / Wolfgang Melanowski, *Richter machen Politik. Auftrag und Anspruch des BVerfG*, Frankfurt a. M. 1979.

[56] Vgl. Uwe Wesel, *Der Gang nach Karlsruhe. Das Bundesverfassungsgericht in der Geschichte der Bundesrepublik*, München 2004, 223 ff.; zeitgenössisch Wolfgang Däubler / Gudrun Küsel (Hgg.), *Verfassungsgericht und Politik. Kritische Beiträge zu problematischen Urteilen*, Reinbek 1979. (Däubler / Küsel, Verfassungsgericht).

[57] BVerfGE 35, 79 – Hochschule [1973]; 36, 1 – Grundvertrag [1973]; 39, 1 – Abtreibung [1975]; 44, 125 – Öffentlichkeitsarbeit [1977]; 45, 1 – Haushaltsüberschreitung [1977].

[58] Werner Holtfort, »Praktische Vorschläge, das BVerfG in eine demokratie-angemessene Rolle zurückzuführen«, in: Däubler / Küsel, *Verfassungsgericht*, 191–204.

[59] Kolportiert von Ernst Benda, »Zwischenruf. Ein überflüssiger Streit«, *ZRP* 41 (2008), 63.

[60] Vgl. Sondervotum zum Hochschulurteil Simon / Rupp-v. Brünneck BVerfGE 35, 148; Sondervotum zum Abtreibungsurteil von Rupp-von Brünneck / Simon BVerfGE 39, 68. Siehe dazu Rolf Lamprecht, *Richter contra Richter. Abweichende Meinungen und ihre Bedeutung für die Rechtskultur*, Baden-Baden 1992, insbes. 205–218.

[61] Vgl. Richard Häußler, *Der Konflikt zwischen Bundesverfassungsgericht und politischer Führung*, Berlin 1994, 69.

[62] BVerfGE 50, 290 (333 ff.). – Mitbestimmung [1979].

[63] Schöne Überblicksanalyse bei Mathias Hong, »Die Versammlungsfreiheit in der Rechtsprechung des Bundesverfassungsgerichts«, in: Hartmut Rensen / Stefan Brink (Hgg.), *Linien der Rechtsprechung des Bundesverfassungsgerichts – erörtert von den wissenschaftlichen Mitarbeitern*, Berlin 2009, 155–197. (Hong, Versammlungsfreiheit).

[64] In dieser Frage kam es zu einer bemerkenswerten Kontroverse zwischen dem OVG NRW in Münster, das örtliche Demonstrationsverbote aufrecht hielt, und dem BVerfG, das das Urteil des OVG aufhob, was dieses in Parallelfällen aber von seiner Haltung nicht abbrachte. Die Kontroverse fand auch publizistischen Ausdruck in Erklärungen des Karlsruher Berichterstatters Wolfgang Hoffmann-Riem und einer scharfen Replik des Präsidenten des OVG NRW und des Verfassungsgerichtshofs NRW, Michael Bertrams, vgl. Presseerklärung des Verfassungsgerichtshofs NRW v. 15.7.2002, http://www.vgh.nrw.de/

pressemitteilungen / 2002/020715/index.php (17.11.2014). Aus der Literatur dazu etwa Wolfgang Hoffmann-Riem, »Versammlungsfreiheit für Rechtsradikale – Kapitulation des Rechtsstaats«, in: Gunnar Folke Schuppert u. a. (Hgg.), *Der Rechtsstaat unter Bewährungsdruck*, Baden-Baden 2010, 87–105; Klaus-Martin Groh, »Neonazis und öffentliche Ordnung: gibt es Grenzen der ›rechten‹ Versammlungsfreiheit«, *KJ* 46 (2013), 88–97; Hong, *Versammlungsfreiheit*, 164 ff.

[65] Das BVerfG plädiert für einen weiten Versammlungsbegriff und das Selbstbestimmungsrecht des Grundrechtsträgers beim Freiheitsgebrauch. Eines gemeinsamen Kundgabezwecks bedarf es aber, weshalb bloße Volksbelustigungen keine Versammlungen i. S. v. Art. 8 GG darstellen. Die Love-Parade unterfiel nicht dem Grundrechtsschutz, BVerfG, 1. Kammer des Ersten Senats v. 12.7.2001, 1 BvQ 28/01 und 30/01, NJW 54 (2001), 2459. Zu Problem und Rspr. vgl. Hoffmann-Riem, *Versammlungsfreiheit*, § 106 Rn. 39–51; Hong, *Versammlungsfreiheit*, 158 f.; Depenheuer, *Versammlungsrecht*, Art. 8 Rn. 53; Axel Tschentscher, »Versammlungsfreiheit und Eventkultur«, *NVwZ* 20 (2001), 1243–1246; Malte Linnemeyer, *Techno-Paraden, Skater-Läufe, Chaos-Tage – neue Handlungsformen im Schutzbereich der Versammlungsfreiheit*, Frankfurt a. M. 2003.

[66] Um diese Fragen geht es in BVerfGE 128, 226 – Fraport [2011]: Muss die private Flughafen AG eine Versammlung gegen die Abschiebepraxis im Flughafen dulden? Vgl. dazu etwa Henning Wendt, »Recht zur Versammlung auf fremdem Eigentum?«, *NVwZ* 31 (2012), 606–610; Philpp-L. Krüger, »Versammlungsfreiheit in privatisierten öffentlichen Räumen. Die ›Fraport‹-Entscheidung des Bundesverfassungsgerichts und ihre Folgen«, *DÖV* 65 (2012), 837–843; Martin Prothmann, *Die Wahl des Versammlungsortes*, Berlin 2013; Angelika Siehr, *Das Recht am öffentlichen Raum*, Tübingen 2013.

[67] Überblick bei Hoffmann-Riem, Versammlungsfreiheit, § 106 Rn. 39 ff. m. w. N.; Hong, *Versammlungsfreiheit*, 182 ff.

[68] Maßgebliche Senatsentscheidungen der letzten Jahrzehnte: BVerfGE 87, 399 – Versammlungsauflösung [1992]; 92, 1 [1995] – Sitzblockade II; 104, 92 [2001] – Sitzblockade III; 122, 342 [2009] – Bayerisches Versammlungsgesetz; 124, 300 [2008] – Wunsiedel; 128, 226 [2011] – Fraport.

Die Richterpersönlichkeiten und ihre protestantische Sozialisation

Oliver Lepsius, Anselm Doering-Manteuffel

I. Protestantische Sozialisationserfahrungen im Ersten Senat

Der Brokdorf-Beschluss erging einstimmig. Im Unterschied zu vielen Verfahren, gerade wenn sie ein Thema so grundsätzlich angehen wie es hier geschah, gerade wenn sie eine Rechtsfrage erstmals prinzipiell umreißen, wie es hier für die Versammlungsfreiheit des Art. 8 GG der Fall war, erging kein Sondervotum. Schon das lässt auf einen Grundkonsens im Senat schließen. Die Vorbereitung der Entscheidung lag in den Händen von Helmut Simon, der in diesem Verfahren der zuständige Berichterstatter war. Der Berichterstatter entwirft, nach einer ersten Beratung im Senat, ein Votum, das den Fall in rechtlicher und tatsächlicher Hinsicht aufbereitet und einen Entscheidungsvorschlag enthält. Dieses Votum dient als Grundlage für die weiteren Senatsberatungen, über denen der Schleier des richterlichen Beratungsgeheimnisses liegt. Nach allem, was man aus der Karlsruher Entscheidungs- und Beratungskultur weiß[1], wird im Senat intensiv und argumentativ auf höchstem Niveau diskutiert. Kaum ein Votum verlasse die Beratung so, wie es in sie hineingekommen ist. Man darf also nicht der Vorstellung verfallen, ein Richter könne seine Ansichten dem Senat aufpropfen. Eine Gerichtsentscheidung ist die Entscheidung eines Kollegialorgans; an ihr haben viele mitgewirkt und hinterher ist kein Richter befugt (und schon gar nicht befähigt) die Entscheidung gewissermaßen authentisch zu interpretieren.

Das wirft die Frage nach dem Kontext auf, in dem ein Urteilstext entsteht. Auf der einen Seite ist sein Text inhaltlich mehrfach restringiert: Die einschlägigen Normen begrenzen den Entscheidungsfreiraum genauso wie der zu entscheidende Sachverhalt. Die prozessuale Konstellation ist zu beachten. Gerichte binden sich überdies selbst an ihre frühere Rechtsprechung, um ihren Entscheidungen Konsistenz und Beständigkeit zu vermitteln. Die Entscheidungsfindung im Brokdorf-Verfahren zeichnet sich allerdings durch vergleichsweise geringe Restriktionen aus: Zu Art. 8 GG lag keine wirklich einschlägige Rechtsprechung vor. Die prozessuale Konstellation ließ es zu, den Fall selbst leicht zu entscheiden, nämlich über die prozessuale Bindung der Vorinstanz an das Gesetz, hier: die Verwaltungsgerichtsordnung. Das wiederum erleichterte im Übrigen einen recht freihändigen und weder durch den Fall noch durch die Normen gebändigten Zugriff auf die Rechtsfrage. Der Brokdorf-Beschluss zählt auch deswegen zu den »großen« Entscheidungen Karlsruhes, weil der Senat zu einem recht späten Zeitpunkt noch frei und maßstabsbildend judizieren konnte. Die Verfassungsauslegung war noch nicht durch einen Berg an anderen Entscheidungen vorstrukturiert, die es zu beachten galt und von denen sich der Senat unter Umständen kunstvoll hätte absetzen müssen. Der Brokdorf-Beschluss enthält nicht das, was Juristen eine »dogmatische« Begründung nennen würden. Bei »Brokdorf« konnte der Senat noch ziemlich ungebunden entscheiden. Und das hat er auch getan.

In diesem Abschnitt möchten wir die Aufmerksamkeit daher auf die Frage richten, wer die Richter waren, deren Handschrift wir in der Entscheidungsbegründung wiederfinden. Welche juristischen, ethischen und auch staatsbürgerlichen Sozialisationserfahrungen prägten ihre Herangehensweise? Man kann die Begründung dieser Entscheidung nicht allein als Deduktion zwingender Verfassungsrechtssätze verstehen. Der Beschluss verkündet auch eine Haltung – eine Haltung zu Protest, Demokratie und Integration. Dieser Haltung wollen wir im Folgenden nachgehen: Woher kam sie?

Die drei Richter, denen man einen inhaltlichen Einfluss auf die Entscheidungsbegründung nachsagen darf, Helmut Simon, Roman Herzog und Konrad Hesse, einte nicht die politische Couleur. Es fällt allerdings bei allen dreien die Verwurzelung im protestantischen Glauben und einem protestantisch geprägten Diskursmilieu auf. Diese Richter hatten entsprechende Erfahrungen vorzuweisen: Helmut Simon[2], der Berichterstatter, kannte das Milieu bestens. Auf evangelischen Kirchentagen hatte er schon viele Male die Wogen geglättet und den Ausgleich gesucht. Roman Herzog, damals Vorsitzender des Ersten Senats und Vizepräsident des Gerichts, trug die Entscheidung nicht nur mit, sondern dürfte auch wichtige Formulierungen beigesteuert haben. Seine demonstrationsfreundliche Haltung wurde ihm in der CDU/CSU vorgehalten und setzte ihn der Dauerkritik durch Friedrich Karl Fromme[3] in der *FAZ* aus.[4] Und von Konrad Hesse stammen, wie wir sehen konnten, die maßgeblichen Passagen, die die Versammlungsfreiheit als ein »Stück ursprünglich-ungebändigter unmittelbarer Demokratie« würdigen, »das geeignet ist, den politischen Betrieb vor Erstarrung in geschäftiger Routine zu bewahren.«[5]

Im Senat saßen damit jedenfalls drei prononciert evangelisch sozialisierte und handelnde Richter – je für sich bedeutende Richterpersönlichkeiten. Man mag bei der

Lektüre der Entscheidung auf Passagen stoßen, die eine gedankliche Nähe zum Protestantismus aufweisen. An gelebtes Luthertum erinnert insbesondere jene Stelle, in der der Senat den Beitrag des Einzelnen, der in der Öffentlichkeit aufsteht und mit offenem Gesicht seine Ansichten auch gegen Widerstände artikuliert, für eine demokratische Willensbildung würdigt, die als ein Prozess von unten nach oben präsentiert wird.[6] Ob und wie theologische Deutungsmuster einen Einfluss auf das verfassungsrechtliche Denken in der Bundesrepublik gehabt haben, muss im Einzelfall bestimmt werden. Indes, die Frage nach der »konfessionsspezifischen Semantik« (Friedrich Wilhelm Graf) ist eine Thematik gewesen, deren Relevanz im Wissenschaftsdiskurs immer wieder vermutet wurde, selten aber tatsächlich verifiziert werden konnte. Ein Beispiel: Dass etwa das *Handbuch des Deutschen Staatsrechts* in seiner zehnbändigen ersten Auflage eine Nähe zum Katholizismus hatte, lässt sich schon aufgrund der Zusammensetzung der Autoren belegen, die die beiden Herausgeber Josef Isensee und Paul Kirchhof ausgesucht haben.[7] Ob diese Konfessionszugehörigkeit jedoch verallgemeinerungsfähige inhaltliche Auswirkungen hat, lässt sich sehr viel schwerer behaupten. Besteht das Gemeinschaftliche dieses Gemeinschaftswerks im Glauben oder nicht doch eher in einer eher konservativen oder eher staatsorientierten Gesamtperspektive, die per se nicht katholisch ist? Wann immer man jedenfalls spezifisch theologischen Deutungsmustern in der Staatsrechtslehre oder im Verfassungsrechtsdenken nachging, kam man zu einem ernüchternden Resultat: Konfessionelle Prägungen scheinen, so das überwiegende Resümee, keine bestimmenden Einflussfaktoren im bundesdeutschen Staatsrecht zu sein.[8] Dass Staatsrechtslehrer im Glauben verwurzelt sind, ändert daran wenig. Stefan Korioth, der dieser Frage näher nachging, kam zu dem Ergebnis, nach 1945 seien theologische Prägungen der Staatsrechtslehre nur noch unter der Oberfläche einer ganz und gar verfassungszentrierten Staatsrechtslehre festzustellen. Nur vereinzelt und bruchstückhaft sei es zu theologischen Anknüpfungen gekommen. Zum Allgemeingut sei die Deutung Böckenfördes[9] geworden, der moderne Staat sei als säkularisierter Staat entstanden. Der Abkoppelung von theologischen Deutungsmustern habe auch die frühe Werte-Rechtsprechung des Bundesverfassungsgerichts Vorschub geleistet. Die Wertordnung der Grundrechte immunisiere gegenüber konfessionellen Einflüssen.[10] Korioth bündelt dies so: In der verfassungszentrierten Staatsrechtslehre mit säkularer Verfassungsethik finden konfessionelle Denkmuster und Ansprüche Anerkennung und Respekt als grundrechtlich geschützte Besonderheit. Darüber hinaus aber findet keine weitere Adaption statt.[11] Aus unserer interdisziplinären Sicht ist diese These nicht unbedingt stichhaltig.

II. Roman Herzog

Dem Senat saß seit 1983 Roman Herzog vor, dessen liberale Grundhaltung, gepaart mit bayerischer Ironie, aber auch ungeschminktem Führungsanspruch, allgemein bekannt ist. Herzog wuchs im katholischen Niederbayern evangelisch auf, was als Sozialisationserfahrung nicht unterschätzt werden darf, auch wenn Herzog selbst keine Diskriminierungen verspürt hat. Es wird aber nicht ohne Wirkung gewesen sein, dass sein Vater wegen der Heirat mit einer Protestantin kirchlich sanktioniert worden war. Herzog leitete daraus die Einsicht ab, es gebe immer zwei Meinungen und verschiedene Antworten. Er betont in seinen Erinnerungen den »Abstand zum Mainstream in Niederbayern«.[12]

Besonders eine Entscheidungspassage im Brokdorf-Beschluss lässt sich Roman Herzog zurechnen. Sie verweist
auf die »Stuttgarter Linie«, die Herzog als baden-württembergischer Innenminister gegenüber den Menschenketten
der Friedensbewegung eingeschlagen hatte: Provokationen
sollen unterbleiben, Gewalttäter isoliert, polizeifreie Räume
gebildet werden, Kontakte mit dem Ziel des Informations-
austausches und der vertrauensvollen Kooperation geknüpft
werden.

Nach den in den Ausgangsverfahren eingeholten Erfahrungsberich-
ten und nach dem Ergebnis der Stuttgarter Gespräche [auf die verwiesen wird, BVerfGE 69, 319 f.] können zur friedlichen Durchführung von Veranstaltungen nach Art des Gorleben-Trecks 1979,
der Bonner Friedensdemonstration 1981 oder der Süddeutschen
Menschenkette 1983 mehrere Umstände beitragen. Dazu gehört
neben der rechtzeitigen Klarstellung der Rechtslage, daß beiderseits Provokationen und Aggressionsanreize unterbleiben, daß die
Veranstalter auf die Teilnehmer mit dem Ziel friedlichen Verhaltens
und der Isolierung von Gewalttätern einwirken, daß sich die Staatsmacht – gegebenenfalls unter Bildung polizeifreier Räume – besonnen zurückhält und übermäßige Reaktionen vermeidet und
daß insbesondere eine rechtzeitige Kontaktaufnahme erfolgt, bei
der beide Seiten sich kennenlernen, Informationen austauschen
und möglicherweise zu einer vertrauensvollen Kooperation finden,
welche die Bewältigung auch unvorhergesehener Konfliktsituationen erleichtert. […]
   Die Forderung an die staatlichen Behörden, nach dem Vorbild friedlich verlaufener Großdemonstrationen versammlungsfreundlich zu verfahren und nicht ohne zureichenden Grund hinter
bewährten Erfahrungen zurückzubleiben, entspricht dem Bestreben nach verfahrensrechtlicher Effektuierung von Freiheitsrechten.
Eine Verpflichtung, diese Erfahrungen nicht nur in Erwägung zu
ziehen, sondern auch tatsächlich zu erproben, läßt sich verfassungsrechtlich zusätzlich damit rechtfertigen, daß dies das mildere Mittel
gegenüber Eingriffen in Gestalt von Verboten oder Auflösungen
ist. Je ernsthafter sich die staatlichen Behörden auf diese Weise

für die friedliche Durchführung von Großdemonstrationen einsetzen, desto eher werden andererseits nach dem Scheitern ihrer Bemühungen spätere Verbote oder Auflösungen einer verwaltungsgerichtlichen Nachprüfung standhalten. [...]

Auch ohne eine gesetzgeberische Präzisierung tun freilich Veranstalter und Teilnehmer gut daran, die aus bewährten Erfahrungen herleitbaren Empfehlungen für Großdemonstrationen möglichst von sich aus zu berücksichtigen. Verwaltungspraxis und Rechtsprechung sind jedenfalls verfassungsrechtlich gehalten, eine entsprechende Bereitschaft zu begünstigen: Je mehr die Veranstalter anläßlich der Anmeldung einer Großdemonstration zu einseitigen vertrauensbildenden Maßnahmen oder sogar zu einer demonstrationsfreundlichen Kooperation bereit sind, desto höher rückt die Schwelle für behördliches Eingreifen wegen Gefährdung der öffentlichen Sicherheit und Ordnung.[13]

Hier schlagen sich Überzeugungen und Erfahrungen Herzogs unmittelbar nieder. Als baden-württembergischer Innenminister stand Herzog 1983 vor dem Problem, beim Massenprotest gegen die Stationierung von Pershing-II-Raketen in Umsetzung des NATO-Doppelbeschlusses nicht genügend Polizisten einsetzen zu können, um Verkehrsblockaden durch die geplante Menschenkette von Stuttgart nach Ulm verhindern zu können. In dieser Situation konnte, so Herzog, das Land Baden-Württemberg nur das Gesicht verlieren, wenn die Polizei beim Großeinsatz scheiterte oder auf Fernsehbildern Prominente wegtrug.[14] Stattdessen ging er in den sogenannten Stuttgarter Gesprächen auf die Veranstalter zu und erreichte, dass die Kette wichtige Straßen nur kurzfristig unterbrach um den Verkehr dann wieder freizugeben. So geschah es am 22. Oktober 1983: Rund 300 000 Menschen bildeten eine 108 Kilometer lange Protestkette, die von 12:40–13:00 Uhr geschlossen wurde und sich danach an den Knotenpunkten wieder öffnete. Letztlich waren statt der geplanten 1 200 nur 200 Polizisten im Einsatz.[15] »Das war die Stuttgarter Linie und das wurde später auch die Quintessenz des Brokdorf-Urteils«, resümiert Herzog. Auch die Idee, bei den Demonstrationen die »Böcke von den Schafen zu trennen«[16], ging auf ihn zurück.

Als Innenminister griff er in diesem Punkt auf Überzeugungen zurück, die er als junger Professor zur Zeit der Studentenunruhen in Berlin gewonnen hatte. Die im Brokdorf-Beschluss gefundene Lösung fußte, so gesehen, auf der Erfahrung des Polizeieinsatzes bei der Demonstration gegen den Schah und des Todes von Benno Ohnesorg 1967: Herzog hatte damals die Berliner Polizeistrategie missbilligt, einzelne Gewalttätige zum Anlass für flächendeckende Polizeieinsätze gegen protestierende Studenten zu nehmen. Die Prügelattacken Berliner Polizisten gegen auf dem Boden liegende Studenten bezeichnete er schon 1967 als unverhältnismäßig und rechtswidrig und machte sich Gedanken, wie man bei Großdemonstrationen mit gewalttätigen Einzelpersonen zweckmäßig reagiert, so dass die Lage nicht durch Überreaktionen eskaliert. Die Idee eines *cordon sanitaire* um den Nahkampf zwischen Polizei und Demonstranten zu vermeiden – sie kehrt im Brokdorf-Beschluss unter dem Begriff »polizeifreie Räume« wieder – ist ihm damals schon gekommen, ausgelöst durch eine Vorlesung an der Freien Universität, in der er den Polizeieinsatz auf seine Rechtmäßigkeit untersuchte.[17] Herzogs Erfahrungen in Berlin und Stuttgart fließen in die Verfassungsrechtsprechung ziemlich bruchlos ein: In Berlin konnte er den Konflikt als besorgter Staatsbürger und beobachtender Wissenschaftler analysieren. In Stuttgart musste er sich mit dem Grundkonflikt aus der Sicht der Exekutive auseinandersetzen, die konträre Rechtsgüter zu schützen hat: einerseits das Recht auf Demonstration und andererseits die Sicherheit der öffentlichen Ordnung, wofür aber nur begrenzte Personalmittel zur Verfügung stehen. In Karlsruhe schließlich konnte er den Grundkonflikt dann juristisch so lösen, wie er ihn schon als Wissenschaftler, als Politiker und als Bürger gelöst sehen wollte. Herzogs Ansichten unterschieden sich doch sehr von den Ansichten, die in dieser Zeit in seiner Partei überwogen.

Man sagt, Herzog verdanke auch die Berufung in das Mainzer Kabinett von Helmut Kohl – und damit den in seiner Karriere entscheidenden Wechsel von der Wissenschaft in die Politik – seiner unverkrampften Haltung gegenüber studentischem Protest. Als beim Festakt zur 25-Jahr-Feier der Speyerer Hochschule für Verwaltungswissenschaften, deren Rektor Herzog seinerzeit war, Studenten eine Protestnote zu Gehör bringen wollten und der Ministerpräsident daraufhin abzureisen erwog, beeindruckte Herzog diesen mit dem Bekenntnis, er habe den Studenten sein Wort gegeben, dass sie ihre Resolution vorbringen könnten. Das habe Kohl imponiert und bildete den Grundstein für Herzogs weitere Karriere an dessen Seite.[18]

Herzog war evangelischen Kreisen verbunden. Schon als junger Wissenschaftler zählte er zum Herausgeberkreis des *Evangelischen Staatslexikons*[19], einem Gegenentwurf zum ehrwürdigen *Staatslexikon* der Görres-Gesellschaft. Auch in anderer Hinsicht dürfte die Abgrenzung zur Görres-Gesellschaft fruchtbar gewesen sein: Herzog trat dem Evangelischen Arbeitskreis der CDU/CSU bei, ursprünglich eine evangelische Seilschaft für Personalfragen in der Ära Adenauer. Als Vorsitzender des Arbeitskreises von 1978–1983 gestaltete er diesen zu einer Gesprächsplattform für Partei und Kirche aus. 1969 wurde er von der Evangelischen Kirche in Deutschland (EKD) in die Kammer für öffentliche Verantwortung berufen und 1971 deren Vorsitzender. 1972 folgte dann seine Berufung zum ordentlichen Mitglied der Synode der EKD (bis 1991).

Dort traf Herzog mit Helmut Simon zusammen.[20] Beide zählen zu den Autoren der wichtigen Denkschrift *Evangelische Kirche und freiheitliche Demokratie: Der Staat des Grundgesetzes als Angebot und Aufgabe.*[21] Dies war die erste grundlegende Positionsbestimmung der evangelischen Kirche zur Demokratie in der Bundesrepublik[22], die in der Synode der EKD im November 1985 beraten und gebilligt wurde. Die Denkschrift behandelte viele Fragen um das Problem von staatsbürgerlicher Loyalität und persönlicher Gewissensentscheidung und postulierte eine Affinität von Christentum und Demokratie. In vielen Punkten zeigt sich die Handschrift der beiden Verfassungsrichter, etwa wenn das Widerstandsrecht in Abrede gestellt und gegenüber dem zivilen Ungehorsam zwar die Nachsicht des Gewissens, aber die Unnachsichtigkeit des Rechtsstaats bekräftigt oder ein pfleglicher Umgang mit dem Demonstrationsrecht angemahnt wird. Herzog lobte und interpretierte an der Denkschrift etwa jene Stelle, nach welcher der Staat die Auswirkungen der Fehlsamkeit des Menschen in Grenzen halten solle. Auf dieser Einsicht gründet nach Herzog auch ein ausgeklügeltes System verfassungsrechtlicher Vorsichtsmaßnahmen gegen den Missbrauch staatlicher Gewalt und die Folgen staatlicher Fehlentscheidungen.[23] Als Zentralproblem spricht Herzog das Verhältnis zu Gewalt und Widerstand an. Ein Recht auf Widerstand gegen staatliche Maßnahmen könne kein Staat der Welt anerkennen und der demokratische Rechtsstaat habe dazu weniger Anlass als jeder andere. Ein solches Recht könne auch keine Kirche im Ernst postulieren, und dieses Recht habe in der gesamten Menschheitsgeschichte auch noch nie die moralische Nagelprobe bestanden. Erlaubt sei selbstverständlich der massenhafte Protest ebenso wie die Gründung von Bürgerinitiativen und neuen Parteien, die Organisation von Massendemonstrationen ebenso wie das Bilden von Menschenketten oder der Hungerstreik.[24] Herzog führt dazu aus:

Hier müssen höchstens die Vertreter bürgerlicher Wohlanständigkeit lernen, sich an gewisse, bisher ungewohnte Ausdrucksformen zu gewöhnen, wie auch die Vertreter solcher Formen des Widerstrebens lernen müssen, daß diese Ausdrucksformen gar nicht so besonders und gar nicht so bekennerhaft sind, wie es ihnen mitunter selbst vorkommt. Man hänge die Dinge etwas niedriger und gebe ihnen den Rang, der ihnen wirklich zukommt, und schon erkennt man, daß es zu ihrer Bewältigung schwerlich neuer ethischer Kategorien bedarf.[25]

Er empfiehlt eine Verhaltensweise, »die man von einem halbwegs sensiblen Staat ohnehin erwarten kann – daß er nämlich neue Strömungen im Denken und Empfinden seiner Bürger erkennt und ihrer Berechtigung – oder Nichtberechtigung – nachspürt.« Der Staat müsse so auftreten, dass er sich die Loyalität seiner Bürger verdiene.[26]

III. Helmut Simon

In dieser Haltung war sich Herzog mit Helmut Simon völlig einig. Dieser, seinerseits Mitverfasser der oben zitierten Denkschrift, postulierte die Christenpflicht, dass der Staat des Grundgesetzes als Angebot und Aufgabe anzunehmen sei, und der vor zivilem Ungehorsam als einem rechtlich höchst riskanten Wagnis warnte. Christen schuldeten dem Rechtsstaat kritische Solidarität und würden darin ebenso verlässliche wie unbequeme Staatsbürger sein.[27]

1. Werdegang

Simon stammte aus einem oberbergischen pietistischen Elternhaus, das durch seine Religiosität zur Distanz gegenüber

dem Nationalsozialismus fand.[28] Nach dem Krieg heiratete
er die Tochter des Ortspfarrers, der zur Bekennenden Kirche
gehörte. Die *grünen Briefe* der Bekennenden Kirche wurden
auch in Simons Elternhaus gelesen; der Vater war Presbyter.
Als Simon als Kriegsheimkehrer im Wintersemester 1945/46
zum Studium in Bonn zugelassen wurde, begegnete er Karl
Barth, dem reformierten Kirchenvater des 20. Jahrhunderts,
der einer der Begründer und Wegbereiter der Bekennenden
Kirche war. Barth übte auf Simon großen Einfluss aus. Er
verschaffte ihm ein Stipendium für ein Semester in Basel
und bestärkte ihn in dem Entschluss, in Bonn Jura zu
studieren. Zu Simons Lehrern zählte im Öffentlichen Recht
auch Ernst Friesenhahn, der sich noch 1932 in Bonn über
»Staatsgerichtsbarkeit« habilitiert hatte[29], nach 1933 aber
die nötige Bereitschaft für Kompromisse nicht mehr auf-
bringen wollte, dafür nach dem Krieg eine ordentliche Pro-
fessur in Bonn erhielt und 1951 zu einem der ersten Richter
des Bundesverfassungsgerichts gewählt wurde.[30] Juristisch
wie theologisch wurde Simon also anti-nationalsozialistisch
sozialisiert. Er trat 1953 in den Justizdienst des Landes
Nordrhein-Westfalen ein, war Richter am LG Düsseldorf,
dort mit Fragen des gewerblichen Rechtsschutzes und Ur-
heberrechts befasst, und wurde nach einer kurzzeitigen
Beförderung an das OLG Düsseldorf 1965 an den Bundes-
gerichtshof berufen. 1970 erfolgte seine Wahl zum Richter
des Bundesverfassungsgerichts, dem er, nach einer (für diese
Stelle damals noch vorgeschriebenen) Wiederwahl im Jahr
1975 bis 1987 angehörte.

Das Verhältnis von Glauben und Recht, von einer christlichen Haltung bei der Rechtsanwendung wie aber auch
einer grundgesetzlich geprägten Haltung gegenüber Gewissen und Bekenntnis entwickelte sich zu Simons Le-
bensthema. Dabei nahm die geistige Auseinandersetzung

mit Karl Barth wie das Eintreten für eine gleichermaßen
christlich und rechtsstaatlich geprägte Moralität einen besonderen Stellenwert ein. Seit den 1950er Jahren war Simon
in verschiedenen evangelischen Kreisen und Organisationen
aktiv, zunächst vor allem in den Bruderschaften in der Evangelischen Kirche. Das waren während des Dritten Reichs
von Karl Barth beeinflusste Gemeinschaften oppositioneller
Vikare, die sich später auch den Laien öffneten und um ein
kritisches Verständnis von Kirche in der Gesellschaft rangen.
Simon wurde Vorsitzender der Rheinischen Bruderschaft
und erhielt 1959/60 auch den Vorsitz des Arbeitskreises der
kirchlichen Bruderschaften in der Bundesrepublik. 1968
nahm er an der Weltkonferenz für Kirche und Gesellschaft
in Genf sowie an der Weltkirchenkonferenz in Uppsala
teil. Zugleich arbeitete er im Atomausschuss der EKD mit,
und nahm an den Diskussionen in der EKD regen An-
teil.[31] Beachtlich ist insbesondere sein frühes Eintreten für
den demokratischen und sozialen Rechtsstaat innerhalb der
evangelischen Kirche, deren mentale Reservate gegenüber
der Demokratie er zu beseitigen trachtete. Karl Barth und
Gustav Heinemann bestärkten ihn in dieser Haltung[32], die
bis in die 1980er Jahre hinein im deutschen Protestantismus
nicht unbedingt mehrheitsfähig war.[33] In den evangelischen
Akademien war er häufiger Redner. 1977 sowie 1989 fun-
gierte Simon als Präsident des Evangelischen Kirchentages.
Ihm lag daran, den christlichen Glauben und den demokratischen Rechtsstaat aufeinander zu beziehen, das Recht im
Glauben zu verankern und insbesondere den Kontakt zur
Jugend, ihren Themen und Anliegen nicht zu verlieren.[34]
Denn der Staat und seine Vertreter wurden von den pro-
testierenden Jugendlichen zumeist als ihre eigentlichen Geg-
ner, wenn nicht gar als Feinde wahrgenommen.[35] Heinrich
Albertz rühmte, Helmut Simon sei ihm »ein lebendiges Bei-

spiel geworden für die Verbindung zwischen der Freiheit des Evangeliums und den bürgerlichen Freiheiten.«[36]

Simons Auftritte in den evangelischen Akademien oder als *public intellectual* auf den Kirchentagen wurden in manchen Kreisen recht kritisch gesehen. Man warf ihm vor, sein politisches Engagement kollidiere immer mehr mit der richterlichen Tätigkeit. Er gelte inzwischen ungewollt als intellektueller Führer desjenigen Teils der Jugend seiner Kirche, der dem Staat skeptisch, wenn nicht sogar feindlich gegenüberstehe. Nicht selten lasse er sich dort zu Äußerungen hinreißen, die ein verzerrtes Bild von den Verhältnissen in der Bundesrepublik entstehen ließen – so etwa klangen die Vorwürfe.[37] Als sich 1975 der Zeitpunkt von Simons Wiederwahl zum Verfassungsrichter näherte[38], rückte ihn die Illustrierte *Quick* eine Woche nach dem Stockholmer Geiseldrama denunziatorisch in die geistige Nähe der RAF.[39] Seiner Reputation (und Wiederwahl) tat das keinen Abbruch.

2. Protestantismus und Rechtsstaat

Simon hat sich ständig mit dem Verhältnis von Protestantismus und Rechtsstaat auseinandergesetzt. Schon seine Bonner Dissertation behandelte dieses Thema. *Der Rechtsgedanke in der gegenwärtigen deutschen evangelischen Theologie – Ist in der theologischen Ethik Platz für den Rechtsstaat?*, lautet der Titel eines seiner Aufsätze, der 1963 veröffentlicht wurde.[40] Auch später kritisierte er die innere Distanz des Protestantismus zur Staatsform der Demokratie.[41] Und in einer 50seitigen Schrift hatte Simon 1962 die Frage gestellt, ob das Recht katholisiert werde. Er thematisierte das »wachsende Unbehagen über einseitige christliche, insbesondere katholische Einflüsse auf die Gestaltung der Rechtsordnung«[42] und griff dabei insbesondere die Rechtsprechung des Bundesgerichtshofs auf[43], der im Straf- und Zivilrecht unverhohlen auf den Naturrechtsgedanken zurückgegriffen hatte, einerseits zur Festigung einer traditionellen Wertvorstellung, andererseits um einen unmittelbaren eigenen Zugriff auf höhere Rechtsschichten zu haben – mit anderen Worten: um den drohenden Vorrang der Verfassung und die Geltung der Grundrechte als Wertordnung auch im Zivil- und Strafrecht übertrumpfen und ausschalten zu können.[44] Es war nicht zuletzt auch diese institutionelle Rivalität zum BGH, die das BVerfG zur berühmten Formel von den Grundrechten als »objektiver Wertordnung« greifen ließ.[45] Damit konnten der Vorrang der Verfassung etabliert und die Bindungswirkung der Grundrechte über die hoheitliche Gewalt hinaus auf alle Rechtsbeziehungen in der Gesellschaft, also gerade auch das allgemeine Zivilrecht, erstreckt werden. Durch die terminologische Anknüpfung an den Jargon der zeitgenössischen materialen Wertethik ließ sich ein philosophischer Anspruch formulieren, der dem Naturrechtsdenken des anderen Karlsruher Gerichts ebenbürtig, wenn nicht überlegen war.[46]

Die Schrift über die »Katholisierung des Rechts« ist bemerkenswert, weil Simon einerseits in der Rivalität des BGH mit dem BVerfG die Position des BVerfG einnahm, und weil er andererseits den katholischen Anspruch, christliches Gedankengut naturrechtlich zu begründen, zurückwies und eine alternative Lesart vorschlug, die eine christliche Ethik in der Würde und Persönlichkeit des Einzelnen verwurzelte. Die Schrift lässt sich als Plädoyer interpretieren, dass dem Verfassungsrecht eine evangelische Ethik näher steht als eine katholische – was einerseits in die Position Simons passt, den evangelischen Kreisen die verfassungsrechtlichen Werte nahezubringen, andererseits

insofern überrascht, als für die Begründung der objektiven Wertordnung regelmäßig die Hintergrundrolle Günter
Dürigs betont wird[47], der anfänglich auch unverhohlen
philosophisch argumentierte und Katholik war.[48] In den
1950er Jahren sprachen viele von Werten und Menschen-
bildern: Kirchen, Philosophen, Juristen. Simon versuchte,
eine klare pluralistische und individualethische Orientierung hineinzubringen. In deutlichem Gegensatz zu seinem
theologischen Vorbild Karl Barth resümierte Simon, dass
die moderne pluralistische Gesellschaft mit Recht emp-
findlich reagiere, wenn sie sich bevormundet fühle und die
Kirchen ihren Öffentlichkeitsauftrag in einen klerikalen
Herrschaftstitel über die Welt verfälschten,

statt ihn als dienende Kirche in uneigennützig-programmloser Solidarität mit den Nöten der Welt wahrzunehmen. Das gegenwärtige
Unbehagen dürfte in erster Linie auf der Befürchtung beruhen, daß
das kirchliche Rechtsdenken zur Sicherung handfester klerikaler
Verbandsinteressen mißbraucht und daß insbesondere jene Instanzen, die den unerläßlichen Läuterungsprozeß des Für und Wider
garantieren sollen, unter dem Einfluß eines mächtigen Verbands-
christentums nach und nach gleichgeschaltet werden könnten.[49]

3. Intergenerationelle Anliegen

Simons Anliegen war es überdies, den Kontakt zur jungen
Generation nicht zu verlieren. Er hielt es für ein tragi-
sches Missverständnis, dass die rebellische Jugend der späten 1960er Jahre »in ihrem Verlangen nach Gerechtigkeit
das Angebot des Grundgesetzes als bloßen ideologischen
Überbau vernachlässigte.«[50] Nach 1968 warb er um Verständnis für die rebellische Jugend und wandte sich dagegen, Parallelen zum Nationalsozialismus zu ziehen. Er war
besorgt, dass »die Gesellschaft ihrerseits mit einem Rückfall
in autoritäre Ordnungsformen reagieren und dabei den

jugendlichen Radikalismus als Alibi für eigenes Fehlverhalten vorschieben könnte.«[51] Man erfasse die »derzeitige Revolutionsmentalität« nicht richtig, wenn man sie als Umsturzversuch begreife, und dementsprechend solle man auch bei der strafrechtlichen Beurteilung von Massendelikten bei Demonstrationen Maß halten.[52] Schon 1969 hob er die demokratische Funktion und den verfassungsrechtlichen Stellenwert des Demonstrationsrechts hervor. Dessen Inhalt dürfe nicht von den Grenzen bestimmt werden, sondern müsse vom Kern her begriffen werden. Politische Demonstrationen seien kein lästiges Übel, sondern »wesentlicher, gemeinschaftlich wahrgenommener und mit Nachdruck vertretener Beitrag im Prozeß der Meinungsbildung.«[53] Aus dieser Position heraus engte er bereits Strafrechtsnormen wie den seinerzeitigen § 116 StGB (Widerstand gegen die Staatsgewalt) ein, indem er ihn für unanwendbar auf Demonstrationen erklärte und andere Straftatbestände wie Nötigung und Landfriedensbruch verfassungskonform eingrenzend auslegte.[54] Simon begegnete dem Ruf nach dem Strafrecht und ermahnte die Richter, »möglichst oft das Grundgesetz in die Hand zu nehmen.«[55] Bei der Verleihung der der Carl-von-Ossietzky-Medaille 1979 mahnte er, dass Angst, Trägheit, Erwartungslosigkeit und Angepasstheit die Freiheit bedrohten und sich zu wenige »an dem glanzlosen Geschäft beteiligt haben, das Angebot des Grundgesetzes in täglicher Kleinarbeit aufzugreifen.« Er berief sich auf den Gründungsaufruf der Gustav-Heinemann-Initiative (an dem er selbst mitgearbeitet hatte):

Lassen Sie uns allem widerstehen, was den Raum der Freiheit einengt, den Rechtsstaat aushöhlt und Menschen davon abhält, von ihren Freiheitsrechten Gebrauch zu machen. [...] Lassen Sie uns die Resignierten aufrütteln, die unserem Rechtsstaat, unserer freiheitlichen Verfassung keine Zukunft mehr geben. Lassen Sie

uns eine ehrliche und selbstkritische Diskussion mit den jungen
Menschen führen, damit sie uns wenigstens wieder abnehmen,
daß wir selbst glauben, was wir sagen. Lassen Sie uns denen unsere
Solidarität beweisen, die mutlos, eingeschüchtert oder einsam sich
von der Teilnahme am öffentlichen Leben abwenden.[56]

Diese Sätze klingen wie eine ethische Fundierung des Brokdorf-Beschlusses.

4. Der Tutzinger Vortrag 1978

Simons Überzeugungen kommen schließlich in einem Vortrag aus dem Jahr 1978 zum Ausdruck, den er in der Evangelischen Akademie Tutzing gehalten hat, inzwischen schon
mit dem Nimbus eines angesehenen Verfassungsrichters.[57]
Er schilderte dort die »verhängnisvolle kühle Distanz« evangelischer Kreise gegenüber der Weimarer Demokratie und
zitiert Rudolf Smend mit der Aussage, der deutsche Protestantismus habe sich als der eigentliche Besiegte des Weltkriegs und der Revolution gefühlt und in seiner großen
Mehrheit der Umwälzung innerlich fremd, ja ablehnend
gegenübergestanden. Karl Barth habe dann aber Recht gehabt mit seiner anfangs vielgeschmähten Feststellung, dass
die rechtsstaatliche und soziale Demokratie eine Affinität
zu den Aussagen des evangelischen Glaubens aufweise.[58]
Simon leitet dann zu der Frage über, ob es nicht beunru-
higen müsse, dass große Teile der jungen Generation der
rechts- und sozialstaatlichen Demokratie ähnlich fremd
und distanziert gegenüberstünden wie der Protestantismus
der Weimarer Republik. Sein Plädoyer für die rechts- und
sozialstaatliche Demokratie wendet sich besonders jenen
»Fehlentwicklungen und Defiziten« zu, »die die Zukunft
dieser Verfassungsordnung gefährden und zugleich der jungen Generation den Zugang erschweren.« Er betont den

»historischen Kompromiss« des Grundgesetzes zwischen Demokratie, Rechtsstaat und Sozialstaat. Nur im Lichte dieses Kompromisses ließe sich die Rolle des Bundesverfassungsgerichts als Hüter der Verfassung zureichend bestimmen, das er als selbstbewusstes Bürgergericht mit dem Auftrag, Partizipationsmängel auszugleichen beschreibt:

Dieses Gericht hat sich in den vergangenen Jahrzehnten weites Vertrauen und hohe Verdienste für die Durchsetzung der Grundrechte erworben. Wer heute über seine zunehmende Inanspruchnahme klagt, sollte sich zuerst klarmachen, daß dies für den Bürger ein Mittel zur direkten Einflußnahme auf die staatliche Willensbildung ist. Die Befürchtung, diese Willensbildung werde in zu großem Umfang vom Parlament auf das Gericht verlagert, ist allerdings nicht von der Hand zu weisen. Dem läßt sich nicht zureichend mit der Aufforderung zur richterlichen Selbstbeschränkung begegnen. Dieser Begriff ist irreführend, da es nicht im Belieben des Gerichts steht, sich selbst eine Selbstbeschränkung aufzuerlegen; [...] Meinerseits neige ich bis zur besseren Belehrung zu folgender Auffassung: Mag auch dem Verfassungsgericht das letzte Wort in der Verfassungsinterpretation zustehen, so ist es in einer Demokratie doch nicht allein und nicht einmal in erster Linie für die Realisierung der Verfassung zuständig. Auch und gerade die Konkretisierung allgemeiner Verfassungsprinzipien obliegt zuvörderst dem demokratisch unmittelbar legitimierten Parlament, zumal auch diese Konkretisierung im Prozeß von *trial and error* geschieht und wenig gewonnen wird, wenn sie lediglich von einem Staatsorgan auf das andere verlagert und obendrein in ihrer Situationsgebundenheit noch verfassungsrechtlich zementiert wird. Gerade hier kann die Aufgabe eines Gerichts nur in der Überprüfung der von anderen Staatsorganen eigenverantwortlich getroffenen Entscheidung, nicht aber in deren inhaltlicher Auswechslung bestehen. Handelt es sich um eine Nachprüfung aufgrund allgemeingehaltener Verfassungsprinzipien, kann das Gericht nach meiner Auffassung erst bei deren evidenter Verletzung eingreifen, jedenfalls so lange, bis es ein auf Nachprüfung beschränktes, geeignetes Kontrollinstrumentarium entwickelt hat.[59]

Simon formuliert hier mit knappen Worten einen Leitfaden
für die Wahrnehmung der verfassungsgerichtlichen Kon-
trolldichte. Wann darf das Gericht strenger kontrollieren
und auch den parlamentarischen Prozess übertrumpfen,
wann hat es seine Kontrolle zurückzunehmen, damit es
nicht zu einer, wie Simon sagt, situationsgebundenen Ze-
mentierung verfassungsrechtlicher Aussagen kommt? Die
Antwort ergibt sich aus der Funktion der verfassungsgerichtlichen Rechtsprechung im Prozess der gelebten Verfassungs-
konkretisierung. Das Gericht darf und muss eingreifen,
zumal bei Grundrechtsverletzungen, und insofern auch von
den Bürgern als politisches Gegenmittel zum Repräsentativsystem benutzt werden (die Verfassungsbeschwerde als Mittel direkter Bürgerbeteiligung). Die Verfassungsbeschwerde
erhält in dieser Deutung eine flankierende demokratie-
theoretische Komponente, was sich dann augenfällig in den
Textpassagen des Brokdorf-Beschlusses zur demokratischen
Willensbildung niederschlägt.

Der Gedankengang in Simons *Tutzinger Vortrag* rekur-
riert sodann auf die politische Pflicht und auch die Christenpflicht,

die Wohltat der rechtsstaatlichen und sozialen Demokratie als die
relativ beste aller unvollkommenen Menschenordnungen mit Zähnen und Klauen zu verteidigen; die streitbare Demokratie braucht
aber vor allem streitbare Demokraten, während ein übermäßiger
institutioneller Schutz das Schutzobjekt selbst erstickt.[60]

Man dürfe daher nicht in einer Zeit des Wandels ein Klima
von Immobilität und Ängstlichkeit erzeugen. Der Weg in
die Zukunft sei unvermeidlich ein Prozess von Versuch und
Vertrauen, der eine offene Auseinandersetzung zwischen
den verschiedenen Ideen erfordere und der nicht selten erst
durch fruchtbare Irrtümer in die richtige Richtung gelenkt

werde. Richtig verstandener Verfassungsschutz bewältige diesen Prozess und erweise dadurch die Überlegenheit der Verfassungsordnung (und nicht, wie aus dem weiteren Text deutlich wird, durch Gesinnungstests, Berufsverbote und Freund-Feind-Denken).[61] Diese Auseinandersetzung in einem Klima von Versuch und Vertrauen gebiete jedenfalls Großzügigkeit gegenüber Jüngeren.

Gerade eine Generation, die für die Irrtümer ihrer eigenen Jugend so sehr auf Nachsicht angewiesen ist, und die ihren Staat mit zahlreichen alten Nazis aufgebaut hat, sollte ihren eigenen Kindern die Chance lassen, Irrtümer durch den Lernprozeß praktischer Bewährung zu überwinden.[62]

Und kurz darauf heißt es:

Junge Menschen haben schon von Haus aus wenig Sinn für die Kategorie des relativ Besseren und reagieren um so empfindlicher, wenn diese Kategorie als Alibi für die Duldung von Ungerechtigkeiten hinhalten muß. [...] Soweit sich jene Generation dann doch auf den langen Marsch durch die Institutionen einließ, also für Reform statt für Gewalt optierte, sah sie sich sehr bald nicht nur notwendiger Kritik, sondern weitgehenden Verdächtigungen ausgesetzt, ebenso wie jene Parteien, die die mühsame, aber staatspolitisch unerläßliche Integration der jugendlichen Störenfriede wagten. Inzwischen ist die damalige, fast enthusiastische Aufbruchstimmung radikal umgeschlagen in Enttäuschung, Lebensangst, Ohnmachtserfahrungen bis hin zu tiefen Selbstzweifeln. Fast möchte man sagen, daß sich für jene Generation psychisch etwas Ähnliches wiederholt wie die Parusieverzögerung für die erste Christenheit. Statt der vor wenigen Jahren erträumten emanzipatorischen Befreiung von Zwängen sieht sie sich mehr denn je einem erbarmungslosen Leistungs- und Selektionsdruck und wachsender Abhängigkeiten vom staatlichen Machtapparat ausgesetzt. Bei zahlreichen Angehörigen der geburtenstarken Jahrgänge erzeugen düstere Ausbildungs- und Berufschancen sogar das zerstörerische Gefühl, eigentlich überflüssig zu sein. Ihre Lage macht den schon erwähnten lebensgefährlichen Mangel an Solidarität in unserer

Gesellschaft offenkundig. Sie erleben am eigenen Leibe eine Art neuen Klassenkampfes zwischen denen, die drin sind, und denen, die draußen sind.[63]

Abschließend formuliert Simon den konkreten Auftrag, dem er sich auch selbst stellt:

Für die Zukunft dieser Verfassungsordnung wäre der Verlust vieler ihrer Kinder eine ihrer größten Gefährdungen. Aufgeschreckt durch den Terrorismus haben das endlich auch manche von uns begriffen und sind wieder zum Dialog bereit. Dieser Dialog ist höchst mühsam und sinnlos, wenn er herablassend aus der Position des Rechtgläubigen gegenüber den Verirrten geführt wird. Ich zweifle auch am Erfolg bloßer verbaler Überredungsversuche. Je länger je mehr frage ich mich, ob nicht jede Generation ihren eigenen Zugang zum Angebot der rechts- und sozialstaatlichen Demokratie selbst finden muß. Wir Älteren werden diesen Zugang am ehesten erleichtern, wenn wir redlich und offen unser eigenes Fehlverhalten überprüfen und uns den Aufgaben [die Simon zuvor umrissen hatte] stellen.[64]

Bezieht man diese Worte auf eine konkrete Prozesssituation in Karlsruhe, wird plausibel, welche prinzipielle Bedeutung das Brokdorf-Verfahren für Simons Integrationsmodell hat. Es geht nicht primär darum, wer in der Sache Recht hat, sondern um die vertrauensbildende Gewissheit, dass die Verfassungsordnung auch die Meinungen derjenigen schätzt, die nicht die Macht innehaben, und ihnen in Gestalt des Bundesverfassungsgerichts Schutz verschafft. Das Gericht als Institution darf hier eingreifen, weil es denjenigen zum Schutz ihrer Stimme verhilft, die sonst in den Institutionen nicht gehört werden; es nimmt außerdem eine treuhänderische Funktion in einem Generationenkonflikt wahr.

Alles in allem zeigt sich, wie Simons Haltung zu den Fragenkreisen, die der Brokdorf-Beschluss dann thematisierte – neue Protestformen, Integration der Jugend, Ethik und freie Rede, Funktion der Versammlungsfreiheit für eine außerparlamentarische demokratische Meinungsbildung, verfassungskonforme Auslegung von Straftatbeständen und anderen das Versammlungsrecht eingrenzenden Normen – schon lange vor dem akuten Rechtsstreit ausgebildet war und sich insgesamt doch relativ unverändert auf die neue Situation übertragen ließ. Simon war von seiner gleichermaßen christlich-ethisch, demokratisch, grundrechtlich und intergenerationell begründeten Strategie überzeugt, den Fall exakt so zu entscheiden. Er war überdies davon überzeugt, ihn – trotz der prozessualen Besonderheiten[65] – heranziehen zu können, um seiner Haltung Rechtskraft zu verleihen.

IV. Konrad Hesse

Von Konrad Hesse[66] schließlich, Staatsrechtsprofessor in Freiburg, von 1975–1987 Richter des BVerfG und dort unter anderem für die Bereiche der Meinungs- und Rundfunkfreiheit zuständig, stammen wichtige grundsätzliche Passagen zur Bedeutung der Versammlungsfreiheit für die Demokratie. Aus seinem Lehrbuch übernimmt der Senat die Passage, Versammlungen böten

die Möglichkeit zur öffentlichen Einflußnahme auf den politischen Prozeß, zur Entwicklung pluralistischer Initiativen und Alternativen oder auch zu Kritik und Protest [...]; sie enthalten ein Stück ursprünglich-ungebändigter unmittelbarer Demokratie, das geeignet ist, den politischen Betrieb vor Erstarrung in geschäftiger Routine zu bewahren.[67]

Wolfgang Hoffmann-Riem, der Nach-Nachfolger Hesses im Bundesverfassungsgericht bemerkt dazu, es sei sehr ungewöhnlich, dass ein Senat die persönliche Auffassung eines Senatsmitglieds derart ausdrücklich wiedergibt. Dass dies hier geschehen sei, deute auf das hohe Maß an Identifizierung des Senats mit Hesses Position hin.[68]

Hesse zählt zu den angesehensten und einflussreichsten Staatsrechtslehrern der Bundesrepublik. Er schrieb das für zwei Jahrzehnte maßgebliche Lehrbuch: Seine *Grundzüge des Verfassungsrechts der Bundesrepublik Deutschland* erfuhren 1967 bis 1999 immerhin 20 Auflagen. Verfassungsrecht wird dort von Hesse im Geist der Integrationslehre von Rudolf Smend als ein normativer Auftrag zur Herstellung von politischer Einheit und rechtlicher Ordnung begriffen. Hesse entwickelte Smends Grundgedanken verfassungskonform fort. Der Schülerkreis um Smend, zu dem Hesse gehörte[69], schaffte es, die von Smend noch etatistisch gedachte Integrationsidee[70] zu normativieren, ihr eine pluralistische, demokratische Richtung zu geben und sie der Institutionenordnung des Grundgesetzes, also auch der Verfassungsgerichtskontrolle, anzupassen.[71] Diese normativ gewendete Integrationslehre stellte in den 1960er Jahren den überzeugendsten Ansatz in der deutschen Staatsrechtslehre dar, wie vor allem das Bundesverfassungsgericht als neues Verfassungsorgan inhaltlich und institutionell wissenschaftlich beschrieben und begleitet werden konnte.[72] Vor allem trug sie in der weichenstellenden Auseinandersetzung um die Deutung des sozialen Rechtsstaats und die Wertbegründung der Verfassung, die in den späten 1950er Jahren in der deutschen Staatsrechtslehre geführt wurde, die besseren Argumente vor als ihre Antipoden, die sich oft zum Kreis um Carl Schmitt zählten. Sie hatte sich intellektuell durchgesetzt und erfuhr ihren institutionellen Ritterschlag durch die Einladung des Bundesverfassungsgerichts an Rudolf Smend, die Festrede zum zehnjährigen Bestehen des Gerichts zu halten.[73] Mit Konrad Hesse sollte dann 1975 einer der Protagonisten selbst Richter in Karlsruhe werden, wo er mit der Rechtsprechung im Reinen war, weil er vorfand, was er zuvor schon gutgeheißen hatte. Auch das mag erklären, warum der Richter Hesse nie eine abweichende Meinung geschrieben hat, was bei Professoren-Richtern, die aus Gründen der professoralen Sozialisation naturgemäß dazu neigen, die Dinge noch etwas besser zu wissen oder ihnen eine eigene Perspektive zu geben, höchst ungewöhnlich ist.[74] Die Wahl Hesses zum Bundesverfassungsrichter geht übrigens auf Horst Ehmke zurück, der gleichfalls dem Göttinger Smend-Seminar entstammte[75], bei der Berufung Hesses nach Freiburg daselbst schon Professor war und als Bundesminister und Mitglied des Deutschen Bundestages den Personalvorschlag in Bonn einspeiste.

Aus den Schriften Hesses haben die Formeln von der »Offenheit der Verfassung«, der »normativen Kraft der Verfassung« sowie der »praktischen Konkordanz« allgemeine Resonanz erlangt. Mit ihnen lässt sich Hesses Ansatz knapp umreißen: Pluralismus und Prozeduralisierung sind Hesse wichtig, um »meist ausgewogene und mittlere Lösungen«[76] zu gewinnen. Mit Hesses Formel von der praktischen Konkordanz wird eine Methode beschrieben, wie bei Grundrechtskonflikten (etwa Jugendschutz versus Kunstfreiheit oder Ehrschutz versus Meinungsfreiheit) die Grundrechte so in einen Ausgleich gebracht werden können, dass ihr jeweiliger Freiheitsbereich nicht über Gebühr beeinträchtigt wird. Beide Rechtsgüter müssen im Konfliktfall optimal zur Geltung kommen können.[77] Hesse geht es also nicht um eine Wertehierarchie etwa nach dem Motto, Leben oder Volksgesundheit ist das höhere Rechtsgut, so dass etwa ein konfligierendes wirtschaftliches Interesse dahinter zurückbleiben müsse, sondern um einen Ausgleich prinzipiell gleichrangiger (da verfassungsrechtlicher) Rechtsgüter in einem Konfliktfall. Nicht Rechtsgüter werden bei ihm abgewogen, sondern tatsächliche Konflikte auf die Rechtsbeeinträchtigungen untersucht, mit dem Ziel, diese möglichst gering zu halten. Der »Abwägungsvorgang« kann daher immer nur in Ansehung eines Konfliktfalles vorgenommen werden, nicht *ex ante* abstrakt vorgedacht oder zum Zwecke der Deduktion typisiert werden. Aus dieser Grundhaltung folgt zum einen eine Offenheit für die Dynamik des politischen Lebens und den Interessenwandel, zum anderen eine normative Selbstsicherheit, die weder durch situative Konflikte irritiert noch vom Wechselspiel politischer Meinungen abhängig ist, sondern auf einem materiellen Vertrauen in die prozedurale Rechtskonkretisierung gründet.[78] Wie Hesse an Konfliktfälle herangeht, verdeutlicht eine Diskussionsbemerkung, die er auf der Innsbrucker Staatsrechtslehrertagung 1980 gemacht hat, als dort das Thema »Verfassungsgerichtsbarkeit im Gefüge der Staatsfunktionen« behandelt wurde. Die Sache, legt er dar, sei mit ihren Problemen und ihrer Eigengesetzlichkeit zu behandeln; dabei führten unterschiedliche Methoden zum Ziel, weswegen abstrakte Methodendiskussionen im Gericht nicht geführt werden.[79]

Durch Interpretation darf die Verfassung nicht erstarren. Nur als eine aktualisierte normative Verfassung ist sie eine »wirkliche Verfassung«.[80] Diese Aufgabe der Aktualisierung kommt allen drei Gewalten zu: als Konkretisierung durch Gesetz, Verwaltungsakt oder Richterspruch. Schon durch diese gewaltenübergreifende Konkretisierung wirkt das Verfassungsrecht auf die gesamte Rechtsordnung ein. Hesses Fokus auf die »Bedingtheiten der Aktualisierung und Konkretisierung«[81] der Verfassung sichert den dynamischen Ansatz ab, der das parallele Funktionieren des politischen Prozesses und der behördlichen und gerichtlichen Rechtskonkretisierung als gleichgerichteten normativen Integrationsauftrag versteht. Die Verfassungsinterpretation muss der rechtlichen und politischen Dynamik gegenüber offen bleiben, darf aber den normativen Anspruch nicht aufgeben. Dieser Zielkonflikt lässt sich bewältigen, wenn die Interpretation der Verfassung zwei Wirkungsebenen in Rechnung stellt: eine abstraktere Ebene der Normativität und eine konkretisierende Ebene des gerechten Ergebnisses im Konfliktfall. Die Lösung von Einzelkonflikten ist eine Konkretisierung der Verfassung, aber keine Deduktion abstrakter Normativität. Hesse öffnete sich ab 1970 im übrigen auch den Themen der »68er-Bewegung«, vornehmlich im Bereich der Demokratie.[82]

Hesse zählt, wie bereits erwähnt, zum Schülerkreis des protestantischen Staatskirchenrechtlers Rudolf Smend, seinerseits Sohn des gleichnamigen Theologen. Rudolf Smend begründete in der Weimarer Republik die Integrationslehre als Gegenentwurf sowohl zum Normativismus Hans Kelsens als auch zum Dezisionismus Carl Schmitts.[83] Smends Integrationslehre weist gleichermaßen preußisch-etatistische wie evangelische Elemente auf.[84] Smend hatte am Ende der Weimarer Republik in seiner Schrift *Protestantismus und Demokratie*[85] eine Annäherung an die demokratische Staatsform aus der theologischen Ethik erwogen – im Unterschied zu großen Teilen der evangelisch-theologisch beeinflussten Kreise.[86] Hans Kelsen, in der Weimarer Republik ein Kritiker Smends, bezeichnete dessen Integrationslehre im Übrigen als »Staatstheologie«.[87] In den 1950er Jahren wird sie von seinem Göttinger Schülerkreis durch eine materielle Interpretation im Lichte der Verfassung fortentwickelt, ihrer etatistischen Elemente entkleidet und stärker verfahrensrechtlich ausgerichtet.[88] In dieser Form konnte sie in den 1960er und 1970er Jahren fast zur »Hausphilosophie« des Bundesverfassungsgerichts werden und mittelbar vor allem die Grundrechtsrechtsprechung Karlsruhes beeinflussen.[89]

Bei der Transmission der Integrationslehre spielt Hesse
eine führende Rolle, indem er die Integrationslehre nor-
mativistisch fortentwickelte[90] und 1967 mit seinem bereits
erwähnten Lehrbuch *Grundzüge des Verfassungsrechts der
Bundesrepublik Deutschland*[91] das für die nächsten 20 Jahre
autoritative Werk zu diesem Thema verfasste. An die Stelle
des Denkens vom Staat her trat das Denken von der Verfassung her. Mit dem Bundesverfassungsgericht stand überdies eine integrierende Institution zur Verfügung.[92] Die
Verwurzelung im Protestantismus prägte auch ihn. Seine
Habilitationsschrift verband schon staatlichen Rechtsschutz
mit kirchlicher Eigenverantwortung.[93] Hesse war Referent
am kirchenrechtlichen Institut der EKD in Göttingen (ge-
leitet von Smend)[94] und von 1968 bis 1975, als er Richter am Bundesverfassungsgericht wurde, Vorsitzender des
Schiedsgerichtshofs der EKD. Hesses Verbundenheit mit
protestantischen Themen und Organisationen liegt zu Tage,
auch wenn seine verfassungsrechtlichen Überzeugungen
sich nicht im Sinne einfach gestrickter Kausalität als protestantisch bezeichnen lassen. Peter Lerche spricht neutraler
von einem »erklärten Vorverständnis«, das seinen Ansichten
zugrunde gelegen habe.[95]

Herzog, Hesse und Simon waren, wie Richter und Richte-
rinnen des Bundesverfassungsgerichts meistens, weder bloße
Dogmatiker noch reine Funktionsjuristen, sondern Männer
mit Haltung. Ihre Werturteile beruhten auch auf außerjuris-
tischen Normensystemen. Darin waren sie sich unbeschadet
ihrer unterschiedlichen politischen Orientierung (Herzog:
CDU-Mitglied; Simon: SPD-Mitglied; Hesse: parteilos-
liberal, als Richter gewählt auf Vorschlag der SPD) und unbeschadet ihrer primären juristischen Sozialisation (Herzog:
Exekutive; Simon: Judikative; Hesse: Wissenschaft) einig.
Die Haltung ist evangelisch geprägt. Sie lässt den Leser

auch einiges Luthertum in der Entscheidungsbegründung verspüren.[96] Gerade bei dieser Entscheidung drängt es sich auf, die Hintergründe der Akteure zu beleuchten. Hinter dem Recht stehen immer auch Individuen, zumal wenn Recht gesprochen wird – ein Umstand, der in der deutschen Rechtswissenschaft gerne zugunsten einer entindividualisierten, einseitig materiellrechtlichen und akteurslosdogmatischen Perspektive vernachlässigt wird.

V. Evangelisches Milieu, politischer Protestantismus und die Herausforderung gesellschaftlicher Integration

Helmut Simon, der Verfasser des Brokdorf-Beschlusses, war, wie Oliver Lepsius soeben gezeigt hat, in den 1970er Jahren zu einem *public intellectual* geworden. Er repräsentierte einen Trend im konfessionellen Feld, der Religion und Politik nah aneinanderrückte und der Integration heterogener gesellschaftlicher Kräfte den Vorrang einräumte. Die Gründe lagen nicht nur in seiner Biographie, sondern mehr noch in den Entwicklungsbedingungen der Bundesrepublik sowie in transnationalen Prozessen sozialer Emanzipation und der Ausbreitung eines gesellschaftlichen Pluralismus. Sie lagen aber ebenso auch in der Geschichte des deutschen Protestantismus seit dem 19. Jahrhundert. In den 1960er Jahren begannen sich diese scheinbar heterogenen zeitgeschichtlichen Linien miteinander zu verflechten.

In der Epoche des Wirtschaftsbooms von den frühen 1950er Jahren bis etwa 1975 wurden »Demokratie« und »Pluralismus« zu grundlegenden Anforderungen an die westlichen Marktgesellschaften. National durchaus unterschiedlich ausgeprägt, kamen die Auswirkungen sowohl im Katholizismus als auch im Protestantismus an der Wende zu den 1960er Jahren zur Geltung. Das Zweite Vatika-

nische Konzil und eine emanzipative »Theologie der Befreiung« griffen ineinander. Die damit verbundene theologische
Hinwendung zum Hier und Heute der modernen Gesellschaft, zur Diesseitigkeit und einem situationsbezogenen
Humanismus erweist sich aus der Rückschau als Funktion
des transnationalen Handlungsmusters in der Epoche des
Nachkriegsbooms, das als »sozialer Konsens« bezeichnet
wird und der Integration heterogener Kräfte in Politik,
Wirtschaft und Gesellschaft vorrangige Bedeutung einräumte. »Konsens« und »Integration« waren zwei verwandte
Begriffe für den Umgang mit innergesellschaftlichen und
politischen Spannungen aus unterschiedlichen, konkurrie-
renden, oftmals auch ideologisch gegnerischen Orientierun-
gen. Der »Konsens« bildete in den westlichen Nachkriegsgesellschaften im Zeitraum von etwa 1960 bis 1973/75
die Norm für politisches Handeln und gesellschaftliche
Gestaltung. Die Gegenkräfte gegen das Erscheinungsbild
und die Wirkungen des Primats der Integration bildeten
sich während der 1970er Jahre heraus.[97] Der westdeutsche
Protestantismus wurde von diesem Geschehen nachhaltig
erfasst, weil in der Dynamik des Wandels von 1945/49 bis
1980 die historischen Belastungen des Verhältnisses von
Kirche und Staat, der obrigkeitsfrommen Disziplinierung
im evangelischen Milieu und der verbreiteten Distanz des
Protestantismus zur liberalen Demokratie wie ein Bleige-
wicht spürbar wurden.[98]

Als mit der Revolution des November 1918 in Deutschland die Monarchie in der Geschichte versank, endete für
die deutschen Protestanten eine vierhundertjährige Tradition der Verschmelzung von Staat und Kirche, von »Thron«
und »Altar«. In den evangelischen Territorien des Alten
Reichs übte seit der Reformationszeit der Fürst nicht nur
die politische Herrschaft »von Gottes Gnaden« aus, sondern

er war auch als *summus episcopus* das kirchliche Oberhaupt seines Landes. Das blieb auch nach der Französischen Revolution und der Neuordnung Mitteleuropas auf dem Wiener Kongress so und durchzog die Geschichte von den Anfängen des Deutschen Bundes 1815 über die Reichsgründung 1871 hinaus bis zum Zusammenbruch des monarchischen *Ancien Régime* im Herbst 1918. Für Deutschland wurde entscheidend, dass das politisch-kirchliche Ordnungsmodell des monarchischen Summepiskopats maßgeblich beitrug zur Ausgestaltung der politischen Kultur im größten deutschen Einzelstaat, dem Königreich Preußen. Im kaiserlichen Deutschland war Preußen die Vormacht im Reich, mithin auch der preußische Protestantismus, gegen den weder die katholischen Territorien Preußens – Rheinland, Westfalen, Schlesien und Ermland – noch das Königreich Bayern der katholischen Wittelsbacher ein politisch-kulturelles Widerlager zu bilden vermochten.

Während der wilhelminischen Epoche (1888–1918) verschmolz die weltliche Herrschaft Kaiser Wilhelms II., des Königs von Preußen, mit dem kirchlichen Summepiskopat in einer Form, die den Protestantismus geistlich und politisch beschädigte. Das Kaiserreich wurde zu einer Militärmonarchie, in deren politischem System der Reichstag kein Recht hatte zur parlamentarischen Kontrolle der Regierung, geschweige denn der Armee. Die Interessen des Kaisers, der sich selbst als »Soldat« verstand, galten der militärischen Führung, so dass diese allzu oft den Vorrang erhielt vor der zivilen Reichsleitung. Die evangelische Kirche im Königreich Preußen gab der Militärmonarchie konsequent ihren Segen. Die Wirkungen im protestantischen Milieu Preußens und einiger anderer überwiegend evangelischer Länder des Kaiserreichs reichten weit über das Ende des Ersten Weltkriegs und die Revolutionszeit hinaus.[99]

Evangelisch zu sein bedeutete im Deutschland der Zwischenkriegszeit für die Mehrheit der Protestanten, die Republik abzulehnen und der parlamentarischen Demokratie
die staatsbürgerliche Loyalität zu verweigern, anstatt sich
konstruktiv mit ihr auseinanderzusetzen. Die republika-
nischen Regierungen wurden nicht als »Obrigkeit« verstanden, sondern bloß geringgeschätzt. Daher stand der Mehrheitsprotestantismus in der Weimarer Republik politisch
rechts. Mit der Deutschnationalen Volkspartei (DNVP)
verfügte er über ein Medium, das im Reichstag gegen die
Kabinette der demokratischen Parteien Politik machte, mithin gegen die linksliberale Deutsche Demokratische Partei
(DDP), die SPD und den republikanisch gesinnten Teil
der katholischen Zentrumspartei. Das waren die staatstragenden Kräfte der Weimarer Demokratie, und es sollten
auch, geringfügig verändert, die staatstragenden Kräfte der
Bundesrepublik sein.[100]
In der politischen Kultur der 1920er Jahre agitierte die
DNVP gegen die Staatsräson der Republik von »Weimar
und Versailles«, in der die demokratische Verfassung und
der Friedensvertrag als inneres und äußeres Grundgesetz
des Deutschen Reichs nach dem verlorenen Weltkrieg
zusammengehörten. Im Protestantismus blieben demokratische, pro-republikanische Auffassungen soweit in der
Minderheit, dass sie eine kirchlich-theologisch fundierte
Bereitschaft zur Akzeptanz der Staatsbürgerrolle im freiheitlichen Gemeinwesen weder bei den Pfarrern noch im Kir-
chenvolk hervorzubringen vermochten. Das evangelische
Milieu blieb von einer kirchenamtlichen Mehrheitsposition
beeinflusst, die nationalkonservativ, monarchistisch gesinnt
und auf eine Führerpersönlichkeit hin ausgerichtet blieb
und diese politische Präferenz auch theologisch begründete.[101]

Im Dritten Reich wurde die innerevangelische Opposition gegen die Diktatur zwar deutlich spürbar, aber sie äußerte sich geistlich, nicht so sehr politisch. Die »Bekennende Kirche« formulierte 1934 mit den *Barmer Thesen* ganz entschieden die Unvereinbarkeit des Glaubens mit dieser Obrigkeit, aber sie zog keine politischen Folgerungen daraus. Das taten nur einzelne, die darüber zu Vorbildern des Widerstands wurden und zu Märtyrern wie Dietrich Bonhoeffer.[102] Es war der Schweizer Theologe Karl Barth, der diese Erfahrung nach 1945 zum Anlass nahm, um im deutschen Protestantismus ein »politisches Mandat« der Kirche einzufordern. Allerdings war Barth keineswegs ein Protagonist der parlamentarischen Demokratie. In den 1920er Jahren repräsentierte er in der evangelischen Theologie eine hochrangige intellektuelle Strömung, die eine radikale Abwendung vom liberalen Denken der Vorkriegszeit in sich schloss – von der Kategorie des Fortschritts und von der Idee, dass alles Bestehende geschichtlich vermittelt sei und nur als »Geschichte« begriffen werden könne. Diese »antihistoristische Revolution« wurde in der Philosophie besonders prominent vertreten von Martin Heidegger, in der Rechtswissenschaft von Carl Schmitt, in der Systematischen Theologie von Karl Barth sowie vom jüdischen Religionsphilosophen Martin Buber, um nur diese Namen zu nennen.[103] Sie waren der Überzeugung, dass liberales, historisch orientiertes Denken der »Herrschaftsraum einer geschickhaften Irre« sei (Heidegger)[104] und dass es gelte, »durch das Historische *hindurch* zu sehen in den Geist der Bibel, der der ewige Geist ist« (Barth).[105] Karl Barth begründete theologisch, was politisch gemeint war. Die Kirche, sagte er 1933, sei gegenüber Staat und Gesellschaft der *übergeordnete*, der *überlegene* Bereich, weshalb die eigentlichen Entscheidungen über Staat und Gesellschaft nicht in Staat und

Gesellschaft fielen, sondern in der Kirche. Daraus leitete sich dann die Auffassung ab, im deutschen Protestantismus der Nachkriegszeit ein »politisches Mandat« der Kirche einzufordern.[106] Der damit verbundene moralstolze Fundamentalismus in der barthianischen Theologie konnte keinen Zugang zum politischen Liberalismus finden. Er stand deshalb in Gegnerschaft zu den westlichen Vorstellungen von der Ordnung der Gesellschaft und des Staates und zum politischen Pluralismus in der parlamentarischen Demokratie. Daraus ergab sich in der jungen Bundesrepublik eine kalte Gegnerschaft zu den westlichen Besatzungsmächten, allen voran den Amerikanern, und zur Westintegrationspolitik des Katholiken Konrad Adenauer.

Barth arbeitete eng mit Martin Niemöller zusammen, als es in den Jahren der Besatzung darum ging, das politische Vermächtnis des Mehrheitsprotestantismus im Übergang von der Republik in die Diktatur und die Rolle der Kirche im Dritten Reich kritisch aufzuarbeiten. Die *Stuttgarter Schulderklärung* des Rates der EKD vom Oktober 1945, zu deren Unterzeichnern Martin Niemöller und Gustav Heinemann gehörten, bekannte zwar den mangelnden Mut zu einer geistlich begründeten politischen Opposition, vermied aber die kritische Auseinandersetzung mit der eigenen kirchlichen und theologischen Vergangenheit. Karl Barth kommentierte das zornig mit der Bemerkung: »Es ist eine am entscheidenden Punkt trotz Stuttgart noch immer unbußfertige und verstockte Kirche.«[107] Die von ihm theologisch geprägten Bruderräte in der evangelischen Kirche eigneten sich fortan ein Selbstverständnis an, das nicht nur quer stand zum obrigkeitsfrommen Traditionalismus der meisten Kirchenleitungen, sondern das in dialektischer Verschränkung die vorrangige Geltung der barthianischen Theologie postulierte. Da allein die Kirche aufgrund der

ihr geschenkten Offenbarung mehr über die Wirklichkeit
der Welt wisse als diese selbst, sei es auch ihre primäre Aufgabe, im politischen Geschehen die Entmythologisierung
aller Ideologie zu bewirken. Das lief im Hier und Heute der
Nachkriegszeit einerseits auf die grundsätzliche Ablehnung
der CDU hinaus, weil diese Partei mit dem Anspruch des
»Christlichen« im Namen die christliche Offenbarung als
politisches Programm missbrauche und sie zu einer politischen Ideologie mache. Andererseits lief es auf die grundsätzliche Hinwendung zum Sozialismus hinaus, weil sich
dieser ohne christliche Überhöhung der Lösung der sozialen
Frage verschrieben habe. Damit war eine politische Partei-
lichkeit programmiert, die, wie es sich schon in den 1930er
Jahren abgezeichnet hatte, der barthianisch gesinnten evangelischen Theologie ein prophetisches Wächteramt im Staat
zuschrieb und mit dem ihr eigenen moralischem Rigorismus
einen ethischen Avantgardeanspruch sowohl im Mehrheitsprotestantismus als auch in der Gesellschaft beanspruchte.

Mit einem liberalen Verständnis von pluralistischer Demokratie hatte das nichts zu tun, aber es trug dazu bei,
innerhalb des Protestantismus das lastende Erbe der »Thron-
und Altar«-Tradition zu überwinden. Zudem hinterließ der
theologische Ernst einen tiefen Eindruck, mit dem Karl
Barth nach 1945 für Selbstbesinnung, kirchliche Gewis-
sensprüfung und weltanschauliche Erneuerung eintrat und
staatsbürgerliche Entschiedenheit einforderte. Junge Protestanten, die das Dritte Reich durchlebt und vom Zusammenbruch des Landes und aller Werte erschüttert waren, wurden
von seiner Theologie deutlich beeinflusst. Die barthianische
Theologie wurde seit 1950 zum Maßstab für eine zunächst
kleine, seit 1960 stetig anwachsende und nach 1970 im
Meinungsklima der Republik vorherrschende Gruppe von
staatsbürgerlich engagierten Protestanten. Der politischen

Ideologie des Barthianismus gemäß waren das soziale Demokraten, ohne dass sie Sozialdemokraten sein mussten.
Parlamentarischer Pluralismus war ihre Sache nicht. Aber
das Entscheidende bestand darin, dass die Barthianer der
Nachkriegszeit zu Demokraten wurden und ihr staatsbürgerliches Engagement aus der moralischen Ernsthaftigkeit
dieser Theologie bezogen. Helmut Simon gehörte, wie Oliver Lepsius gezeigt hat, von früh an zu ihnen. Er war Karl
Barth unmittelbar nach Kriegsende begegnet, fühlte sich
von der Entschiedenheit im Glauben und dem Anspruch
einer politischen Moral stark berührt und blieb zeit seines
Lebens ein überzeugter Barthianer.[108]

Die 1950er Jahre waren Wiederaufbauzeit – in mehr-
facher Hinsicht. Nicht nur Städte und Wohnraum, In-
dustrieanlagen und kommunale Behörden wurden wie-
dererrichtet, sondern es bahnte sich im Zuge des Kalten
Krieges und der damit einhergehenden Wiederbewaffnung
ein politisches Klima an, welches Wertvorstellungen aus der
Zwischenkriegszeit und gesellschaftliche Orientierungsmuster eines konservativen Traditionalismus aus der wilhelminischen Epoche zu neuer Geltung brachte. Der »restaurative
Charakter der Epoche« geriet nicht grundlos schon früh in
die Kritik, wurde aber im Verlauf des Jahrzehnts vom beginnenden Wirtschaftswunder überformt.[109] Im Protestantismus spielte die bruderrätliche Richtung, obwohl sie eine
Minderheit war, über den Reichsbruderrat in der EKD eine
wichtige Rolle. Der Reichsbruderrat stand in der Tradition
der Bekennenden Kirche, und von dort bezogen die Anhänger Karl Barths die Begründung für ihr »militantes politisches Engagement« in den kommenden Jahren.[110] Dessen
Richtung war vorgegeben und zielte gegen jene Gruppen
in kirchlichen Gremien – in der EKD mit Rat und Synode
sowie beim Deutschen Evangelischen Kirchentag –, wo die

lutherisch geprägte evangelische Weltanschauung gemäß
der Zwei-Reiche-Lehre noch vorherrschend war und die für
eine Hinwendung zur CDU eintraten.[111] Es zielte jedoch
ebenso ins Zentrum des evangelischen Milieus, soweit dieses bürgerlich geprägt war und den Formen traditioneller,
am Luthertum orientierter Kirchlichkeit verhaftet blieb.
Die politische Präferenz galt hier zumeist der Regierung
Adenauer, vornehmlich aus Zustimmung zu der außen-
politisch antikommunistischen und innenpolitisch antiso-
zialistischen Ausrichtung, nicht so sehr aus Konformität
mit der christdemokratischen Partei. Die Union war für
die Mehrheit der Milieuprotestanten zu katholisch und für
den Nationalprotestantismus viel zu weit nach Westeuropa
orientiert. Als politische Heimat kam sie nicht in Betracht.
Der Protestantismus in der frühen Bundesrepublik hatte in
keiner Partei ein politisches Zuhause. Etwas Vergleichbares
zur rechtskonservativen, nationalistischen und antidemo-
kratischen DNVP aus der Weimarer Zeit gab es nach dem
Krieg nicht mehr, und die Bindung an diese Partei erwies
sich nach 1945/49 als unbequeme Erblast.

Eine neue Entwicklung setzte am Ende der 1950er Jahre
ein. Die Anfänge waren politisch motiviert. Den Kern bildete
die Westintegrationspolitik der Regierung Adenauer, weil
diese – so lautete der Vorwurf – das Ziel der nationalen Einheit vernachlässige, ja, die Wiedervereinigung eigentlich gar
nicht wolle. Vielmehr sei mit dem Mittel der militärischen
Westintegration die deutsche Einheit absichtsvoll verhindert
worden. In vorderster Linie der Kritik an Konrad Adenauers
Kurs standen Martin Niemöller und Gustav Heinemann.
Niemöller, der kirchenpolitisch (weniger aber theologisch)
eng mit Karl Barth verbunden war, kam aus dem reichs-
deutschen, schwarz-weiß-roten Nationalprotestantismus
und stand 1933/34 an führender Stelle der »Bekennenden

Kirche« in Opposition zur nationalsozialistischen Diktatur. Seit 1937 in verschiedenen Konzentrationslagern inhaftiert, überlebte er den Terror des Regimes und fand zu einer theologischen Neubesinnung, die um das christliche Gebot des Ausgleichs unter den Menschen, mithin auch unter den Völkern und Nationen, gerichtet war. 1947 wurde Niemöller zum Kirchenpräsidenten der Evangelischen Kirche in Hessen und Nassau gewählt. Die Gründung der Bundesrepublik unter christdemokratischen Auspizien im Rahmen der westlichen Besatzungspolitik verabscheute er und bezeichnete den westdeutschen Teilstaat als einen politischen Wechselbalg, der »in Rom gezeugt und in Washington geboren« worden sei. Der Antikatholizismus und die Gegnerschaft zu den atlantischen Mächten und zur westlichen Demokratie verwiesen auf seine schwarz-weiß-rote Jugendprägung, als der Protestantismus vor 1914 den Anspruch erhoben hatte, im Deutschen Reich die »Leitkultur« zu repräsentieren. Daran hielt Niemöller fest. Die Erfahrung der Hitlerdiktatur und das Leiden der KZ-Haft hatten aber den früheren U-Boot-Kommandanten der kaiserlichen Marine zu einem radikalen Kriegsgegner werden lassen. Daher zog Adenauers Außenpolitik der politischen und militärischen Westintegration aus beiden Gründen – Nationalismus und Antimilitarismus – den Zorn Niemöllers auf sich.[112]

Ebenso wie Niemöller gehörte auch Gustav Heinemann ins bürgerliche Milieu des deutschen Nationalprotestantismus. Im Dritten Reich bildete die »Bekennende Kirche« für ihn den maßgeblichen Bezugsraum. Nach 1945 äußerte er wiederholt seine Überzeugung, dass es für das deutsche Volk ohne Schuldbekenntnis und selbstkritische Auseinandersetzung mit der Vergangenheit keinen Weg in die Zukunft geben könne. In den Jahren der Besatzung war er CDU-Oberbürgermeister von Essen und Präses der

Synode der EKD. Der Katholik Adenauer ernannte den profilierten Protestanten 1949 zum Innenminister im ersten Bundeskabinett. Als 1950 die Debatte um einen deutschen Wehrbeitrag einsetzte, distanzierte sich Heinemann von Adenauers Kurs, bekannte sich offen zu den Polemiken Niemöllers gegen die Bundesregierung und die westliche Sicherheitspolitik und schied im Herbst 1950 aus der Regierung aus. 1951 entstand aus seiner Initiative die »Notgemeinschaft für den Frieden Europas«, die er zusammen mit der Katholikin Helene Wessel leitete und 1953 zu einer politischen Partei ausformte, der »Gesamtdeutschen Volkspartei« (GVP).[113] Die Namen waren Programm. Frieden und nationale Einheit bildeten die primären politischen Anliegen, die Heinemann – anders als Niemöller, anders auch als Karl Barth – mit einem entschiedenen Eintreten für die parlamentarische Demokratie verband. Als die GVP in den Bundestagswahlen 1953 erfolglos blieb und sich auch 1957 keine Chancen ausrechnen konnte, vollzog Heinemann den entscheidenden Schritt. Im Sommer 1957 wurde die Partei aufgelöst, Heinemann und der Kreis seiner »jungen Männer«, die mit ihm 1953 Wahlkampf für die GVP gemacht hatten, traten in die SPD ein: Erhard Eppler, Diether Posser, Johannes Rau, Jürgen Schmude.[114] Wenig später bekannte sich die SPD 1959 im *Godesberger Programm* zur politischen und wirtschaftlichen Ordnung der Bundesrepublik, indem die Westintegration nicht länger in Frage gestellt und die Marktwirtschaft als verbindliches Ordnungsprinzip anerkannt wurde.

Die SPD hatte sich damit den Gegebenheiten der Nachkriegszeit gestellt und war fortan qualifiziert, in einer Großen Koalition mit der CDU/CSU die Regierung zu bilden. Den ersten, noch halbherzigen Versuch machte 1962 Bundeskanzler Adenauer, der Durchbruch erfolgte dann

1966. Die Voraussetzung indessen, zur Regierungspartei zu werden, schuf nicht allein das *Godesberger Programm*, sondern vielmehr auch die konfessionelle Öffnung. Mit den neuen evangelischen Mitgliedern, die als Repräsentanten von EKD-Gremien kirchlich eingebunden waren und überdies aus dem bürgerlichen Lager kamen, befreite sich die SPD von der alleinigen Bindung an die Industriearbeiterschaft. 1960 waren die Weichen gestellt. Die SPD konnte zur Protagonistin auf dem Weg in ein nachbürgerliches Zeitalter werden. Sie verkörperte eine sozialkulturelle Neuorientierung, wie sie im westlichen Europa allenthalben zu spüren war. Sozialer Konsens und die Integration widerstreitender Strömungen des gesellschaftlichen Pluralismus unter den Bedingungen des Nachkriegsbooms wurden zu Merkmalen sozialdemokratischer Politik. Die SPD wurde zur Verkörperung sozialer Integration im demokratischen Gemeinwesen.

In den 1960er Jahren konnten zwei Strömungen ineinanderfließen, die unser Problem kennzeichneten und die Entwicklung hin zur Brokdorf-Entscheidung des Bundesverfassungsgerichts prägen sollten. Das war einerseits die bruderrätliche, ideologisch dem Barthianismus verpflichtete Strömung im Protestantismus, ergänzt von unabhängigen, aber dem kirchenamtlichen Konservativismus gegenüber kritisch eingestellten Persönlichkeiten wie Gustav Heinemann, und andererseits war es der gesellschaftliche Trend zu sozialkultureller Emanzipation, welchen die SPD mehr und mehr zu bündeln verstand und der als »Genosse Trend« die Partei über Wahlsiege in den Bundesländern schließlich 1966 und vollends 1969 in die Regierungsverantwortung führte. Die Programme der Evangelischen Akademien und die Kirchentage dokumentieren eine Entwicklung, die in den 1970er und 1980er Jahren eine manifeste Konstellation in der politischen Kultur der Bundesrepublik bildete.[115] Dies ist der zeitgeschichtliche Ort, an dem wir die Protagonisten des Brokdorf-Beschlusses ganz unabhängig von ihrer persönlichen parteipolitischen Orientierung antreffen. Soziokulturelle Emanzipation im weiteren Rahmen evangelischer Verantwortung in der Gesellschaft, anders gesagt: die Ausweitung der parlamentarischen Demokratie vom politischen System zum gesamtgesellschaftlichen Projekt, bildete das gemeinsame Fundament, von dem aus Roman Herzog, Konrad Hesse und Helmut Simon handelten.

Es ist herauszustreichen, dass sich hier keineswegs ein neues politisches Lager herausbildete. Ebenso wenig wurde die SPD zur Partei des barthianisch durchsäuerten evangelischen Milieus der 1970er Jahre. Vielmehr verbanden sich emanzipatorische Kräfte in der westdeutschen Gesellschaft seit dem Ende der Nachkriegszeit in ihrer Zielsetzung, sozialen Konsens und kulturelle Integration in demokratischen, alsbald auch basisdemokratischen Formen »zu leben«. Die progressiven Tendenzen im Katholizismus, die spätestens seit dem Essener Katholikentag von 1968 in die gleiche Richtung zielten, kamen verstärkend hinzu.[116] Politische Entschiedenheit und konfessionelle »Betroffenheit« erzeugten den, von den Barthianern her bekannten, moralisch anspruchsvollen Ton mit der ihm eigenen Selbstgerechtigkeit. Aber das Entscheidende blieb die emanzipatorische Entschlossenheit, überlebte Orientierungs- und Verhaltensmuster aus der obrigkeitlich, vielfach antidemokratisch geprägten Vergangenheit auch wirklich zu überwinden. Deshalb konnten sich hier CDU-nahe und SPD-nahe Persönlichkeiten zusammenfinden, ganz gleich, ob sie Parteimitglieder waren oder nicht.

Dem geistigen Klima der 1970er Jahre entsprechend machte dieser neue soziokulturelle *mainstream*, der sich seit

1972/74 aufs engste mit den Neuen Sozialen Bewegungen
und zahlreichen Bürgerinitiativen verzahnte, den Eindruck
einer »linken« Bewegung. Das ist ein vorschnelles, wenn
auch nicht ganz falsches Urteil. Sowohl die demokratische als auch die bürokratische Linke hatten sich in den
1960er Jahren dem damals vorherrschenden Zeitklima der
Sozialplanung, der kybernetischen Steuerung von Staat,
Wirtschaft und Gesellschaft, kurz dem *social engineering,*
verschrieben. Damit war eine weniger auf den sozialen Pluralismus als vielmehr auf die gesellschaftliche Homogenisie-
rung gerichtete, an Regierungskompetenz und Verwaltungs-
handeln gekoppelte Orientierung verbunden gewesen, aber
der Primat der Planung und der Machbarkeitsglaube hatten
sich um 1970 erschöpft.[117] In der Sozialkultur der 1970er
Jahre dominierte der Pluralismus, sei es in Gestalt der Neuen
Sozialen Bewegungen, sei es in Gestalt der *Event*kultur auf
den Kirchen- und Katholikentagen.[118] Helmut Simon kommentierte das aus der Rückschau des Jahres 1989 ganz
nüchtern, wenn er sagte, dass den Kirchentagen und ihrem
Umfeld eine »politische Linkslastigkeit« vorgeworfen wurde,
es sich hierbei aber um das erlebte Zusammengehen von
gesellschaftlichem Engagement, Ernsthaftigkeit und fröhli-
cher Gelöstheit im Umgang miteinander gehandelt habe.[119]
Da gerade in dieser Zeit, 1970 bis 1989, der ideologische
Subtext der evangelischen Kirchentage vom barthianischen
Anspruch auf das »politische Mandat« der Kirche bestimmt
wurde, schlossen sich »fröhliche Gelöstheit« und politisch-
moralischer Rigorismus nicht aus, sondern bedingten einander geradezu, und daraus entstand der Eindruck der
Linkslastigkeit. Die »grundsätzliche Hinwendung zum Sozialismus« bei Karl Barth und den Bruderräten, die, wie
wir sahen, vom Kirchenkampf herrührte, fand sich fortan
im demokratischen Pluralismus der westdeutschen Gesell-

schaft aufgehoben. Den politischen Kern des Geschehens bildete die Entschiedenheit kritischer Zeitgenossen, wie sie unsere drei Verfassungsrichter verkörperten, sich nicht nur individuell aus der obrigkeitlichen »Thron und Altar«-Tradition des evangelischen Bürgertums zu lösen, sondern die Verkrustungen des obrigkeitsstaatlichen Denkens in den Gerichten und Verwaltungen zu überwinden. Der Text des Brokdorf-Beschlusses ist daher ein geradezu klassisches Dokument dieses politischen und konfessions-kulturellen Problems in der deutschen Geschichte seit dem Kaiserreich.

Welche Bedeutung dieses Problem und der Wunsch nach seiner Überwindung hatten, lässt sich nicht zuletzt daran ablesen, dass in der Meinungsbildung der Verfassungs-richter, die 1985 in den Text der Entscheidung einfloss, die neuen Herausforderungen an den demokratischen Staat keine Rolle spielten. Weder der internationale Terrorismus, der 1972 in Gestalt des »Schwarzen September« die israe-lische Mannschaft während der Münchener Olympiade in tödliche Geiselhaft nahm, noch der deutsche Terrorismus während der 1970er und frühen 1980er Jahre noch auch das neue soziale Phänomen einer radikalen Gewaltbereit-schaft, das seit der Entstehung der »Autonomen« und des »Schwarzen Blocks« bei Massenveranstaltungen zu be-obachten war, konnten, ja durften die Urteilsbildung der Richter beeinflussen. Erst musste die Freiheit gewonnen und im Gemeinwesen rechtlich und verwaltungstechnisch gesichert werden, bevor sie aufs neue womöglich ein-zuschränken war. Historisch gesprochen, musste zuerst die Erblast der nationalen (und nationalprotestantischen) Vergangenheit aus der Geschichte des Deutschen Reichs überwunden werden, bevor die Bundesrepublik ihre eigene, demokratische Form von Obrigkeit überhaupt entwickeln und entfalten konnte.

[1] Vgl. etwa Uwe Kranenpohl, *Hinter dem Schleier des Beratungs-geheimnisses. Der Willensbildungs- und Entscheidungsprozess des Bundes-verfassungsgerichts*, Wiesbaden 2010.

[2] Zu Simon: Marion Eckertz-Höfer, »Bundesverfassungsrichter i. R. Dr. jur. Dr. theol. h.c. Helmut Simon zum 90. Geburtstag«, *DVBl.* 2012, 1–3. Eckertz-Höfer war 1983–1988 wissenschaftliche Mitarbeiterin Simons in Karlsruhe und von 2007–2014 Präsidentin des Bundesverwaltungsgerichts. Siehe auch: Almut Röse / Wolf Röse, *Helmut Simon. Recht bändigt Gewalt*, Berlin 2011. (Röse / Röse, Helmut Simon); Ernst Benda, »Helmut Simon. Bild eines Richters«, in: Willy Brandt u. a. (Hgg.), *Ein Richter, ein Bürger, ein Christ. Festschrift für Helmut Simon*, Baden-Baden 1987, 25–38. Zu Simons Haltung gegenüber der radikalisierten Jugend der 1970er Jahre, vgl. Helmut Simon, »Plädoyer für die rechts- und sozialstaatliche Demokratie«, *FH* 39 (1978), 5–16. Siehe auch: Ders., »Verfassungsgerichtsbarkeit«, in: Ernst Benda / Werner Maihofer / Hans-Jochen Vogel (Hgg.), *Handbuch des Verfassungsrechts der Bundesrepublik Deutschland*, 2. Aufl. Berlin 1994, 1637–1677.

[3] Fromme war Leiter des Ressorts Innenpolitik und Rechtspolitik bei der *FAZ*, hörte rechtspolitisch das Gras wachsen und war bekannt für seine Insiderberichte über das und aus dem Bundesverfassungs-gericht. Vgl. die Ehrengabe konservativer Staatsrechtler und Verfas-sungsrichter (mit Bibliographie Frommes): Wolfgang Knies (Hg.), *Staat, Amt, Verantwortung. Friedrich Karl Fromme zu Ehren*, Stuttgart 2002.

[4] Siehe Roman Herzog / Manfred Bissinger / Hans-Ulrich Joerges, *Der unbequeme Präsident. Roman Herzog im Gespräch mit Manfred Bissinger und Hans-Ulrich Joerges*, Hamburg 1994, 108 f. (Herzog / Bis-singer / Joerges, Präsident); vgl. auch Uwe Wesel, *Der Gang nach Karls-ruhe. Das Bundesverfassungsgericht in der Geschichte der Bundesrepublik*, München 2004, 216 f. (Wesel, Karlsruhe); Stefan Reker, *Roman Herzog*, Berlin 1994, 105 f. (Reker, Herzog).

[5] BVerfGE 69, 315, 346 unter Zitierung von: Konrad Hesse, *Grund-züge des Verfassungsrechts der Bundesrepublik Deutschland*, 14. Aufl. Hei-delberg 1984, 157. (Hesse, Grundzüge).

[6] BVerfGE 69, 315, 346–348.

[7] Josef Isensee / Paul Kirchhoff (Hgg.), *Handbuch des Staatsrechts der Bundesrepublik Deutschland* (10 Bände), Heidelberg 1987–2000. Dazu: Helmuth Schulze-Fielitz, »Grundsatzkontroversen in der deutschen

Staatsrechtslehre nach 50 Jahren Grundgesetz in der Beleuchtung des Handbuchs des Staatsrechts«, *DIE VERWALTUNG* 32 (1999), 241–282.

[8] Stellvertretend etwa: Dieter Grimm, »Zusammenfassung«, in: Pascale Cancik u. a. (Hgg.), *Konfession im Recht. Auf der Suche nach konfessionell geprägten Denkmustern und Argumentationsstrategien in Recht und Rechtswissenschaft des 19. und 20. Jahrhunderts*, Frankfurt a. M. 2009, 181–183, 182. (Cancik u. a. (Hgg.), Konfession im Recht). Die Brücke zwischen Konfessionszugehörigkeit und konfessionellem Einfluss auf rechtswissenschaftliche Aussagen sei recht schmal. Oft bliebe unklar, was tatsächlich eine Übernahme konfessioneller Deutungsmuster ist und was lediglich als Argumentationsstrategie anzusehen ist. Auch Peter Lerche, »Christentum und Staatsrecht«, in: Theodor Tomandl (Hg.), *Der Einfluß des katholischen Denkens auf das positive Recht*, Wien 1970, 85–104, 93, saldiert den direkten Einfluss des Glaubens gering: »So außerordentlich der Einfluß der christlichen Lehren auf die Entfaltung der modernen Verfassungen war – sei es als fördernder, sei es als retardierender, als kritischer oder klärender Faktor –, so wenig ergiebig ist der Beitrag, den christliche Lehren zum heutigen Verfassungsverständnis liefern.« Der Sache nach ähnlich: Fabian Wittreck, »Das Christentum als Fundament des Grundgesetzes?«, in: *Grundlagen des Grundgesetzes. Symposium für Horst Dreier*, im Erscheinen 2015.

[9] Ernst-Wolfgang Böckenförde, »Die Entstehung des Staates als Vorgang der Säkularisation« (1967), in: Ders., *Staat, Gesellschaft, Freiheit. Studien zur Staatstheorie und zum Verfassungsrecht*, Frankfurt a. M. 1976, 42 ff.

[10] Stefan Korioth, »Evangelisch-theologische Staatsethik und juristische Staatslehre in der Weimarer Republik und der frühen Bundesrepublik«, in: Cancik u. a. (Hgg.), *Konfession im Recht*, 121–145, 123, 138, 142. (Korioth, Staatsethik).

[11] Ebd., 144.

[12] Roman Herzog, *Jahre der Politik. Die Erinnerungen*, München 2007, 14, 31. (Herzog, Erinnerungen).

[13] BVerfGE 69, 315 (355–357). Dort wird auch Bezug genommen auf die Erfahrungen der »Stuttgarter Gespräche«, deren Ergebnisse bereits in der Sachverhaltsdarstellung genannt werden (319 f.). Wenn dort wiederum der Ausdruck fällt, der Kontakt der Beteiligten führe dazu, dass »man entkrampfter auf Konfliktsituationen zugehe«, hört man Herzog förmlich sprechen.

[14] Herzog, *Erinnerungen*, 87.

[15] Vgl.: Herzog/Bissinger/Joerges, *Präsident*, 98–105; Herzog, *Erinnerungen*, 90–95; Reker, *Herzog*, 87 f.; Werner Filmer/Heribert Schwan, *Roman Herzog. Die Biografie*, München 1994, 184. (Filmer/Schwan, Herzog).

[16] Siehe: Herzog/Bissinger/Joerges, *Präsident*, 103, 105; Herzog, *Erinnerungen*, 95, 99.

[17] An der Freien Universität hielt Herzog eine Vorlesung, in der er den Polizeieinsatz, der zum Tode Benno Ohnesorgs führte, auf seine Rechtmäßigkeit hin kritisch untersuchte. Die Veranstaltung fand großes Interesse; auch Vertreter des Senats sollen dort gewesen sein. Zu dieser Veranstaltung hatte ihn übrigens die damalige Studentin Herta Gmelin, 1998–2002 Bundesministerin der Justiz, gedrängt. Vgl.: Herzog/Bissinger/Joerges, *Präsident*, 64–69; Filmer/Schwan, *Herzog*, 86–92.

[18] Die Geschichte wird kolportiert von Hanno Kühnert, »Die Unabhängigkeit des Umworbenen«, *Die ZEIT* 49/1993 v. 3.12.1993; Reker, *Herzog*, 52 f.

[19] Die 1. Auflage erschien 1966, die Vorbereitungen begannen entsprechend früher. Herausgeber waren neben Herzog: Siegfried Grundmann, Hermann Kunst, Wilhelm Schneemelcher. Auch die 3. Aufl. 1987 gab Herzog noch mit heraus; eine 4. Aufl. firmiert 2006 als »Neuausgabe« unter anderen Herausgebern.

[20] Literarisch dokumentiert: Eberhard Jüngel/Roman Herzog/Helmut Simon, *Evangelische Christen in unserer Demokratie. Beiträge aus der Synode der EKD*, Gütersloh 1986. (Jüngel/Herzog/Simon, Evangelische Christen).

[21] Kirchenamt im Auftrag des Rates der Evangelischen Kirche (Hg.), *Evangelische Kirche und freiheitliche Demokratie. Der Staat des Grundgesetzes als Angebot und Aufgabe*, 2. Aufl. Gütersloh 1986. Die Denkschrift wurde von der Kammer für Öffentliche Verantwortung der EKD unter Vorsitz des Münchener Theologen Trutz Rendtorff erarbeitet und von der Synode der EKD auf ihrer Tagung vom 3.–8.11.1985 in Trier beraten und gebilligt.

[22] Vgl. zu dem schwierigen Verhältnis gerade in den Jahren 1965–1985: Wolfgang Huber, »Protestantismus und Demokratie«, in: Ders. (Hg.), *Protestanten in der Demokratie. Positionen und Profile im Nachkriegsdeutschland*, München 1990, 11–36; *Ders.*, »Demokratie wagen – Der Protestantismus im politischen Wandel 1965–1985«, in: Siegfried Hermle/Claudia Lepp/Harry Oelke (Hgg.), *Umbrüche. Der deutsche Protestantismus und die sozialen Bewegungen in den 1960er und 1970er*

Jahren, Göttingen 2007, 383–399. (Hermle / Lepp / Oelke (Hgg.), Soziale Bewegungen); Ders., »Christen in der Demokratie«, *APuZ* 14 (2009), 6–8.

[23] Roman Herzog, »Demokratie und Staat«, in: Jüngel / Herzog / Simon, *Evangelische Christen*, 39–53, 44 f.

[24] Ebd., 49.

[25] Ebd., 50.

[26] Ebd., 51 f., 53.

[27] Helmut Simon, »Demokratie und Grundgesetz«, in: Jüngel / Herzog / Simon, *Evangelische Christen*, 55–73, 57, 59 f., 71. (Simon, Demokratie und Grundgesetz).

[28] Die folgenden Angaben beruhen auf: Manfred Rexin, »Helmut Simon«, in: Detlef Prinz / ders. (Hgg.), *Beispiele für aufrechten Gang. Willi Bleicher und Helmut Simon – im Geiste von Carl von Ossietzkys*, Köln 1979, 68–89. (Rexin, Helmut Simon).

[29] Abdruck eines Fragments von 22 Seiten in: Gerhard Anschütz / Richard Thoma (Hgg.), *Handbuch des Deutschen Staatsrechts* (Band II), Tübingen 1932, § 98.

[30] Zu Friesenhahn: Stefan Stolte, »Ernst Friesenhahn. Wissen und Gewissen machen den Juristen«, in: Mathias Schmoeckel (Hg.), *Die Juristen der Universität Bonn im »Dritten Reich«*, Köln 2004, 186 ff.; Jochen A. Frowein, »Nachruf auf Ernst Friesenhahn«, *AöR* 110 (1985), 99–102; Joseph Listl (Hg.), Ernst Friesenhahn zum Gedächtnis, Bonn 1985.

[31] Vgl. *pars pro toto*: Simone Mantei, *Nein und Ja zur Abtreibung. Die evangelische Kirche in der Reformdebatte um § 218 StGB (1970–1976)*, Göttingen 2004.

[32] Vgl. vor allem: Helmut Simon, »Ist in der evangelischen Ethik Platz für den Rechtsstaat?«, *Kirche in der Zeit* 1 (1963), 6–10, sowie weitere Beiträge (Anmerkungen 41, 119). Simon berichtet über diese Zusammenhänge in: Ders., *Demokratie und Grundgesetz*, 55–73, 55 f.

[33] Vgl.: Hermle / Lepp / Oelke (Hgg.), *Soziale Bewegungen.*

[34] Zeitgenössische Schilderungen von Simons öffentlicher Wirkung etwa bei Hanno Kühnert, »Mittler auf dem Kirchentag. Helmut Simon: Vom Bauernsohn zum Verfassungsrichter«, *Die ZEIT* 25/1981 v. 12.6.1981. Zu Simon als großem Dissenter in Karlsruhe siehe auch Karl Lamprecht, *Richter contra Richter. Abweichende Meinungen und ihre Bedeutung für die Rechtskultur*, Baden-Baden 1992, 293 f.

[35] Siehe: Deutscher Bundestag (Hg.), *Jugendprotest im demokratischen Staat* (Band II), *Schlußbericht der Enquete-Kommission des 9. Deut-*

schen Bundestages, Bonn 1983, 56. Der Bericht fährt fort: »Dies bedeutet freilich nicht, daß sie durchweg vom ›Staat‹ nichts mehr erwarten. Vielmehr richten sie ihre Forderungen fast immer an staatliche Stellen und sind enttäuscht, wenn ihren Forderungen und Erwartungen nicht entsprochen wird.«

[36] Heinrich Albertz, »Laudatio auf Helmut Simon«, in: Detlef Prinz / Manfred Rexin (Hgg.), *Beispiele für aufrechten Gang. Willi Bleicher und Helmut Simon – im Geiste von Carl von Ossietzkys, Köln 1979*, 120–125, 124.

[37] So die Zusammenfassung konservativer Kritik durch Rexin, *Helmut Simon*, 68 f.

[38] Die einheitliche Amtszeit von zwölf Jahren ohne Wiederwahl, maximal bis zum 68. Lebensjahr, besteht erst seit 1970. Zuvor sah § 4 BVerfGG zeitlich gestaffelte Amtszeiten vor.

[39] Der *Quick*-Artikel »Der Bundesrichter und die Terroristin« vom 15.5.1975, konstruierte aus der lange zurückliegenden Schulfreundschaft von Simons Tochter mit der späteren Terroristin Carmen Roll den Verdacht geistiger Nähe. Siehe hierzu etwa: Alexander Christian Widmann, *Wandel mit Gewalt? Der deutsche Protestantismus und die politisch motivierte Gewaltanwendung in den 1960er und 1970er Jahren*, Göttingen 2013, 416 f.

[40] In: Heinrich Albertz u. a., *Via viatorum. Festschrift für Karl Kupisch zum 60. Geburtstag am 14. Februar 1963*, Berlin 1963, 62–76; siehe auch: Helmut Simon, »Ist in der theologischen Ethik Platz für den Rechtsstaat? Erster Versuch einer theologischen Würdigung«, in: Ethel Leonore Behrendt (Hg.), *Rechtsstaat und Christentum. Besinnung auf Identitäten, Besinnung auf Differenzen* (Band I), München 1982, 51–61.

[41] Helmut Simon, »Die rechts- und sozialstaatliche Demokratie«, in: Max Güde u. a., *Zur Verfassung unserer Demokratie. Vier republikanische Reden*, Reinbek 1978, 63 ff. (Simon, Demokratie). Näheres zum »Tutzinger Vortrag« weiter unten im betreffenden Unterkapitel 4.

[42] Helmut Simon, *Katholisierung des Rechtes? Zum Einfluss katholischen Rechtsdenkens auf die gegenwärtige deutsche Gesetzgebung und Rechtsprechung*, Göttingen 1962, 3. (Simon, Katholisierung).

[43] Ebd., 15 ff.

[44] So hatte der BGH (BGHZ 3, 107) behauptet, ein Gesetz finde seine Grenze dort, wo es in Widerspruch zum Naturrecht trete. Programmatisch der Präsident des BGH Hermann Weinkauff, »Der Naturrechtsgedanke in der Rechtsprechung des Bundesgerichtshofs«, *NJW* 38 (1960), 1689–1696. Zur Analyse: Kristian Kühl, »Kontinuitäten

und Diskontinuitäten im Naturrechtsdenken des 20. Jahrhunderts«, in:
Karl Acham / Knut Wolfgang Nörr / Bertram Schefold (Hgg.), *Erkennt-
nisgewinne und Erkenntnisverluste. Kontinuitäten und Diskontinuitäten
in den Wirtschafts-, Rechts- und Sozialwissenschaften zwischen den 20er
und 50er Jahren*, Stuttgart 1998, 605–663; Lena Foljanty, *Recht oder
Gesetz. Juristische Identität und Autorität in den Naturrechtsdebatten der
Nachkriegszeit*, Tübingen 2013, 97 ff.

[45] BVerfGE 7, 198 (205) – Lüth [1958]. Näher zu dieser Entscheidung und ihren weitreichenden Folgen Helmut Goerlich, *Wertordnung und Grundgesetz. Kritik einer Argumentationsfigur des Bundesverfassungsgerichts*, Baden-Baden 1973; Thomas Henne / Arne Riedlinger
(Hgg.), *Das Lüth-Urteil in (rechts-)historischer Sicht. Die Konflikte um
Veit Harlan und die Grundrechtsjudikatur des Bundesverfassungsgerichts*,
Berlin 2005 m. w. N.

[46] Horst Dreier, *Dimensionen der Grundrechte. Von der Wertord-
nungsjudikatur zu den objektiv-rechtlichen Grundrechtsgehalten*, Hannover 1993, 11; Ernst-Wolfgang Böckenförde, *Zur Lage der Grundrechtsdogmatik nach 40 Jahren Grundgesetz*, München 1989, 22 ff.
(Böckenförde, Grundrechtsdogmatik); Rainer Wahl, *Herausforderungen
und Antworten. Das Öffentliche Recht der letzten fünf Jahrzehnte*, Berlin
2006, 31 ff.; Ders., »Die objektiv-rechtliche Dimension der Grundrechte im internationalen Vergleich«, in: Detlef Merten / Hans-Jürgen
Papier (Hgg.), *Handbuch der Grundrechte in Deutschland und Europa*
(Band I), Heidelberg 2004, § 19 Rn. 12 ff.; Oliver Lepsius, »Die maß-
stabsetzende Gewalt«, in: Matthias Jestaedt u. a., *Das entgrenzte Gericht.
Eine kritische Bilanz nach sechzig Jahren Bundesverfassungsgericht*, Berlin
2011, 159–279, 186 ff.

[47] Wie Ideen Dürigs vom Senat aufgegriffen wurden hat Ernst-
Wolfgang Böckenförde aus den ihm zugänglichen Voten und Ent-
würfen berichtet, siehe: Ders., *Grundrechtsdogmatik*, 26. Siehe auch:
Wesel, *Karlsruhe*, 131.

[48] Vgl. das philosophisch materiell aufgeladene Referat von Günter
Dürig, »Der deutsche Staat im Jahre 1945 und seither«, *VVDStRL* 13
(1955), 27–55. Über Dürig: *Peter Lerche*, »Günter Dürig als Archi-
tekt«, in: *Zum Gedenken an Professor Dr. Günter Dürig (1920–1996)*,
Tübingen 1999, 13–31; Peter Häberle, »Staatsrechtslehre im Ver-
fassungsleben am Beispiel Günter Dürigs«, in: Ders., *Kleine Schriften.
Beiträge zur Staatsrechtslehre und Verfassungskultur*, Berlin 2002, 53–68.
(Häberle, Kleine Schriften); vgl. schließlich Michael Stolleis, *Geschichte
des öffentlichen Rechts in Deutschland. Staats- und Verwaltungsrechts-*

wissenschaft in West und Ost 1945–1990 (Vierter Band), München 2012, 138 f. (Stolleis, Geschichte). Dort resümiert dieser Dürigs Position wie folgt: »Dürig löste sich ohne größere Skrupel vom Text und entwarf größere Zusammenhänge, indem er, christliches und profanes Naturrechtsdenken vermischend und ein wertphilosophisches Konzept voraussetzend, wesentlich mit metaphysischen Behauptungssätzen arbeitete.«

[49] Simon, *Katholisierung*, 51.

[50] Zitiert nach Rexin, *Helmut Simon*, 89.

[51] Helmut Simon, *Freiheitliche Verfassung und Demonstrationsrecht. Berliner Reden*, Berlin 1969, 6. (Simon, Freiheitliche Verfassung).

[52] Ebd., 10 f., 13 ff.

[53] Ebd., 19.

[54] Ebd., 17 ff. § 116 Abs. 1 StGB lautete: »Wird eine auf öffentlichen […] Wegen versammelte Menschenmenge von dem zuständigen Beamten oder Befehlshaber der bewaffneten Macht aufgefordert, sich zu entfernen, so wird jeder der Versammelten, welcher nach der dritten Aufforderung sich nicht entfernt, wegen Auflaufs mit Gefängnis bis zu drei Monaten oder mit Geldstrafe bestraft.« Der Straftatbestand wurde im Mai 1970 ersatzlos gestrichen.

[55] Simon, *Freiheitliche Verfassung*, 34.

[56] Helmut Simon, »Ansprache«, in: Detlef Prinz/Manfred Rexin (Hgg.), *Beispiele für aufrechten Gang. Willi Bleicher und Helmut Simon – im Geiste von Carl von Ossietzkys*, Köln 1979, 126–130, 129 f.

[57] Simon, *Demokratie*, 61–80.

[58] Ebd., 63 f. Zur theologischen und politischen Haltung Karl Barths siehe Abschnitt V in diesem Beitrag.

[59] Ebd., 67 f.

[60] Ebd., 74 f.

[61] Ebd., 76.

[62] Ebd., 77.

[63] Ebd., 78 f.

[64] Ebd., 79.

[65] Siehe dazu den Beitrag von Oliver Lepsius in diesem Band.

[66] Über Hesse: Peter Lerche, »Europäische Staatsrechtslehrer. Der Wissenschaftler Konrad Hesse«, *JöR* 55 (2007), 455–461. (Lerche, Konrad Hesse); Im selben Band: Ernst Benda, »Konrad Hesse: Bundesverfassungsrichter 1975–1987«, 509–514; Helmut Goerlich, »Nachruf auf Konrad Hesse«, *SächsVBl.* 9 (2005), 223–225; Peter Häberle, »Laudatio auf Konrad Hesse«, in: Hans-Peter Schneider/Rudolf Steinberg

(Hgg.), *Verfassungsrecht zwischen Wissenschaft und Richterkunst. Konrad Hesse zum 70. Geburtstag*, Heidelberg 1990, 107–130. Hier zitiert nach dem Wiederabdruck in Häberle, *Kleine* Schriften, 74–99. (Häberle, Laudatio); Peter Häberle, »Konrad Hesse (1919–2005)«, in: Ders. / Michael Kilian / Heinrich Amadeus Wolff (Hgg.), *Staatsrechtslehrer des 20. Jahrhunderts. Deutschland – Österreich – Schweiz*, Berlin 2015, 893–906. (Häberle, Konrad Hesse); Hinnerk Wißmann, »Konrad Hesse«, in: Thomas Holzner / Hannes Ludyga (Hgg.), *Entwicklungstendenzen des Staatskirchen- und Religionsverfassungsrechts. Ausgewählte begrifflich-systematische, historische, gegenwartsbezogene und biographische Beiträge*, Paderborn 2013, 571–585. (Wißmann, Konrad Hesse).

  67 BVerfGE 69, 315 (346).

  68 Hoffmann-Riem, *Versammlungsfreiheit*, § 106 Rn. 46 Fn. 165.

  69 Siehe: Frieder Günther, *Denken vom Staat her. Die bundesdeutsche Staatsrechtslehre zwischen Dezision und Integration 1949–1970*, München 2004, 159 ff., 235 ff. (Günther, Denken). Zum Konflikt der Smend-Schule mit der Schmitt-Schule siehe auch: Florian Meinel, *Der Jurist in der industriellen Gesellschaft. Ernst Forsthoff und seine Zeit*, Berlin 2011, 315 ff., 411 ff. (Meinel, Der Jurist).

  70 Um die Interpretation von Smends Integrationslehre rankt sich eine weitgespannte Literaturdiskussion. Vgl. etwa: René König, *Kritik der historisch-existenzialistischen Soziologie. Ein Beitrag zur Begründung einer objektiven Soziologie*, München 1975, 39–42; Wolfgang Schluchter, *Entscheidung für den sozialen Rechtsstaat. Hermann Heller und die staatstheoretische Diskussion in der Weimarer Republik*, Köln / Berlin 1968, 52–89; Manfred Heinrich Mols, *Allgemeine Staatslehre oder politische Theorie? Interpretationen zu ihrem Verhältnis am Beispiel der Integrationslehre Rudolf Smends*, Berlin 1969, 142–171; Peter Badura, *Staat, Recht und Verfassung in der Integrationslehre. Zum Tode von Rudolf Smend (15. Januar 1882 – 5. Juli 1975)*, DER STAAT 16 (1977), 305–325; Kurt Sontheimer, *Antidemokratisches Denken in der Weimarer Republik. Die politischen Ideen des deutschen Nationalismus zwischen 1918 und 1933*, München 1978, 82 ff.; Klaus Rennert, *Die »geisteswissenschaftliche Richtung« in der Staatslehre der Weimarer Republik. Untersuchungen zu Erich Kaufmann, Günther Holstein und Rudolf Smend*, Berlin 1987, 214–259; Klaus Tanner, *Die fromme Verstaatlichung des Gewissens. Zur Auseinandersetzung um die Legitimität der Weimarer Reichsverfassung in Staatsrechtswissenschaft und Theologie der zwanziger Jahre*, Göttingen 1989, 123 ff., 176 ff. (Tanner, Verstaatlichung des Gewissens); Stefan Korioth, *Integration und Bundesstaat. Ein Beitrag zur*

Staats- und Verfassungslehre Rudolf Smends, Berlin 1990; Oliver Lepsius, *Die gegensatzaufhebende Begriffsbildung. Methodenentwicklungen in der Weimarer Republik und ihr Verhältnis zur Ideologisierung der Rechtswissenschaft im Nationalsozialismus*, München 1994, 354 ff.; Roland Lhotta (Hg.), *Die Integration des modernen Staates. Zur Aktualität der Integrationslehre von Rudolf Smend*, Baden-Baden 2005.

[71] Vgl.: Günther, *Denken*, 159–190; Korioth, *Staatsethik*, 140–142; Christoph Möllers, *Staat als Argument*, München 2000, 105–115, 237–242; Wilhelm Hennis, »Integration durch Verfassung? Rudolf Smend und die Zugänge zum Verfassungsproblem nach 50 Jahren Grundgesetz«, *JZ* 1999, 485–495. (Hennis, Integration); Robert C. van Ooyen, *Integration. Die antidemokratische Staatstheorie von Rudolf Smend im politischen System der Bundesrepublik*, Wiesbaden 2014. (van Ooyen, Integration).

[72] Stolleis, *Geschichte*, 356 ff.; Günther, *Denken*, 166 ff., 234–257; Helmuth Schulze-Fielitz, »Rudolf Smend (1882–1975)«, in: Peter Häberle / Michael Kilian / Heinrich Amadeus Wolff (Hgg.), *Staatsrechtslehrer des 20. Jahrhunderts. Deutschland – Österreich – Schweiz*, Berlin 2015, 255, 264–270.

[73] Rudolf Smend, »Festvortrag zur Feier des zehnjährigen Bestehens des BVerfG am 16.1.1962«, in: Bundesverfassungsgericht (Hg.), *Das Bundesverfassungsgericht 1951–1971*, Karlsruhe 2. Aufl. 1971, 15 ff.; Auch in: Ders., *Staatsrechtliche Abhandlungen und andere Aufsätze*, Berlin 2. Aufl. 1968, 581 ff.

[74] Peter Häberle führt dies auch auf das ausgleichende Naturell Hesses zurück; zumal habe er seine Ansichten in seinem Lehrbuch darstellen können, vgl.: Ders., *Konrad Hesse (1919–2005)*, 893, 904 f.

[75] Vgl.: Horst Ehmke, *Mittendrin. Von der Großen Koalition zur deutschen Einheit*, Berlin 1994, 25 ff.: Zur Prägung durch Smend, aber auch der Umorientierung durch ein Studienjahr in den USA und der rechtspolitischen Prägung als Assistent von Adolf Arndt, dem »Kronjuristen der SPD«.

[76] Häberle, *Konrad Hesse (1919–2005)*, 899.

[77] Hesse, *Grundzüge*, 28. Hier wird wie folgt definiert: »[V]erfassungsrechtlich geschützte Rechtsgüter müssen in der verfassungsrechtlichen Problemlösung einander so zugeordnet werden, daß jedes von ihnen Wirklichkeit gewinnt. Wo Kollisionen entstehen, darf nicht in vorschneller ›Güterabwägung‹ oder gar abstrakter ›Wertabwägung‹ eines auf Kosten des anderen realisiert werden.«

[78] In diesem Sinne auch Lerche, *Konrad Hesse*, 456–458. Dieser fasst Hesses Haltung als »Sachzugewandtheit mit intuitivem, erfahrungsgestütztem Gespür für das wichtige Neue, hilfreiches Ausgleichen und zugleich Entschiedenheit im Zentralen« zusammen (460).

[79] Vgl. Konrad Hesses Diskussionsbemerkung in: »Aussprache und Schlußworte. Die Verfassungsgerichtsbarkeit im Gefüge der Staatsfunktionen«, *VVDStRL* 39 (1981), 147–212, 207 f.

[80] Vgl.: Hesse, *Grundzüge*, 17.

[81] Ebd., 18.

[82] So Häberle, *Laudatio*, 85; ebenso: Ders., *Konrad Hesse (1919– 2005)*, 898.

[83] Rudolf Smend, *Verfassung und Verfassungsrecht*, München 1928. Üblicherweise zitiert nach dem Wiederabdruck in: Ders., *Staatsrechtliche Abhandlungen und andere Aufsätze*, 3. Aufl. Berlin 1994, 119–276. Praktisch umgesetzt und für die Rechtsprechung des BVerfG in den 1950er Jahren anschlussfähig gemacht wurde die Integrationsidee bei: Rudolf Smend, »Das Recht der freien Meinungsäußerung«, *VVDStRL* 4 (1928), 44–73, hier 50–54. Später hat Smend die Integrationsidee stärker an der Verfassung ausgerichtet und den fortbildenden Beitrag seines Schülerkreises berücksichtigt, vgl.: Ders., »Integration« (1966), in: *Evangelisches Staatslexikon* (Band 2), Stuttgart 3. Aufl. 1987, Sp. 1354–1358; siehe auch schon: Ders., »Gutachten«, in: *Der Kampf um den Wehrbeitrag* (Band 2), München 1953, 559–580.

[84] Vgl. zur Interpretation der Integrationslehre die Nachweise in Anmerkung 70.

[85] Rudolf Smend, »Protestantismus und Demokratie« (1932), in: Ders., *Staatsrechtliche Abhandlungen und andere Aufsätze*, Berlin 2. Aufl. 1968, 297 ff. Siehe dazu Tanner, *Verstaatlichung des Gewissens*, 176 ff.

[86] Siehe näher Korioth, *Staatsethik*, 130–134.

[87] Hans Kelsen, *Der Staat als Integration. Eine prinzipielle Auseinandersetzung*, Wien 1930, 35, 56, 58.

[88] Günther, *Denken*, 159–175.

[89] Siehe dazu: Hennis, *Integration*, 485–495; Oliver Lepsius, »Die Wiederentdeckung Weimars durch die bundesdeutsche Staatsrechtslehre«, in: Christoph Gusy (Hg.), *Weimars lange Schatten – »Weimar« als Argument nach 1945*, Baden-Baden 2003, 354–394, 363 ff.; Stefan Ruppert, »Geschlossene Wertordnung? Zur Grundrechtstheorie Rudolf Smends«, in: Thomas Henne / Arne Riedlinger (Hgg.), *Das Lüth-Urteil in (rechts-)historischer Sicht. Die Konflikte um Veit Harlan und die Grundrechtsjudikatur des Bundesverfassungsgerichts*, Berlin 2005,

327–348; Frieder Günther, »Wer beeinflußt hier wen? Die westdeutsche Staatsrechtslehre und das Bundesverfassungsgericht während der 1950er und 1960er Jahre«, in: Robert Christian van Ooyen / Martin H. W. Möllers (Hgg.), *Das Bundesverfassungsgericht im politischen System*, Wiesbaden 2006, 129–139, 136 f. (van Ooyen / Möllers (Hgg.), Bundesverfassungsgericht); Thomas Henne, »›Smend oder Hennis‹ – Bedeutung, Rezeption und Problematik der Lüth-Entscheidung des BVerfG von 1958«, in: van Ooyen / Möllers (Hgg.), *Bundesverfassungsgericht*, 141–150; Meinel, *Der Jurist,* 410–416, 425–430; van Ooyen, *Integration,* 63 ff. Die Autorität Smends wird dokumentiert durch seinen Festvortrag zur Feier des zehnjährigen Bestehens des BVerfG (vgl. Anmerkung 73).

[90] So auch Lerche, *Konrad Hesse,* 456. Außerdem: Gernot Uhl, *Die Stabilisierungsfunktion der Verfassung im politischen Prozess,* Baden-Baden 2011, 36–43.

[91] Konrad Hesse, *Grundzüge des Verfassungsrechts der Bundesrepublik Deutschland,* Karlsruhe 1967. Vgl. zum Integrationskonzept dort: »Politische Einheit und rechtliche Ordnung als Aufgabe«, 5–9. In Fußnote 21 heißt es dort, der Begriff politische Einheitsbildung bezeichne im Wesentlichen das gleiche wie der von Smend entwickelte und für das Verfassungsrecht fruchtbar gemachte Begriff der Integration. »[E]r sucht jedoch das Entscheidende des Vorgangs weniger in Zusammenhängen einheitsbildenden Erlebens als in solchen bewußten Gestaltens und Zusammenwirkens zu erfassen.« Zuvor schon: Konrad Hesse, *Die normative Kraft der Verfassung. Freiburger Antrittsvorlesung,* Tübingen 1959.

[92] Nach Günther, *Denken,* 165 f., übernahm Hesse mit seinem Lehrbuch die Aufgabe, die Gedanken Smends mit der Verfassungsordnung des Grundgesetzes zusammenzuführen und die Verfassungsrechtsprechung darin einzubeziehen.

[93] Konrad Hesse, *Rechtsschutz durch staatliche Gerichte im kirchlichen Bereich. Zugleich ein Beitrag zur Frage des rechtlichen Verhältnisses von Staat und Kirche in der Gegenwart,* Göttingen 1956. Nach Wißmann, *Konrad Hesse,* 573, folgt die Arbeit dem Smendschen Neuansatz, der in den Kirchen Partner des Staates in gemeinsamer Verantwortung sah.

[94] Zur Geschichte dieses Instituts siehe: Axel von Campenhausen, »Bemerkungen zum kirchenrechtlichen Institut der Evangelischen Kirche in Deutschland«, in: Josef Isensee (Hg.), *Dem Staate, was des Staates – der Kirche, was der Kirche ist. Festschrift für Joseph Listl zum 70. Geburtstag,* Berlin 1999, 1087–1096, 1087 ff.

[95] Lerche, *Konrad Hesse*, 455.

[96] Deutlich etwa BVerfGE 69, 315 (345): »Indem der Demonstrant seine Meinung in physischer Präsenz, in voller Öffentlichkeit und ohne Zwischenschaltung von Medien kundgibt, entfaltet auch er seine Persönlichkeit in unmittelbarer Weise.«

[97] Siehe hierzu mit detaillierten Nachweisen Anselm Doering-Manteuffel/Lutz Raphael, *Nach dem Boom. Perspektiven auf die Zeitgeschichte seit 1970*, Göttingen 3. Aufl. 2012. Die große Bedeutung des Orientierungsmusters »Integration« im staatsrechtlichen Denken seit der Zwischenkriegszeit zeigt Günther, *Denken*.

[98] Die grundlegende Darstellung für das Verständnis dieser facettenreichen Problematik ist Martin Greschat, *Der Protestantismus in der Bundesrepublik Deutschland (1945–2005)*, Leipzig 2010. (Greschat, Protestantismus); vgl. auch Michael J. Inacker, *Zwischen Transzendenz, Totalitarismus und Demokratie. Die Entwicklung des kirchlichen Demokratieverständnisses von der Weimarer Republik bis zu den Anfängen der Bundesrepublik (1918–1959)*, Neukirchen-Vluyn 1994.

[99] Vgl.: Brigitte Wiegand, *Krieg und Frieden im Spiegel führender protestantischer Presseorgane Deutschlands und der Schweiz in den Jahren 1890–1914*, Bern/Frankfurt a. M. 1976; Wolfgang Huber/Johannes Schwerdtfeger (Hgg.), *Kirche zwischen Krieg und Frieden*, Stuttgart 1976; Günter Brakelmann, »Der Kriegsprotestantismus 1870/71 und 1914/18. Einige Anmerkungen«, in: Manfred Gailus/Hartmut Lehmann (Hgg.), *Nationalprotestantische Mentalitäten. Konturen, Entwicklungslinien und Umbrüche eines Weltbildes*, Göttingen 2005, 103–114.

[100] Seit 1949 verkörperte die FDP die beiden Stränge des politischen Liberalismus in Deutschland, den linksliberalen der ehemaligen DDP, viel stärker aber den nationalliberalen der Deutschen Volkspartei (DVP). Bei den Christdemokraten der CDU blieb zwar die Tradition der Zentrumspartei vorherrschend, aber die Union war programmatisch interkonfessionell ausgerichtet und hatte von Anfang an einige engagierte Protestanten in ihren Reihen.

[101] Vgl. Kurt Nowak, *Evangelische Kirche und Weimarer Republik. Zum politischen Weg des deutschen Protestantismus zwischen 1918 und 1932*, Göttingen 2. Aufl. 1988; Tanner, *Verstaatlichung des Gewissens*; Friedrich Wilhelm Graf, *Der heilige Zeitgeist. Studien zur Ideengeschichte der protestantischen Theologie in der Weimarer Republik*, Tübingen 2011.

[102] Klaus Scholder, *Die Kirchen und das Dritte Reich* (Band 1). *Vorgeschichte und Zeit der Illusionen 1918–1934*, Frankfurt a. M./Berlin/Wien 1977, 701–742; Carsten Nicolaisen, *Der Weg nach Barmen. Die*

Entstehungsgeschichte der Theologischen Erklärung von 1934, Neukirchen-Vluyn 1985; Eberhard Bethge, *Dietrich Bonhoeffer. Theologe – Christ – Zeitgenosse. Eine Biographie*, Gütersloh 8. Aufl. 2004.

[103] Siehe dazu: Alexander Schwan, »Zeitgenössische Philosophie und Theologie in ihrem Verhältnis zur Weimarer Republik«, in: Karl Dietrich Erdmann / Hagen Schulze (Hgg.), *Weimar. Selbstpreisgabe einer Demokratie*, Düsseldorf 1980, 259–304, darin 287 f. auch ein Diskussionsbeitrag von K. D. Erdmann über eine persönliche Erfahrung mit Karl Barth. Kurt Nowak, »Die ›antihistoristische Revolution‹. Symptome und Folgen der Krise historischer Weltorientierung nach dem Ersten Weltkrieg in Deutschland«, in: Horst Renz / Friedrich Wilhelm Graf (Hgg.), *Umstrittene Moderne. Die Zukunft der Neuzeit im Urteil der Epoche Ernst Troeltschs*, Gütersloh 1987, 133–171; Friedrich Wilhelm Graf, »›Der Götze wackelt‹? Erste Überlegungen zu Karl Barths Liberalismuskritik«, in: Ders., *Der heilige Zeitgeist*, 425–446; Anselm Doering-Manteuffel, »Suchbewegungen in der Moderne. Religion im politischen Feld der Weimarer Republik«, in: Friedrich Wilhelm Graf / Klaus Große Kracht (Hgg.), *Religion und Gesellschaft. Europa im 20. Jahrhundert*, Köln / Weimar / Wien 2007, 175–202.

[104] Martin Heidegger, *Vom Wesen der Wahrheit (1930)*, hier zit. n. Schwan, *Zeitgenössische Philosophie*, 269.

[105] Karl Barth, *Der Römerbrief (Erste Fassung) 1919*. Hg. von Hermann Schmidt, Zürich 1985, 3.

[106] Ders., *Die Kirche Jesu Christi*, München 1933, 8, hier zit. n. Graf, *Der heilige Zeitgeist*, 23 f.; Johanna Vogel, *Kirche und Wiederbewaffnung. Die Haltung der Evangelischen Kirche in Deutschland in den Auseinandersetzungen um die Wiederbewaffnung der Bundesrepublik*, Göttingen 1978. (Vogel, Kirche und Wiederbewaffnung). Zum »politischen Mandat« als Ertrag des Kirchenkampfes siehe 41–47 .

[107] Greschat, *Protestantismus*, 17 f.; Vgl.: Ders. (Hg.), *Die Schuld der Kirche. Dokumente und Reflexionen zur Stuttgarter Schulderklärung vom 18./19. Oktober 1945*, München 1982, 100–215; Ders., »Karl Barth und die kirchliche Reorganisation in Deutschland nach dem Zweiten Weltkrieg«, in: Michael Beintker u. a. (Hgg.), *Karl Barth im europäischen Zeitgeschehen (1935–1950). Widerstand – Bewährung – Orientierung*, Zürich 2010, 243–265; Clemens Vollnhals, *Evangelische Kirche und Entnazifizierung 1945–1949. Die Last der nationalsozialistischen Vergangenheit*, München 1989, 33–44.

[108] Vgl. Röse / Röse, *Helmut Simon*, 103–119.

[109] Walter Dirks, »Der restaurative Charakter der Epoche«, *FH* 5 (1950), 942–954.

[110] Vogel, *Kirche und Wiederbewaffnung*, 45.

[111] Vgl. hierzu die institutionengeschichtliche Studie von Kristian Buchna, welche die Ämter der kirchlichen »Bevollmächtigten« bei der Bundesregierung untersucht: Ders.: *Ein klerikales Jahrzehnt? Kirche, Konfession und Politik in der Bundesrepublik während der 1950er Jahre*, Baden-Baden 2014. Hermann Kunst, der »Bevollmächtigte der EKD«, war ein politisch konservativer Lutheraner.

[112] Vgl. mit weiteren Nachweisen Greschat, *Protestantismus*, 76–88. Die antirömische und antiamerikanische Bemerkung formulierte Niemöller im Herbst 1949 in einem Brief an Gustav Heinemann. Dirk Palm, »*Wir sind doch Brüder!« Der evangelische Kirchentag und die deutsche Frage 1949–1961*, Göttingen 2002, 46. Zum »Kampf um die Leitkultur« im Kaiserreich siehe Kurt Nowak, *Geschichte des Christentums in Deutschland. Religion, Politik und Gesellschaft vom Ende der Aufklärung bis zur Mitte des 20. Jahrhunderts*, München 1995, 149–204.

[113] Greschat, *Protestantismus*, 79–85.

[114] Josef Müller, *Die Gesamtdeutsche Volkspartei. Entstehung und Politik unter dem Primat nationaler Wiedervereinigung 1950–1957*, Düsseldorf 1990, 378–400, 393 f.; Vgl. auch die Beiträge von Johannes Rau, »Die rechts- und sozialstaatliche Demokratie als Aufgabe der Christengemeinde« und Jürgen Schmude, »Kirche und Christen im demokratischen Staat«, in: Willy Brandt u.a. (Hgg.), *Ein Richter, ein Bürger, ein Christ. Festschrift für Helmut Simon*, Baden-Baden 1987, 995–1014, 1015–1025.

[115] Vgl.: Rulf Jürgen Treidel, *Evangelische Akademien im Nachkriegsdeutschland. Gesellschaftliches Engagement in kirchlicher Öffentlichkeitsverantwortung*, Stuttgart u.a. 2001; Rüdiger Runge/Christian Krause (Hgg.), *Zeitansage. 40 Jahre Deutscher Evangelischer Kirchentag*, Stuttgart 1989. (Runge/Krause (Hgg.), Zeitansage).

[116] Vgl.: Thomas Großmann, *Zwischen Kirche und Gesellschaft. Das Zentralkomitee der deutschen Katholiken 1945–1970*, Mainz 1991, 170–223.

[117] Vgl.: Gabriele Metzler, *Konzeptionen politischen Handelns von Adenauer bis Brandt. Politische Planung in der pluralistischen Gesellschaft*, Paderborn u.a. 2005.

[118] Siehe dazu das kritische Urteil von Burghard Affeld/Lutz Padberg, *Umstrittener Kirchentag. Berichte, Analysen und Kommentare zum*

Deutschen Evangelischen Kirchentag von 1949 bis 1985, Wuppertal 1985.

[119] Helmut Simon, »Evangelische Verantwortung im demokratischen Staat«, in: Runge / Krause (Hgg.), Zeitansage, 99–113, 104 f.

Register